日本のエスニック・ビジネス

Ethnic Businesses in Japan

樋口直人 編

世界思想社

日本のエスニック・ビジネス　目次

序章　日本のエスニック・ビジネスをめぐる見取り図

樋口直人

第1節　日本におけるエスニック・ビジネス

エスニック・ビジネスは、外国語の看板を掲げた商店やレストランのように、移民の存在を可視的に示す象徴であり、地域・都市社会学の研究ではよく登場する（e.g. 広田 二〇〇三、小内・酒井編著 二〇〇一、田嶋 一九九八）。本書の各章でふれた文献以外にも、若い研究者を中心としてエスニック・ビジネスを取り上げた先行研究には一定の蓄積がある（藤井 一九九六、生野 二〇〇三、白岩 一九九七）。だが、日本におけるエスニック・ビジネスの動態は十分解明されず、未開拓の研究分野として今日に至っている。

本書では、「ある社会のエスニック・マイノリティが営むビジネス」とエスニック・ビジネスを定義する(1)。これは、マイノリティにとっての社会的上昇の経路としてのエスニック・ビジネスに着目することによる。エスニック・ビジネスは、雇用創出・失業対策のみならず移民による受入国の経済活性化の観点からも注目されている（OECD 2010: 3）。エスニック・ビジネスは移民にとって、一般の経済とは区別される「エスニック経済」（Light & Gold 2000）と呼ばれる自立した基盤をなし、そこで働けば将来の独立も夢ではないからである（Bailey & Waldinger 1991）。

本書で対象とする日本のエスニック・マイノリティは、戦前から日本に居住するオールドカマーと、戦後に来日したニューカマーからなる(2)。前者の多数を占めるのは、植民地支配下の朝鮮半島と台湾から日本に渡航し、戦後になって日本国籍から「離脱」した特別永住者である。本章でいう在日コリアンや第1章でいう在日韓国・朝鮮人は、オールドカマーの韓国・朝鮮籍の人々を指す(3)。それ以外に、戦前の中国やインドから来日した（多くは一般永住者の）中国・インド国籍のオールドカマーも存在する。一般にオールドカマーは、企業家として成功した例と位置づけられる(4)。

一方、ニューカマーが急増したのは一九八〇年代後半以降だが、主な来日時期は集団によってさまざまである。本書で取り上げた例では、七〇年代から来日したインドシナ難民、八〇年代から増加したフィリピン人や中国人、九〇年前後から増加したブラジル人、パキスタン人となる。このように在日外国人といってもかなりの多様性があるが、本書ではそれを包括する用語として移民という言葉を用いる。移民は、本書では Migrant の訳として用いており、「人の国際移動」を包括する用語として位置づけられる。*International Migration Review* や *International Migration* といったこの分野の代表的な雑誌が、人身取引や難民などを含め人の移動一般を扱うのと同趣旨の用法である。

来日や居住の経緯の多様性を反映して、オールドカマーやニューカマーのビジネス従事比率には後述するように相当のばらつきがある。在日コリアン（第1章）やパキスタン人（第6章）の経験が示すように、企業家として成功した多くの例において、移民は同胞の援助による独立の道を築いている。他方、親族単位での滞在が容易な日系南米人は、南米では多くがビジネスに従事していたにもかかわらず（前

山 一九九六）、日本でのビジネス従事比率は著しく低い。こうした差は何に起因し、移民集団の運命にどのような影響を及ぼすのか。エスニック・ビジネスに眼を向けることで、集団ごとの特質を浮かび上がらせることを企図するものである。

導入たるこの章では、エスニック・ビジネス進出の条件と集団間の差異を生み出す要因を探る準備作業を行いたい。すなわち、エスニック・ビジネスの研究史をみたうえで日本の現状を紹介し（第2節）、本書全体で用いる分析枠組みを提示しつつ日本の状況に対する見取り図を描く（第3節）。その際、本章では国勢調査のデータを用いて集団間の特質を説明するが、それについてあらかじめ説明しておこう。日本の国勢調査では、エスニシティではなく国籍が調査項目となっているため、本章で分析するのはあくまで国籍ごとの違いである。それゆえ、以下では「国籍者」「国籍集団」といった用語を用いる。第1章以降では、日本国籍を取得した者も必要に応じて分析対象としているため、用語法については各章での説明を参照されたい。

第2節　エスニック・ビジネス研究のあゆみ

(1) エスニック・ビジネス研究の展開

エスニック・ビジネス研究への着手が遅れたのは日本だけではなく、世界的にも同様である。なぜ研究されてこなかったのだろうか。まず、近代化が進めばエスニシティそのものがなくなるものとされていたことがある（梶田 一九八八、李 一九八五）。さらに零細自営業も、前近代の遺物でしかなく消え行く存在とされていたため、研究上の注目が集まることはなかった。両者が交錯する研究領域であるエスニック・ビジネスは、一九七〇年代になるまで本格的な研究対象とはならなかったのである[5]。

一九七〇年代初頭から調査を手がけ、エスニック・ビジネス研究という領域を確立したのは、ライトやボナシチらアメリカの社会学者であった。アメリカにおいて、現実には特定のエスニック集団が特定のビジネスに従事する状況は続いており、消えるどころか新規移民が次々にビジネスへと参入していた（Waldinger et al. 1990）。そうした状況を積極的に捉え、企業家移民たちの特質を解明しようとした点で[6]、ライトやボナシチらの仕事には大きな意味があった。だが、この時期の研究には以下の二つの点で現在の研究水準からすると不十分な点が目立つ。

第一に、アメリカの東アジア系移民が企業家として成功した要因として、ライトは儒教倫理のような文化的要素を挙げている（Light 1972）。しかし、こうした文化による説明には問題が多い。現実には、次節で論じるような複数の要因が組み合わさって初めて企業家移民は誕生する。それを省みず、特定の文化と企業活動の関連を論じても、「たまたまある文化的要素が企業活動と親和的だった」という事後的で恣意的な説明にしかならない。

第二に、エスニック・ビジネスに対しては、一般労働市場から「排除された者の避難所」という消極的評価と「上昇の経路」という積極的評価がある（Light & Roach 1996; Portes & Zhou 1996; Valdez 2008）。それに対して七〇年代の研究では、差別・排除がエスニック・ビジネスを生み出すという「排除仮説」が主に唱えられていた（Light 1979）。ライトは、「（アメリカ）北部の黒人は非ヨーロッパ系であることが外見からわかり、労働市場で差別にあいやすいことから、非西洋系として小商いを開業する客観的動機があった」と述べている（Light 1972: 10）。エスニック集団外部からの差別・排除は、それに反発する形で集団内部の連帯を作り出し、エスニック・ビジネスに必要な協力行動をもたらすというわけである（Bonacich 1973）。

排除仮説を提示したライトは、エスニック・ビジネスが上昇移動の経路となってきたという現実を当初から認めているが、それを積極的に評価することはなかった（Light 1972: 4）。ライトが注目したのは、アメリカの東アジア系移民に対する差別とエスニック・ビジネスの関係であり、ボナシチも実証では日系移民の事例を研究している（Bonacich & Modell 1980）。東アジア系については、差別とエスニック・ビジネスの間には因果関係があったのかもしれない。だが、近年でも、たとえばラテン系移民はアメリカにおいて差別の対象となっているが、キューバ系を除いてエスニック・ビジネスに進出しているとはいいがたい（Portes & Rumbaut 1996）。「差別・排除」による説明も、エスニック・ビジネスに従事する要因を解明するものではない。

一九八〇年代以降のエスニック・ビジネス研究は、北米を中心としたエスニック・ビジネスの隆盛を受けて、ビジネスの積極的な側面を強く打ち出すようになった。エスニック・ビジネスはどのように生まれ、どの程度の階層移動を可能にするのか。集団ごとにエスニック・ビジネス従事比率が異なるのはなぜか。アメリカより一〇年遅れて始まった西欧でのエスニック・ビジネス研究でも、こうした問いは共有されている（Ward & Jenkins eds. 1984）。

(2) 日本のエスニック・ビジネス研究に向けて

消極的評価と日本のエスニック・ビジネス

では、このような消極的評価と積極的評価という点から日本のエスニック・ビジネスの実態はどう捉えられるだろうか。在日外国人の経済活動に関してもっとも包括的なデータは国勢調査の結果だが、それをエスニック・ビジネスとの関連でみるに際しては、一定の説明が必要となる。本章で用いる二〇〇〇年国勢調査の外国人特別集計には、従業上の地位として六区分ある。そのうちエスニック・ビジネスと関連するのは、「役員」「雇人のある業主」「雇人のない業主」「家族従業者」である(残り二つは「常雇」「臨時雇」)。「雇人のある業主」とは、食材店やレストランのオーナーが典型的なものであり、全員がエスニック・ビジネスに従事しているといえるだろう。一方で、「役員」は日本企業に勤務する役員を、「雇人のない業主」は内職従事者を、「家族従業者」は日本人配偶者のビジネスを手伝う者を含む。その意味で、四つのカテゴリーに属する者のすべてがエスニック・ビジネス従事者であるとはいえない。が、以下ではエスニック・ビジネス従事者という時には近似的にこの四つのカテゴリーに属する者を指すこととする。

そのうえで、欧米豪国籍を除く国勢調査結果(二〇〇〇年実施)のエスニック・ビジネス従事者を示したのが、図序-1である(欧米豪国籍の「役員」の一定割合は、エスニック・ビジネスではなく企業役員を指すと考えられ統計上の比較が困難なため含めない)。図をみると、戦後から二〇〇六年まで国籍別外国人人口の首位を占めていた韓国・朝鮮籍の約四〇%が、エスニック・ビジネス従事者であった。他の国籍についてはどうか。韓国・朝鮮籍に次ぐのは、二五%程度のパキスタンとナイジェリアであり、この三区分は企業

図序-1　国籍別エスニック・ビジネス従事比率と失業者比率

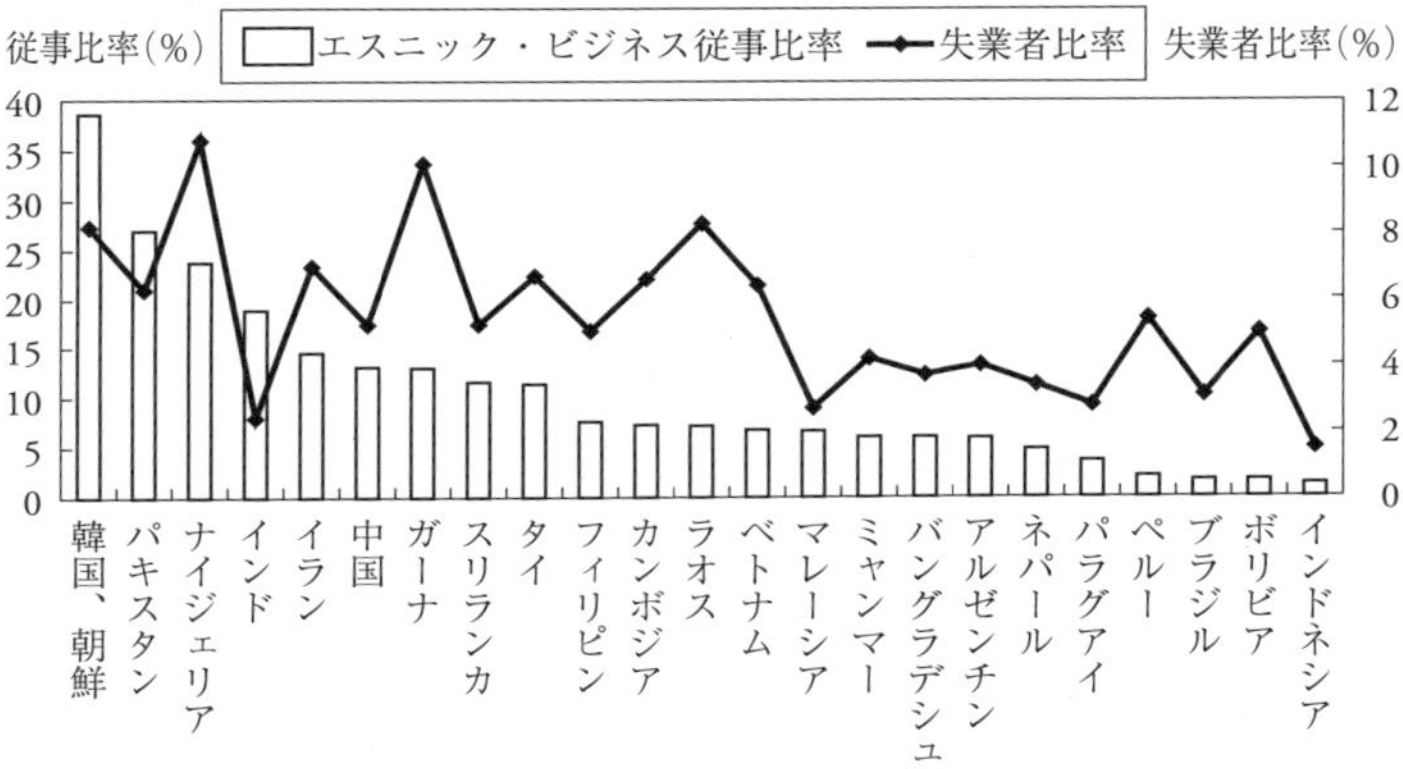

出典：総務省統計局（2004）。

家移民と呼んでよい。もっとも低いのは、一～二%のペルー、ブラジル、ボリビア、インドネシアであり、労働者移民とみられる。その中間には、一〇%台のインド、イラン、中国、ガーナ、スリランカ、タイ、三～一〇%のフィリピン、カンボジア、ラオス、ベトナム、マレーシア、ミャンマー、バングラデシュ、アルゼンチン、ネパール、パラグアイが位置する。

集団間の違いについては次節と各論を読んでいただきたいが、エスニック・ビジネス従事比率の相違は、果たして「排除仮説」によって説明できるのか。あくまで傍証の材料でしかないが、図序-1にあるエスニック・ビジネス従事比率と失業者比率には、ピアソンの相関係数で一%水準の有意な関係がある。つまり、失業者比率が高い国籍ほど、エスニック・ビジネス従事比率が高くなるわけで、排除仮説は一定程度当てはまるように思われる。これまでも、在日コリアンに対する就職差別はつとに指摘されてきた。関連する先行研究をみても、日本の労働市場からの排除がもたらす帰結として、在日コリア

ンのエスニック・ビジネスは位置づけられてきたのである。(7)

実際、これまでデータ不足から見逃されてきたが、国勢調査でみる韓国・朝鮮籍の失業者比率は学歴を問わず日本国籍者より高い（移住連貧困プロジェクト編 二〇一一）。つまり、「失業」も「エスニック・ビジネス」も高い比率を示すわけで、これは日本で排除される国籍集団が労働市場で示す特徴といえるのかもしれない。実際、ナイジェリア、ガーナ国籍は、失業者比率が一〇％超ともっとも高いが、同時にエスニック・ビジネス従事比率も高い。(8) こうした点から、日本の現実をみれば、差別・排除をエスニック・ビジネスの背景要因として考慮する必要があるだろう。だが、次項でみるように差別だけで説明できるほど現実は単純ではない。エスニック・ビジネスへの進出を可能にする条件は、ほかに何があるのだろうか。

エスニック・ビジネス従事比率の規定要因

日本の「出入国管理及び難民認定法」（「入管法」）で定められた在留資格には、「技能（調理人など）」や「技術（エンジニアなど）」といったできる仕事が決められたものと、「日本人の配偶者等」や「永住者」など活動に制限がないものとがある。後者は「別表二の在留資格」(9) と呼ばれており、ほとんどが在日コリアンからなる特別永住者とともに、日本でつける職業には制限がない。それ以外の者は「投資・経営」という在留資格でなければビジネスを続けるのは難しい。つまり、たとえば、図序-1でもっともビジネス従事比率が低いインドネシア国籍者は、ほとんどが最大三年間しか滞在できない研修・技能実習生である。こうした在留資格では、ビジネスを始めたくても始められない。それゆえ、別表二に該当

表序-1　在日外国人によるエスニック・ビジネスの類型

		ビジネスの顧客	
		同胞	それ以外
提供する財・サービスの種類	エスニック財	＜エスニック市場のコア＞ エスニック食品製造・販売，レストラン（多くの国籍） メディア（多くの国籍） 電話カード販売（ブラジル等） ブティック（ブラジル，フィリピン） 化粧品販売（ブラジル，フィリピン）	＜エスニック・ニッチ＞ エスニック・レストラン（韓国・朝鮮，中国，タイ，インド，パキスタン，ベトナム） マッサージ（タイ） 気功，鍼灸（中国）
	非エスニック財	＜言語的障壁にもとづく市場＞ 旅行社（多くの国籍） インターネットカフェ（中国） 自動車教習所（中国） パソコン店（ブラジル） 美容院（韓国，ブラジル） 不動産仲介（ブラジル） 自動車販売（ブラジル） 広告代理店（ブラジル）	＜移民企業ニッチ＞ パチンコ関連（韓国・朝鮮） サンダル・靴製造（韓国・朝鮮） 金属リサイクル（韓国・朝鮮） システム開発（中国） 繊維卸売（インド） 中古車貿易（パキスタン，バングラデシュ，スリランカ，イラン） 中古電化品輸出（ベトナム） 電気工事（南米）

出典：Kim（1987: 228）の図をもとに作成。
注）（　）内は，それをエスニック・ビジネスとしている民族の国籍。

する者の比率が高くなると起業家になりうる層も増加する。一方、南米国籍のようにほとんどが別表二に該当するのにエスニック・ビジネス従事比率が低い集団もある。現実には、個々の集団のビジネスがどのような市場に進出しているかによって、ビジネス従事比率が決まると予想される。

そこで、提供する財・サービスとビジネスの顧客によりエスニック・ビジネスを分類した表序-1をみてもらいたい。一般にエスニック・ビジネスは、表で〈エスニック市場のコア〉としている同胞相手の商売、なかでも食材など同胞が固有に求めるものの提供から始まる（Waldinger et al. 1990）。こうした財・サービスの提供は、ニーズを知る同胞ならではの優位性があるからである（Aldrich et al. 1985)。食品販売・レストランなどはどの集団にもみられるビジネスであり、こうした店舗がコミュニティを彩るのは集住地ならではの光景となる。

さらに、新規流入者が多い集団の場合、日本語ができない人を顧客とする〈言語的障壁にもとづく市場〉で同胞が提供するビジネスがある。ブラジル国籍者にとって、値段が同じならば不自由な日本語よりもポルトガル語で好みの髪型を指定したり、パソコンの使用法を聞いたりできたほうがよいだろう。中国籍のように人口が多ければ、中国語での自動車教習所まで市場ベースに乗ることになる。こうした同胞を対象とした商売は、初期のビジネスが資本を蓄積して発展の礎を築くうえで重要である。

だが、同胞相手の市場でビジネスをしていたのでは、一部の者しか企業家として成功することはできない。同胞市場は、決して多くない同胞人口×エスニック・ビジネスで買い物する額で規模が頭打ちになるからである(Evans 1989)。規模が限られた市場にエスニック・ビジネスが多く生まれても、過当競争と淘汰が続くだけで企業家として成功する人が増えるわけではない。ある集団が企業家移民と呼びうる存在になるかどうかは、同胞以外の顧客を相手にしたビジネスをどこまで開拓できるかによっている。

同胞以外の市場で展開するビジネスのうち、各エスニック集団固有の財・サービスを提供する場合を〈エスニック・ニッチ〉と呼んでおく。日本の場合、主には日本人相手のレストランが該当するだろう。レストランには同胞向きのものも存在するが、市場規模を広げるには日本人を顧客とすることが必須であり、焼肉レストランはその成功例と位置づけられる(朝倉 一九九四)。第5章で述べるように、日本人客をひきつけるには顧客ニーズに合わせた料理の味や店の雰囲気作りが求められるため、日本人の同業者に対して絶対的な比較優位があるわけではない。とはいえ、韓国・朝鮮、中国、タイ国籍の飲食産業従事比率は一五％前後に達しており（大曲他 二〇一二）、集団によっては飲食業が最大のエスニック・ニッチになりうるといえるだろう。

しかし、〈エスニック・ニッチ〉のみに特化して企業家移民といいうるだけのエスニック・ビジネス従事比率に達する集団は、世界的にほとんど存在しない（Light & Bhachu eds. 1993; Portes & Bach 1985; Waldinger et al. 1990; Ward & Jenkins eds. 1984）。アメリカの韓国系移民の青果店、アルゼンチンの日系移民のクリーニング店など、エスニシティと関係ないビジネスを一般市場で展開する〈移民企業ニッチ〉に進出する必要がある。在日コリアンは、パチンコ、サンダル・靴製造に代表される軽工業、金属リサイクルなど、〈移民企業ニッチ〉を多く築いたがゆえに四割というエスニック・ビジネス従事比率を確保できた。パキスタン人は、第6章でみるように中古車貿易という絶対的な〈移民企業ニッチ〉の確立ゆえに、短期間で企業家移民となることができた。

第3節　エスニック・ビジネスへの進出を規定する三つの条件
——人的資本・社会関係資本・機会構造

（1）三つの条件

前節でみたようなエスニック・ビジネス研究の視点の変化とともに、エスニック・ビジネスへの進出を規定する要因を整理する試みもなされるようになった（Kloosterman & Rath 2001; Waldinger et al. 1990）。これについては日本語での紹介もいくつかなされているが（伊藤 一九九四、南川 二〇〇〇、式部 一九九〇）、本書では複数集団の比較を意識した枠組みを用いる。すなわち、人的資本（human capital）、社会関係資本

(social capital)、機会構造(opportunity structure)という三つの要因を用いていく(樋口 二〇一〇)[10]。

人的資本とは、生産活動の元手となって価値を生み出す人間の能力を指す。具体的には、技能、能力、人格、外見、評判、信用などさまざまな形をとり、それぞれが価値を生み出すが(Becker 1993: 262)、一般には教育・訓練の結果として得られる学歴・資格を指すことが多い。つまり、教育に多く投資するほど(学歴が高くなるほど)、職業訓練に投資するほど(意味ある経験を積むほど)、仕事の生産性が上がって多くの価値を生み出し、所得も高くなるというわけである。

全体的には、こうした人的資本論の前提はエスニック・ビジネスにも当てはまるが、それだけでは論じられない部分も多い。移民第一世代の場合、出身国で獲得した人的資本が、移民先では価値をなくしてしまうことが往々にしてある。日本で働く南米人は、出身国ではエンジニアや医師でも日本では工場の派遣労働に従事することが多いため、人的資本は価値をなくすことになる。移民先で生まれ育った第二世代以下であっても、就職差別があれば人的資本を生かす場が制限されてしまう。このように埋もれた人的資本がエスニック・ビジネスへと向けられ、活路を見出すと考えられる。

次に社会関係資本とは、「ネットワークその他の社会構造に帰属することを通して得られる利益を確保する能力」を指す[11](Portes 1998: 6–8)。特に移民においては、自らが属するネットワークが生み出す社会関係資本は重要である。移民は、日本の新卒採用のようなフォーマルな求職経路を使えるわけではなく、社会的ネットワークに依存して職業移動することが多い(Falcón & Melendez 2001)。その結果、社会関係資本に乏しい個人は待遇の良い仕事につきにくいし、社会関係資本の蓄積が足りない集団は全体として不利な立場に立たされることになる。

最後に、機会構造[12]が人的資本や社会関係資本と異なるのは、個人や集団によっては変えることができない点である。エスニック・ビジネスは機会構造が開かれている市場を見出すしかない。一般に、良好な機会はマジョリティに占領されており、エスニック・ビジネスはマジョリティが放棄したうま味の少ない機会、新たな隙間市場のような機会を捉えて成長する。たとえば世界的にみて、そうした機会を提供する代表的な産業の一つは縫製業であった。縫製業は、ミシン一台から始めることも可能で、資金的技術的に参入障壁が低いエスニック・ビジネスの代表的な業種だった。しかし、アメリカでユダヤ系などが担っていた縫製業は安価な外国産に太刀打ちできず、海外移転か廃業の憂き目にあうかにみえた。それを変えたのが新規流入の移民たちで、旧移民の廃業は新規移民にとって参入の機会となったのである（Waldinger 1986）。新規移民の流入は、企業家だけでなく低賃金の労働者を確保することにもつながり、ロサンゼルスでは移民労働を用いた縫製業が復活しさえしている（Bonacich & Appelbaum 2000; Light 2006）。

（2）人的資本

エスニック・ビジネスに必要な人的資本とは何か。経営という観点からすれば学歴が高いほうがいいだろうし、商売に必要な技能もあったほうがよい。つまり、人的資本がたくさんあったほうがビジネスに有利に作用するが、そもそも人的資本に恵まれていれば一般労働市場で待遇の良い仕事を探しやすくなる。そうであれば、エスニック・ビジネスを志向する必然性も小さい。

これに関してポルテスとランバウトは、前述（注（6））のように労働者移民、専門職移民、企業家移民という類型を用いて説明している。人的資本が少ない移民は労働者として働くことが多いが、恵まれ

図序-2　国籍×学歴

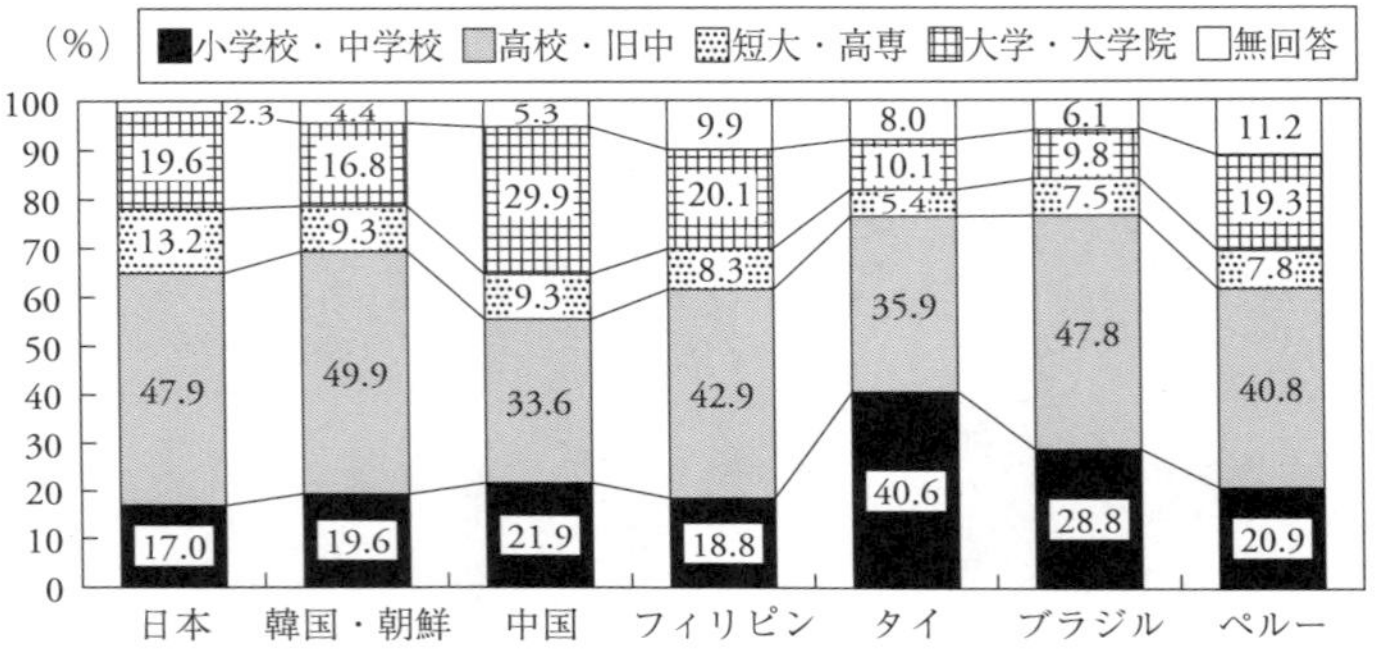

出典：2000年国勢調査オーダーメイド集計。

た移民は専門職と企業家に分岐していく。在米韓国系移民の場合、学歴が高くても英語能力が低いがゆえにホワイトカラーの職につけないが、自らの人的資本をエスニック・ビジネスに生かすことができる（Light & Bonacich 1988; Min 1988）。インド系やフィリピン系の場合、英語ができる医療従事者に対する需要が米国で存在するため、医療専門職として移住する者が多い（Portes & Rumbaut 1996）。

こうした人的資本の「本来の価値」と「現実の市場価値」のギャップは、日本でもエスニック・ビジネスを生み出す要因となっている。これは排除仮説に重なる面もあるが、それだけでなく人的資本を積極的に生かす場としてもエスニック・ビジネスは存在する。そのため、改めて排除仮説がどの程度の妥当性を持つのか、二〇〇〇年国勢調査での国籍・学歴の状況から考えていきたい[13]。データの制約上、図序-2で示せるのは日本を含め七つの国籍集団の学歴でしかないが、一定の差があるのを視覚的にも捉えられるだろう。大卒比率が一番高いのは中国籍で約三割、それに次いでフィリピン、日本、ペルー国籍が約二割、韓国・朝鮮籍は約一・七割、もっとも低いのがタイとブラジル国籍で約一割となる。

学歴は人的資本をみるに際して重要な指標だが、ここで大卒比率だけをとって高低を比較してもあまり意味はなく、二つの点に留意せねばならない。第一に、出身国の進学率や年齢によって基準は変化し、たとえば「高校卒」は高学歴にも低学歴にもなる。第二に、日本の一般労働市場で評価される人的資本たるためには、学歴を取得した場所、つまりどこで教育を受けたかが決定的に重要である。近年では、日本生まれが多い韓国・朝鮮籍と留学生が多い中国籍の場合、最終学歴を日本で取得した比率が高いと考える。そうした場合、日本の新卒就職市場にも参入しうる。それ以外の国籍では、日本で教育を受けている者の比率が低いため、ほとんどの場合高学歴であってもホワイトカラーの仕事には結びつかない。

こうした点から、高学歴でありながらそれが評価されないフィリピン国籍やペルー国籍のほうが、エスニック・ビジネスを志向しやすいとはいえる。だが、学歴と評価のギャップは本人が日常的な経験のなかで感じるものであり、ホワイトカラーになれるか否かだけが問題ではない。在日コリアンの場合も、就職活動をしても希望のところに決まらなければ、ホワイトカラーの仕事よりも家業を継いだほうがいいと思うかもしれない。中国から留学生として来日し日本企業で就職しても、日本人同僚と比較して「ガラスの天井」があり、出世には限界があるという感覚を抱く者が多い（坪谷 二〇〇〇）。したがって、細かくみれば多くの集団は人的資本に関して不遇感を抱えているのであって、それをもってエスニック・ビジネスの促進要因とするのは単純にすぎる。

すなわち人的資本は、単に評価ギャップからくる不遇感のみでエスニック・ビジネスを促進するわけではない。図序-3は、人的資本に恵まれているからこそ起業が可能になるという積極的な側面を示す。

図序-3　学歴×役員比率

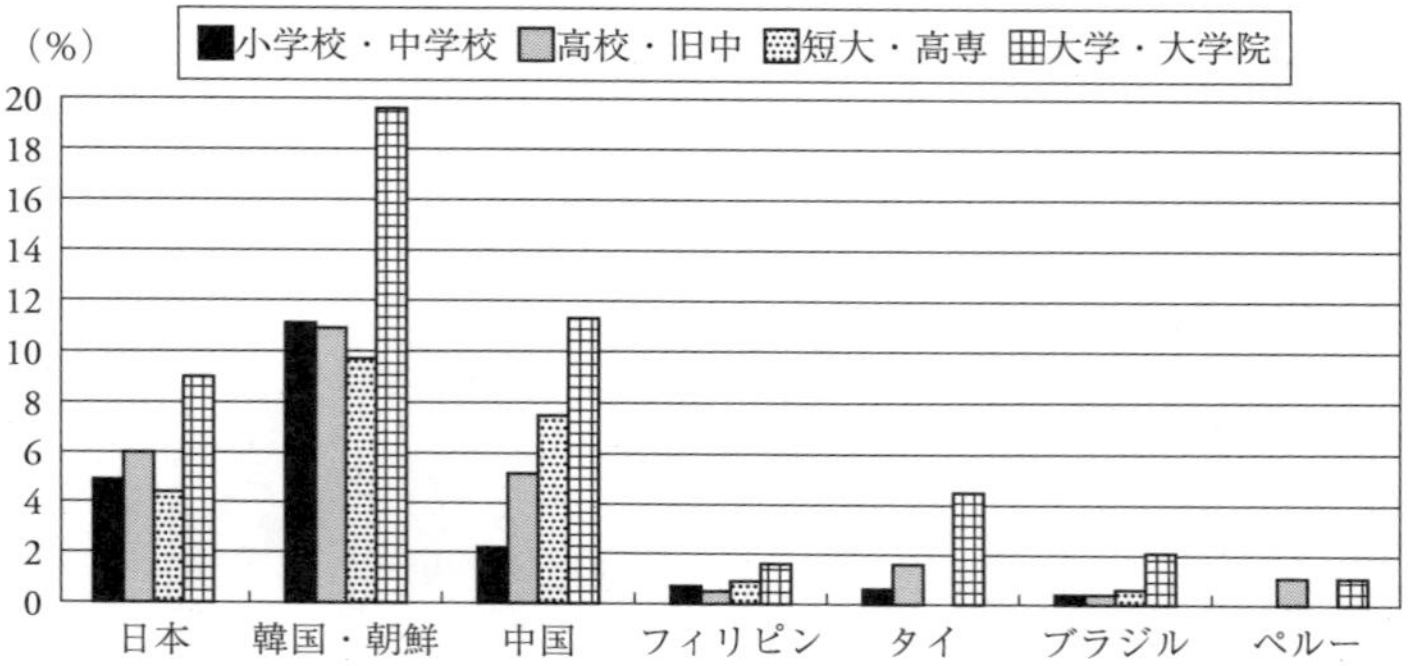

出典：2000年国勢調査オーダーメイド集計。

これは学歴別の役員比率を表しており、韓国・朝鮮籍の比率が高いのは中小企業経営者が多いことによる。ここで注目すべきは、日本、韓国・朝鮮、中国、タイ、ブラジル国籍で大卒の役員比率が高いことである。

韓国・朝鮮籍の場合、ビジネス従事比率に学歴による差はなく、それ自体は先行研究でも指摘されてきた（金・稲月 二〇〇〇）。ただし、役員比率になると大卒がそれ以外の倍近くにのぼっており、人的資本に恵まれた人材がエスニック経済の担い手になるという構図を看取できる。第3章でも、企業家となったブラジル国籍者の学歴の高さが指摘されており、他の集団についても類似した状況にあることが推測されるが、ペルー国籍などはそうとはいえない。その意味で、人的資本が生かされていないとも読み取れるため、起業に際して別の障壁があるとも考えられる。こうした検討を経たうえで、人的資本とエスニック・ビジネスについてまとめると、次のような仮説を提示できる。

仮説一　言語や学歴、スキルといった面で高い人的資本を持ち、それにもかかわらず人的資本に見合った評価が一般労働市場でなされない集団ほど、ビジネスを志向するようになる。エスニック経済は、一般労働市場で過小評価される人的資本を活用する場として機能している。

(3) 社会関係資本

エスニック・ビジネスにおける社会関係資本の意味

社会関係資本は、比較的最近用いられるようになった用語だが、類似した発想はエスニック・ビジネス研究の当初から用いられてきた。そもそもエスニック・マイノリティは、マジョリティならば用いることのできる制度から排除されていることが多いため、独力でビジネスを始めるのは難しい。そうした不利な立場を克服するべく、マイノリティは求職や起業に際して同胞同士のネットワークに依存する度合いが大きい。そうした側面を概念化したのが社会関係資本という用語であり、本書に関係する限り二つの点でエスニック・ビジネスを促進する(Portes & Sensenbrenner 1993)。

第一に、同胞意識がもととなった社会関係資本は、仲間を助けるという利他的行動と、また仲間が助けてくれるという期待を生み出す。アルゼンチンの日本人移民は、同胞のクリーニング店(14)で何年か働いて貯蓄して独立するが、開業資金の多くは頼母子講《たのもし》(タノモシとも表記される)から調達する。担保や信用を持たない移民の多くは銀行の融資を受けられないから、エスニック・ビジネスの設立に際して資金調達が常に問題となる。そこで広く活用されるのがタノモシであり、以下のようにして資金を作り出す。雇用主が従業員を独立させるためにタノモシの発起人になり、たとえば二二人に声をかけてメンバーになってもらう。雇用主と従業員を含む二四人が毎月集まり、毎回二〇万円ずつ出し合って集まった四八〇万円を順繰りに受け取り、二年して一巡したら終わる。この場合、従業員は初回に受け取るよう配慮してもらって店を開き、その売り上げで残りの二三カ月間の返済を賄う。雇用主は返済が滞った時の保証人にならねばならないが、従業員の独立を助けるものという常識がそこにはあり、従業員は雇用主が援助してくれると期待すればこそ懸命に働く。そもそも、タノモシは先にお金を受け取った者が逃げないという信頼のもとで成り立っており、誰とでもできるわけではない。このような信頼関係にもとづき仲間を助け合う行動の積み重ねが、特定の集団が特定のエスニック・ビジネスに集中する結果を生み出す。

第二に、密度の高い社会的ネットワークからなる社会関係資本は、同胞間の裏切りを抑えて協力行動を促進するがゆえに、ビジネスに必要な資源を提供することができる。エスニック・ビジネスに限らず、ビジネスの世界は信頼できる相手がいなければ成立しない。第6章でみる中古車貿易の場合でも、自動車の代金を相手が払ってくれなければビジネスは成立しないが、常に裏切られる（代金を回収できない、欠陥車をつかまされる）リスクは存在する。そのリスクを減らすには、信頼できる相手がどうしても必要になるが、そうした相手をどうやって見つけることができるのか。

状況によっては裏切る可能性もある合理的な個人の間で信頼が形成される条件は、「巧妙な制度的配置によって、不正を行っても割に合わなくなる」状況の確保である（Granovetter 1985: 489）。ポルテスらの挙げる在米キューバ人の例によれば、借金を払わなかったり暗黙の信頼を踏みにじる者は、ビジネスで成功する機会を自ら逃してしまう（Portes & Stepick 1993）。悪い噂はすぐに同胞内に広まるし、同胞との関係を離れてビジネスを立ち上げるのは難しいからである。この場合、お金を貸した時には同胞ネットワークが「強制力を持った信頼」の基盤となり、回収できなくなることはない。こうした社会関係資本を持たない集団は、起業に必要な協力行動ができないがゆえに、エスニック・ビジネスに参入するのに困難をきたす(15)。

在日外国人の社会関係資本とエスニック・ビジネス

社会関係資本は個々人の社会関係に内在しているだけに、集団全体としての社会関係資本を測定して比較するのは難しい。だが、こうした指標としてまず考えられるのは集住の度合いである。分散して住む集団では、同胞との接点も少なくなるし、集住地にみられる商店や宗教施設などを介した社会関係も作りにくい。集住している集団のほうが社会関係資本を蓄積しやすく、ひいてはエスニック・ビジネス従事比率も高まると考えられる。ところが、国籍別の集住度とエスニック・ビジネス従事比率の間には、統計的に意味ある関連はなかった(16)。まとまって住んでいるからといって、それが直接ビジネスに結びつくわけではなさそうである。ただし、家族・親族・友人関係、宗教やスポーツ、同郷会などへの参加状況が、エスニック・ビジネス従事比率に影響を及ぼしていることは考えられる。

さらに、北米や西欧と比較して外国人人口比率が低い日本のような国では、同胞同士の関係だけで説明するのは難しい。日本生まれが多い韓国・朝鮮籍の場合、日本人配偶者が社会関係資本を提供するとは限らず、同胞との結婚のほうがビジネスへのアクセスを容易にすると考えられる。だがニューカマーの場合には、日本人との結婚が有力な社会関係資本となるネットワークと接点を持つ機会ともなるだろ

図序-4　国籍別・日本人との婚姻比率

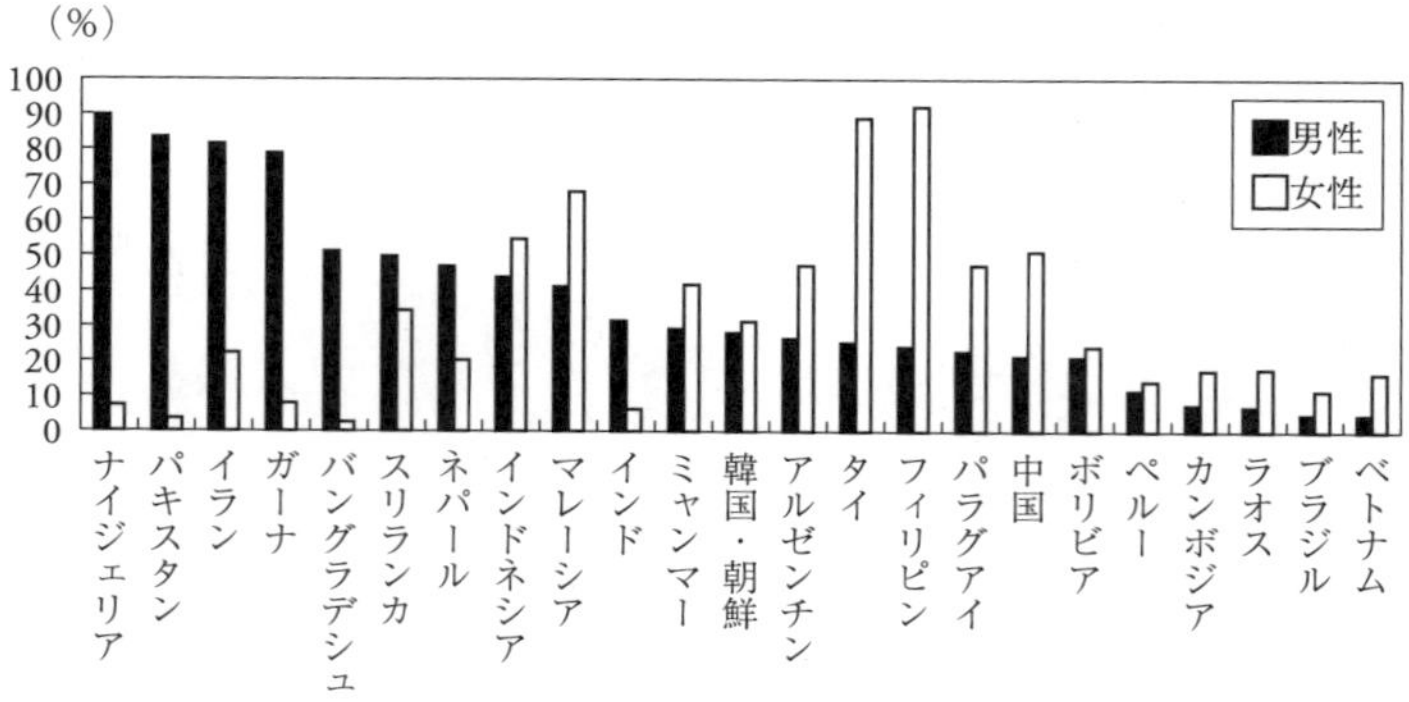

出典：総務省統計局（2004）。

う（cf. Lin 2001）。したがって、マジョリティたる日本人との関係も含めて、社会関係資本とビジネスの関連をみる必要がある。（年齢や滞在期間の影響を考慮する必要はあるが）日本人との関係として配偶者や姻族、近隣組織、職場などが考えられるなかで、統計があるのは国際結婚の比率である。図序-4をみると、国籍・性別によって、日本国籍者を配偶者とする比率にかなりの相違があるのを把握できるだろう。

男性で日本国籍者と結婚する比率が五割を超えるのは、イラン、パキスタン、バングラデシュ、ガーナ、ナイジェリア国籍であり、結婚により安定した在留資格を得た人が多い。逆に女性で日本国籍者との婚姻比率が五割を超えるのは、インドネシア、タイ、中国、フィリピン、マレーシア国籍になる。それ以外のインド、韓国・朝鮮、カンボジア、スリランカ、ネパール、ベトナム、ミャンマー、ラオス、アルゼンチン、パラグアイ、ブラジル、ペルー、ボリビア国籍は、男女とも日本国籍者との婚姻比率が低い。特に低いのはインドシナ三国と南米国籍であり、日本国籍者との接点があまりないことを示す。

ただし、日本国籍者との婚姻がエスニック・ビジネス従事比率に及ぼす影響は、性別によってまったく異なる。図序-4のうち男性についてみれば、日本国籍者との結婚率とエスニック・ビジネス従事比率の間には、ピアソンの相関係数で五%水準の有意な関係がある。それに対して、女性が日本国籍者と結婚している比率には有意な関係がなかった。つまり、日本国籍の配偶者を持つ男性はエスニック・ビジネスを手がける傾向があり、それは第6章のパキスタン人の中古車貿易とも一致する。他方で、日本国籍の配偶者を持つ女性はエスニック・ビジネスよりむしろ「主婦化」する傾向があり、就労比率そのものも低い。働いたとしても、夫の支えを受けビジネスを手がけるよりむしろ、夫のビジネスを手伝う「家族従業員」に集中する傾向がある。タイ、フィリピン国籍において家族従業員の比率が高いのは、両者の多くを日本国籍者と結婚した女性が占めることによる。第4章でみるように、彼女らの手がけるビジネスが元手のかからない主婦のサイド・ビジネス的性格の強いことも、こうした解釈と符合する。

学歴のようなわかりやすい指標と異なり、社会関係資本は個人が持つ複雑な人間関係に内在している。第1章では民族金融機関が成長産業に企業家を誘導し、第2章では中国の大学の同窓会が重要な役割を果たす。ブラジル国籍者は出身地から社会関係資本を持ち込まないがゆえに、ビジネスへの進出が難しくなっていることを第3章は示唆する。第4章では、フィリピン国籍の主婦ネットワークがビジネスを媒介していた。第5章をみると、日本定住前に一時滞在施設で築かれた関係が共同経営にも生かされている。第6章では日本人配偶者や地縁・血縁を核にビジネスが立ち上げられていく。このように社会関係資本は多様であるが、それに共通する要素をまとめると仮説二のようになる。

仮説二　同胞や日本人との接点となる制度に組み込まれる程度が大きい集団ほど、社会関係資本が蓄積されて起業が容易になる。

（4）機会構造

同胞市場とエスニック・ニッチの機会構造

前項までにみたのは個々の企業家次第で変化する変数だが、それを超えた規定要因として機会構造という概念が用いられてきた（Waldinger 1986; Waldinger et al. 1990）。このうち、同胞市場向けのビジネスは、同胞の数だけでなく嗜好や購買力によって規模が変化するとはいえ、常に一定数の企業家に対して機会を提供する。同胞が固有に消費する消費財をもっとも容易に提供できるのは、同じ国の出身者であり、そうした「保護市場」（Aldrich et al. 1985）はエスニック・ビジネス発展の基礎といえよう。

だが、機会構造が重要になるのは次の段階においてである。〈エスニック・ニッチ〉を形成するには、特定のエスニック財・サービスが一般市場で受け入れられねばならない。これは、財・サービスの性質によってあらかじめ決まるわけではなく、あくまで一般市場の開放という条件が先行する。零細なエスニック・ビジネスが、たとえば「ペルー料理」の市場をゼロから開拓しようとするのは非現実的である。つまり、エスニック料理の供給があるから需要が生まれるのではなく、先行する需要に対応することで初めて供給が伸びるという想定が現実的だろう。

そう考えた時、一九八〇年代後半以降の日本の激辛・エスニック料理ブームは、〈エスニック・ニッチ〉の機会構造を開いたといえるだろう。現在タイ、ベトナム、インド料理は、エスニック・ビジネスの一分野として定着している。これは日本だけのことではなく、イギリスなど他の消費社会でも生じており、消費文化の発展はエスニック・ビジネスの機会となっている（Ram et al. 2002）。

移民企業ニッチへの進出の日本的特性

〈移民企業ニッチ〉への進出については、日本的な特質がかなりある。原理的には、あらゆるビジネスが〈移民企業ニッチ〉になりうるが、実際には二つの条件を充足することが必要になるだろう。まず、「規模の経済」[17]が働くため初期費用が高い業種に参入するのは困難で、規模に関係なく参入可能で初期費用も低い業種でなければ、エスニック・ビジネスは参入できない（Waldinger et al. 1990：25-26）。在日コリアンは、こうした産業に大々的に進出しえたから（第1章参照）、きわめて高いエスニック・ビジネス従事比率を達成したといえる。

世界的にみると、こうした条件を満たすもっとも典型的な産業は、都市部の小規模縫製産業や雑貨店であった。そこでは移民初期に縫製業や雑貨店を手がけ、教育を受けさせた子どもがホワイトカラーの職について後継ぎがいなくなると、次なる新規移民が引き継ぐという「順番待ち」状況がみられる。移民国において、縫製業や雑貨店のようなビジネスは、新規移民が手始めに引き受けるものであった。

だが、日本ではこうした形での「順番待ち」はほとんど生じていない。まず、縫製業に進出するような動きは、日本では第1章でふれる在日コリアンの例に限られるし、それ自体も衰退してしまった。在日コリアンのビジネスをニューカマーが引き継ぐのも、筆者が知る限りで中国帰国者が金属リサイクルを始めることぐらいである[18]。それ以外では、沖縄系電気工事業者が南米系へと引き継がれる本書終章での事例も、「順番待ち」に該当するだろう。だが、このような引き継ぎがほとんどみられない背景の一つとして、新規流入の同胞という低賃金労働力がある欧米に対して、日本ではそれが難しいことがある。低賃金労働力がなければ、移民が手がけても比較優位がないため進出のメリットはない。

次に、日本全体で機会構造をみれば、移民がビジネスに参入するのは構造的には容易になりつつある。一九九〇年代以降、日本全体のビジネスへの新規参入は減少しており、自営部門自体の雇用吸収力が低下しつつあるからである（野村 一九九八）。これ自体は、エスニック・ビジネスが参入する隙間市場があることを意味するが、日本人が放棄するビジネスを〈移民企業ニッチ〉として引き継ぐ動きは、日本ではほとんど存在しない。資本がある程度用意できれば、長時間労働や家族や同胞など安い労働力によって比較優位を保つ形で、コンビニエンスストアを開業するといったことも可能なはずである。あるいは、南米人が多く集まる地方都市で「シャッター街」化した商店街を引き継ぐような機会構造も存在していたが、実際にはそうした動きはみられなかった。空き店舗を借りても、同胞相手のビジネスが立ち上がっては消えていくだけで、地域の一般市場を志向したビジネスには至っていない。ここには充足されざる機会が存在しており、人的資本や社会関係資本の不足ゆえ、進出できていない可能性もある。

こうしてみると、現実に〈移民企業ニッチ〉に進出しているのは、中古車貿易やソフトウェア産業など構造的隙間を見出して新たな市場を開拓した場合にほぼ限られている。そうした業種では、移民集団は新規市場の開拓によりビジネス全体に活気をもたらしているといいうるが、少数の移民しか企業家になれないということでもある。こうした前提から、機会構造に関わる仮説を次のように定式化できる。

仮説三　移民に対して開かれた機会構造とは、一般市場においてエスニック財・サービスに対する需要が発生するか、うま味の少ない業種に隙間が生じるか、新規市場を開拓するかのいずれかである。これらが生かされればエスニック・ビジネス従事比率は高まるが、ニューカマーが開放された機会を十分活用しているとはいいがたい。

第4節　三つの条件の関連とエスニック・ビジネス

人的資本・社会関係資本・機会構造――これら三つは相互に独立した要素というわけではなく、それぞれ関連し合ってエスニック・ビジネス形成を促進する。社会関係資本概念の提唱者の一人たるコールマンは、人的資本の育成に際して社会関係資本が大きく関連していると述べている（Coleman 1988）。実際、エスニック経済内部で働くのは同胞同士の社会関係資本を活用した結果だが、起業に必要な知識やノウハウを学ぶ点から、エスニック・ビジネスは人的資本を蓄積する場ともなる（Bailey & Waldinger 1991）。機会構造にしても、それを利用して有望な業種に進出するには社会関係資本が不可欠であり、そうでなければエスニック・ビジネスは拡大しない（Waldinger 1996）。

つまり、三つの変数がプラスに働いた集団は、企業家移民としての地位を築くことができると考えられる。第1章は、パチンコという成長分野における機会構造が在日コリアンの社会関係資本とうまくかみ合うことで、業態転換していった過程が描かれている。オールドカマーは、エスニック・ビジネスに進出し時代に合わせて事業を転換できたため、一定の経済的地位を築くことができた。

ニューカマーの場合には、国籍によってビジネスへの進出度合いが著しく異なっている。第6章でみるように、ビジネスで成功したパキスタン人にとっては、日本人配偶者と同胞という社会関係資本が重要だった。ビジネスに進出した結果、経済的余裕を背景に各地でモスクを建設し、文化的基盤まで自力で築き上げてきた（岡井 二〇〇七）。それに対して日系ブラジル人は、南米ではエスニック・ビジネスに進出していたのが、日本では同胞市場の内部でしか事業を展開できていない。こうした相違の詳細は、以下の各章を参照していただくとして、本章では集団間の差異を生み出す要因を主に検討してきた。各集団の比較を改めて行う余裕はないが、ニューカマーは人的資本に見合った社会関係資本を豊富に蓄積しているとはいえず、それがエスニック・ビジネスへの進出を阻害しているとはいいうる。

日本のエスニック・ビジネスをめぐる機会構造は、アメリカのそれと比して特段に閉鎖的とはいいがたい。ニューカマーの持てる資本と機会構造がうまく接合されていない状況が存在するため、政策的措置次第ではいっそう幅広く展開する可能性は十分にある。OECD（経済協力開発機構）が着目しているように、今後はエスニック・ビジネスに対する政策科学的な研究も必要になろう（OECD 2010, 2011）。

注

（1）ここでいうビジネスとは、個人経営の自営業も含むものと考える。

（2）エスニック・マイノリティといっても、ここでは後述する意味での移民を対象としており、ナショナル・マイノリティであるアイヌなどの先住民族を含めない。

（3）朝鮮半島にルーツを持つ特別永住者については、本書で用いる在日コリアン、在日韓国・朝鮮人のほかにも多くの呼称が用いられてきた。この呼称は、植民地支配や朝鮮半島の南北分断、生活実態などに対する多様な立場を反映するため（宮内 二〇〇五）、本書では統一していない。

（4）こうしたオールドカマーのエスニック・ビジネスについては、他の領域に比較すると立ち遅れが目立つものの（朴 二〇〇五）、一定の研究蓄積がある。在日コリアンについては、第1章で言及したものの他にも、特定の企業家に焦点を当てた研究（河 二〇〇三、朴 二〇一〇）や韓国との関係を論じた研究（永野編 二〇一〇）がある。中国系のビジネスについては、古いものだが内田（一九四九）や内田・塩脇編（一九五〇）が詳しい。インド系のビジネスに関しては、南埜・澤（二〇〇五）、澤・南埜（二〇〇九）がある。

（5）それまで、特定の移民のモノグラフにおいてエスニック・ビジネスが言及されることは珍しくなかった。ただしそれは、移民コミュニティを描く際の構成要素として登場するものであり、エスニック・ビジネスを独立した研究対象としたわけではなかった。

（6）アメリカの移民に関する標準的なテキストでは、企業家、労働者、専門職という三つの移民類型を用いている（Portes & Rumbaut 1996）。

（7）在日コリアンの民族金融機関というエスニックな連帯を体現する制度の研究でも、その設立はもっぱら日本社会の差別という文脈で論じられている（呉 一九九二）。これを本書第1章と併読すれば、研究上の視点の変化を理解できるだろう。もっとも、エスニシティ研究の立場から、民族金融機関についても連帯を強調する研究も出てきている（橋本 二〇〇二）。

（8）アフリカ系移民に対する差別とそれへの対抗については、若林（一九九六）を、可視性と労働市場の差別については青木（二〇〇〇）を参照。

（9）身分または地位にもとづく在留資格＝永住者、日本人の配偶者等、永住者の配偶者等、定住者。

（10）これらの用語は、もともとエスニック・ビジネス研究で使われていたわけではなく、一九九〇年代に入って経済学や社会学から取り入れられたものである。エスニック・ビジネス研究では、人的資本や社会関係資本といった概念が導入される以前から、階級資源やエスニック資源といった類似の用語が分析に使われてきた（Kim & Hurh 1985; Light 1984; Marger, 1989; Yoo 1998; Yoon 1991）。その意味で、一九九〇年代以降に流行した経済社会学を先取りしていたといってもよい。

（11）一九六〇年代から使われるようになった人的資本という用語に比べると、社会関係資本という概念が使われるようになったのは、一九八〇年代とかなり遅い。しかし、この用語は労働や教育をめぐる社会学的分析のみならず、経営学、政治学や社会医学などでも幅広く使われるようになった。その要諦は、個人が持てる人間関係は無形の財産であり、（多くの場合）さまざまな社会的側面にプラスの効果をもたらすという見方にある。ネットワークが重要な意味を持つ移民の研究にとっては、人的資本よりも社会関係資本概念のほうが使途が広い（詳しくは Coleman 1988; Portes 1995; Lin 2001 を参照）。

（12）この概念は、社会運動研究で使われて広範に知られるようになったが、もともと若年層の非行を分析するなかで提示されている（Cloward & Ohlin 1960）。たとえば、学業で失敗した若者は、犯罪、引きこもり、反抗など多様な「逸脱」の方向をとる可能性がある。機会構造論は、そのうち犯罪に向かうのは道徳や人格の問題というよりも、犯罪を手引きするような環境の有無によって説明できるとした。

（13）国勢調査の外国人特別集計では、学歴に関するデータは非公表であった。それが「オーダーメイド集計」という形で利用可能になったため、二〇〇〇年国勢調査のオーダーメイド集計をここでは示すこととする（問題点も含めて詳しくは、大曲他 二〇一一を参照）。このオーダーメイド集計には問題も多いものの、二〇一三年に公開予定である二〇一〇年国勢調査の結果が出れば、過去二〇年間の外国人人口の変化を把握できるようになる。

（14） タノモシを含む金融講（rotating credit association）の一般的な定義は、「定期的に資金を出資して、出資分の全部ないし一部を出資者に順次支払っていくことで同意した参加者からなる自発的結社」（Ardener 1964：201）である。エスニック・ビジネスの設立に際して金融講の役割に言及する文献は多いが、資金調達以外にも毎月集まる親睦を目的とする金融講もある。

（15） ポルテスらは、こうした前提にもとづきエスニック・エンクレイブ論といわれる枠組みを提示している（Portes & Bach 1985；Wilson & Portes 1980；Wilson & Martin 1982）。本章に関係ある限りで要約すると、同胞同士の連帯にもとづく経済（エスニック・エンクレイブ経済）は、連帯が効率を高めることにより、一般労働市場よりも経済的利得が大きくなる。その意味で、社会関係資本のもたらす利益を最大限評価した議論といえるだろう。同胞同士の連帯に関するエンクレイブ論の前提には批判もあるが（Sanders & Nee 1987）、近年の動向をみると連帯の機能を評価するのが定説になったといってよいだろう（Min 2008）。

（16） 図序-1で挙げた国籍について、上位五都道府県への登録者数の集中度とビジネス従事比率には有意な関係がなかった。

（17） 規模が増大するにつれて生産費が安くなり、有利になることを指す。小規模なエスニック・ビジネスは、規模の競争では太刀打ちできないため参入が難しくなる。

（18） 鍛治致氏の御教示による。

文献

Aldrich, H. et al., 1985, "Ethnic Residential Concentration and the Protected Market Hypothesis," *Social Forces*, 63(4): 996–1009.

青木秀男、二〇〇〇、『現代日本の都市下層——寄せ場と野宿者と外国人労働者』明石書店。

Ardener, S., 1964, "The Comparative Study of Rotating Credit Associations," *Journal of the Royal Anthropological Institute*, 94(2): 201–229.

朝倉敏夫、一九九四、『日本の焼肉　韓国の刺身――食文化が〝ナイズ〟されるとき』農山漁村文化協会。

Bailey, T. and R. Waldinger, 1991, "Primary, Secondary, and Enclave Labor Markets: A Training Systems Approach," *American Sociological Review*, 56(4): 432–445.

Becker, G. S., 1993, *Human Capital: A Theoretical and Empirical Analysis, with Special Reference to Education*, 3rd ed., Chicago: University of Chicago Press.

Bonacich, E., 1973, "A Theory of Middleman Minorities," *American Sociological Review*, 38(5): 583–594.

――― and R. P. Appelbaum, 2000, *Behind the Label: Inequality in the Los Angeles Apparel Industry*, Berkeley: University of California Press.

――― and J. Modell, 1980, *The Economic Basis of Ethnic Solidarity: Small Business in the Japanese American Community*, Berkeley: University of California Press.

Cloward, R. A. and L. E. Ohlin, 1960, *Delinquency and Opportunity: A Theory of Delinquent Gangs*, New York: Free Press.

Coleman, J. S., 1988, "Social Capital in the Creation of Human Capital," *American Journal of Sociology*, 94: S95–S120.

Evans, M. D. R., 1989, "Immigrant Entrepreneurship: Effects of Ethnic Market Size and Isolated Labor Pool," *American Sociological Review*, 54(6): 950–962.

Falcón, L. M. and E. Melendez, 2001, "Racial and Ethnic Differences in Job Searching in Urban Centers," A. O'Connor, C. Tilly and L. D. Bobo eds., *Urban Inequality: Evidence from Four Cities*, New York: Russell Sage Foundation.

藤井晃子、一九九六、「エスニック・ビジネスを通してみるアジア系外国人の実態」『お茶の水地理』三七号：八七―

九五。

Granovetter, M., 1985, "Economic Action and Social Structure: The Problem of Embeddedness," *American Journal of Sociology*, 91: 481–510.

橋本みゆき、二〇〇一、「民族金融機関の設立と変動における在日韓国・朝鮮人の『エスニックな結束』」『解放社会学研究』一五号：一六七—一八七。

樋口直人、二〇一〇、「在日外国人のエスニック・ビジネス——国籍別比較の試み」『アジア太平洋レビュー』七号：二—一六。

広田康生、二〇〇三、『エスニシティと都市　新版』有信堂高文社。

移住連貧困プロジェクト編、二〇一一、『移住連ブックレット4　日本で暮らす移住者の貧困』現代人文社。

伊藤泰郎、一九九四、「エスニック・ビジネス研究の視点——ホスト社会や既存の移民社会に対する外国人の主体的対応」『社会学論考』一五号：六八—九二。

梶田孝道、一九八八、『エスニシティと社会変動』有信堂高文社。

河明生、二〇〇三、『マイノリティの起業家精神』ＩＴＡ。

Kim, I., 1987, "The Koreans: Small Business in an Urban Frontier," N. Foner ed., *New Immigrants in New York*, New York: Columbia University Press.

Kim, K.-C. and W. M. Hurh, 1985, "Ethnic Resources Utilization of Korean Immigrant Entrepreneurs in the Chicago Minority Area," *International Migration Review*, 19(1): 82–111.

金明秀・稲月正、二〇〇〇、「在日韓国人の社会移動」高坂健次編『日本の階層システム6　階層社会から新しい市民社会へ』東京大学出版会。

Kloosterman, R. and J. Rath, 2001, "Immigrant Entrepreneurs in Advanced Economies: Mixed Embeddedness Further Explored," *Journal of Ethnic and Migration Studies*, 27(2): 189–201.

李光一、一九八五、「エスニシティと現代社会——政治社会学的アプローチの試み」『思想』七三〇号：一九一—二一〇。

Light, I., 1972, *Ethnic Enterprise in America: Business and Welfare among Chinese, Japanese, and Blacks*, Berkeley: University of California Press.

———, 1979, "Disadvantaged Minorities in Self-Employment," *International Journal of Comparative Sociology*, 20(1–2): 31–45.

———, 1984, "Immigrant and Ethnic Enterprise in North America," *Ethnic and Racial Studies*, 7(2): 195–216.

———, 2006, *Deflecting Immigration: Networks, Markets, and Regulation in Los Angeles*, New York: Russell Sage Foundation.

——— and P. Bhachu eds, 1993, *Immigration and Entrepreneurship: Culture, Capital, and Ethnic Networks*, New Brunswick: Transaction.

——— and E. Bonacich, 1988, *Immigrant Entrepreneurs: Koreans in Los Angeles 1965-1982*, Berkeley: University of California Press.

——— and S. J. Gold, 2000, *Ethnic Economies*, San Diego: Academic Press.

——— and E. Roach, 1996, "Self-Employment: Mobility Ladder or Economic Lifeboat ?," R. Waldinger and M. Bozorgmehr eds., *Ethnic Los Angeles*, New York: Russell Sage Foundation.

Lin, N., 2001, *Social Capital: A Theory of Social Structure and Action*, Cambridge: Cambridge University Press.

前山隆、一九九六、『エスニシティとブラジル日系人——文化人類学的研究』御茶の水書房。

Marger, M. N., 1989, "Business Strategies among East Indian Entrepreneurs in Toronto: The Role of Group Resources and

Opportunity Structure," *Ethnic and Racial Studies*, 12(4): 539-563.
Min, P. G., 1988, *Ethnic Business Enterprise: Korean Small Business in Atlanta*, Staten Island: Center for Migration Studies.
———, 2008, *Ethnic Solidarity for Economic Survival: Korean Greengrocers in New York City*, New York: Russell Sage Foundation.
南川文里、二〇〇〇、「エスニック・ニッチの確立と移民のエスニック化」『日本都市社会学会年報』一八号：八三―九九。
南埜猛・澤宗則、二〇〇五、「在日インド人社会の変遷――定住地神戸を事例として」『兵庫地理』五〇号：四一―五。
宮内洋、二〇〇五、『体験と経験のフィールドワーク』北大路書房。
永野慎一郎編、二〇一〇、『韓国の経済発展と在日韓国企業人の役割』岩波書店。
野村正實、一九九八、『雇用不安』岩波書店。
呉圭祥、一九九二、『在日朝鮮人企業活動形成史』雄山閣出版。
OECD, 2010, *Open for Business: Migrant Entrepreneurship in OECD Countries*, Paris: OECD.
———, 2011, *International Migraiton Outlook: SOPEMI 2011*, Paris: OECD.
岡井宏文、二〇〇七、「イスラーム・ネットワークの誕生――モスクの設立とイスラーム活動」樋口直人・稲葉奈々子・丹野清人・福田友子・岡井宏文『国境を越える――滞日ムスリム移民の社会学』青弓社。
大曲由起子・髙谷幸・鍛治致・稲葉奈々子・樋口直人、二〇一一、「在日外国人の仕事――二〇〇〇年国勢調査データの分析から」『茨城大学地域総合研究所年報』四四号：二七―四二。
小内透・酒井恵真編著、二〇〇一、『日系ブラジル人の定住化と地域社会――群馬県太田・大泉地区を事例として』御茶の水書房。

朴一、二〇〇五、「在日コリアンの経済事情——その歴史と現在」藤原書店編集部編『歴史のなかの「在日」』藤原書店。

———、二〇一〇、「在日コリアンの起業家精神とエスニック・アイデンティティ——エムケイ・グループ創業者・青木定雄の事例研究」『経済学雑誌』一一〇巻四号：一〇六—一一八。

Portes, A., 1995, "Economic Sociology and the Sociology of Immigration: A Conceptual Overview," A. Portes ed., *The Economic Sociology of Immigration: Essays on Networks, Ethnicity, and Entrepreneurship*, New York: Russell Sage Foundation.

———, 1998, "Social Capital: Its Origins and Applications in Modern Sociology," *Annual Review of Sociology*, 24: 1–24.

——— and R. L. Bach, 1985, *Latin Journey: Cuban and Mexican Immigrants in the United States*, Berkeley: University of California Press.

——— and R. G. Rumbaut, 1996, *Immigrant America: A Portrait*, 2nd ed., Berkeley: University of California Press.

——— and J. Sensenbrenner, 1993, "Embeddedness and Immigration: Notes on the Social Determinants of Economic Action," *American Journal of Sociology*, 98(6): 1320–1350.

——— and A. Stepick, 1993, *City on the Edge: The Transformation of Miami*, Berkeley: University of California Press.

——— and M. Zhou, 1996, "Self-Employment and the Earnings of Immigrants," *American Sociological Review*, 61(2): 219–230.

Ram, M., T. Jones, T. Abbas and B. Sanghera, 2002, "Ethnic Minority Enterprise in its Urban Context: South Asian Restaurants in Birmingham," *International Journal of Urban and Regional Research*, 26(1): 24–40.

Sanders, J. M. and V. Nee, 1987, "Limits of Ethnic Solidarity in the Enclave Economy," *American Sociological Review*, 52(6): 745–773.

澤宗則・南埜猛、二〇〇九、「グローバルシティ・東京におけるインド人集住地の形成——東京都江戸川区西葛西を事例に」庄司博史編『移民とともに変わる地域と国家』国立民族学博物館。

式部信、一九九〇、「現代の移民企業——現状と起源」『広島県立大学紀要』一巻一号：一二五—一四〇。

白岩砂紀、一九九七、「エスニック・ビジネスの生成に関する事例的研究——広がるネットワークと起業家精神」奥田道大編著『都市社会学研究叢書7　都市エスニシティの社会学——民族／文化／共生の意味を問う』ミネルヴァ書房。

生野恵理子、二〇〇三、「越境する日系ボリビア人——横浜市鶴見区の事例から」渡戸一郎・広田康生・田嶋淳子編著『都市的世界／コミュニティ／エスニシティ——ポストメトロポリス期の都市エスノグラフィ集成』明石書店。

総務省統計局、二〇〇四、『平成一二年国勢調査報告　第八巻　外国人に関する特別集計結果』。

田嶋淳子、一九九八、『世界都市・東京のアジア系移住者』学文社。

坪谷美欧子、二〇〇〇、「職場から地域へ——ニューカマー中国人の参加意識」宮島喬編『外国人市民と政治参加』有信堂高文社。

内田直作、一九四九、『日本華僑社会の研究』同文館。

———・塩脇幸四郎編、一九五〇、『留日華僑経済分析』河出書房。

Valdez, Z., 2008, "Latino/a Entrepreneurship in the United States: A Strategy of Survival and Economic Mobility," H. Rodríguez, R. Sáenz and C. Menjívar eds., *Latinas/os in the United States*, New York: Springer.

若林チヒロ、一九九六、「滞日アフリカ黒人の『プライド』形成のためのネットワーク」駒井洋編『日本のエスニック社会』明石書店。

Waldinger, R., 1986, *Through the Eye of the Needle: Immigrants and Enterprise in New York's Garment Trades*, New York: New York

University Press.

———, 1996, *Still the Promised City ?: African-Americans and New Immigrants in Postindustrial New York*, Cambridge, Mass.: Harvard University Press.

———, H. Aldrich and R. Ward, 1990, *Ethnic Entrepreneurs: Immigrant Business in Industrial Societies*, Newbury Park: Sage.

Ward, R. and R. Jenkins eds., 1984, *Ethnic Communities in Business: Strategies for Economic Survival*, Cambridge: Cambridge University Press.

Wilson, K. L. and W. A. Martin, 1982, "Ethnic Enclaves: A Comparison of the Cuban and Black Economies in Miami," *American Journal of Sociology*, 88(1): 135–160.

Wilson, K. L. and A. Portes, 1980, "Immigrant Enclaves: An Analysis of the Labor Market Experiences of Cubans in Miami," *American Journal of Sociology*, 86(2): 295–319.

Yoo, J.-K., 1998, *Korean Immigrant Entrepreneurs: Network and Ethnic Resources*, New York: Garland.

Yoon, I.-J., 1991, "The Changing Significance of Ethnic and Class Resources in Immigrant Businesses: The Case of Korean Immigrant Businesses in Chicago," *International Migration Review*, 25(2): 303–332.

（付記）本章で用いた国勢調査データは科学研究費により得られたものである。草稿段階で稲葉奈々子氏に有益なコメントをいただいた。記して感謝したい。

第1章　在日韓国・朝鮮人
――ビジネスのダイナミズムと限界

韓　載　香

第1節　オールドカマーとしてのエスニック集団

序章で示されたように、他のエスニック集団と比べた在日韓国・朝鮮人(1)の経済活動の特徴は、被雇用者以外の比率が極めて高く自営業に進出する傾向が強かったこと、その市場基盤が一般の日本社会であることに集約される。こうした特徴を持つ在日韓国・朝鮮人が所有・経営する企業（以下、在日韓国・朝鮮人企業）が作り出す特異な産業構造を歴史的に追うと、かつて地域経済と関連の深い産業に特化していたのが、そうした地域性が薄れ、新しい起業機会を素早くつかんで変遷を遂げていく姿を見出すことができる。その構造的・歴史的特質を生み出す要因は、民族的つながりを基盤に民族集団に蓄積される情報（情報などの資源が蓄積され、提供されたことを本章では、コミュニティの機能とする）と深い関連がある。在日韓国・朝鮮人ビジネスの長期的な変化は、ニューカマー外国人のビジネスにおける将来の行方をみるに際しても示唆的であるため、本章では産業構造の変動に焦点を置いて分析する。

在日韓国・朝鮮人は、戦前からの歴史を持ち、長期にわたって日本における最大のエスニック集団であった。在日韓国・朝鮮人が代表的なエスニック集団として注目され、例えば、オールドカマーと言われるゆえんである。上述の二つの特徴に注目してオールドカマーとしての在日韓国・朝鮮人を取り上げる際には、まず、終戦後に在日韓国・朝鮮人の新規流入が長期にわたって（大規模なものとしては）途絶えたことが重要だと考える。ニューカマーの流入は、同胞市場の大きさと、日本社会と異なる文化的背景による質的特異性の両方に影響するからである。つまり、ニューカマーが途絶えたがゆえに、オールドカマーは同胞市場をあてにすることができなかった。市場基盤をエスニック集団の外に求めた理由の一つとして、このような移民フローの特質が挙げられるだろう。そうであるがゆえに、逆に経営資源の調達面において、在日韓国・朝鮮人のコミュニティが果たす機能を純粋に観察することができる。コミュニティの提供する資源によって産業選択が影響を受けてきたオールドカマー(2)としての特性を持つ在日韓国・朝鮮人は、コミュニティ形成が未熟な段階にあるニューカマーからはみえてこない、エスニック集団の経済活動に関するコミュニティ機能を明らかにする恰好の分析対象である。

第二に、在日韓国・朝鮮人が示す低い被雇用者比率は、長期にわたる労働市場での差別的な地位と深く関係するが、自営業率の高さはそうした状況への在日韓国・朝鮮人の自主的な対応の結果でもある（金・稲月 二〇〇〇）と考える。本章では、高い自営業率を持続させた在日韓国・朝鮮人の主体的な対応の側面を重視したい。

こうしたねらいに合わせて、本章は他の章とやや異なる構成をとる。すなわち、現存する在日韓国・朝鮮人企業の市場は歴史的な適応の結果と考えられるため、現状よりも変化の過程を主に分析する。そこでは、衰退産業としての繊維産業と成長産業としてのパチンコ産業において資源が蓄積された過程とその結果（影響）について、コミュニティの機能という側面からみることになろう。さらに、こうした在日韓国・朝鮮人企業に資金を提供した民族系金融機関についても、具体的に検討する。

その上で、章の最後にビジネス市場における在日韓国・朝鮮人企業の位置取りと変遷を示すこととする。なお、以下の記述は特に断りがない限り韓（二〇一〇）の分析にもとづく。[3] 具体的に対象となるのは、在日韓国・朝鮮人人口の約四割が集住[4]する近畿地方の在日韓国・朝鮮人企業であり、それらについての在日韓国・朝鮮人の各種の団体、新聞社が調査、発行した名鑑の情報を用いる。[5]

第2節　在日韓国・朝鮮人企業の産業構造の歴史動態

（1）戦後復興期

在日韓国・朝鮮人にとって復興期は、就労者としての役割が重要であった戦前から、異なる法的地位の下で自ら起業し自営業者になる戦後への転換点になる。起業の初期条件を解明する手掛かりとなる復興期の在日韓国・朝鮮人の経済活動については、今もなお不明な点が多く、全般的には知られていない。[6]ここでは、伝統的な集住地域として、大阪府、京都府の状況をみていこう。

在様々な経済的チャンスが生まれ、旺盛な新規参入が行われた復興期（武田編 二〇〇七）において、在日韓国・朝鮮人の自営業や企業の設立も活発であった。一九六七年に調査された表1-1の在日韓国・朝鮮人企業の創業年度から、一九四六年から一〇年の間に起こった積極的な起業活動を垣間見ることが

表1－1　在日韓国・朝鮮人企業の参入時期

創業時期	社数	比率（%）
戦前（-1945）	98	13.8
戦後復興期（-1955）	253	35.7
-1950	(130)	(18.4)
-1955	(123)	(17.4)
高度成長期（-1965）	122	17.2
不明	235	33.2
総計	708	100.0

出典：韓日文化センター（1967）より集計。
注）1967年時点で存立する企業が対象。

できる。

最大の集住地域である大阪府では、在日韓国・朝鮮人企業が参入した産業において、二つの特徴があった（韓：四二）。第一に、ゴム加工業、飲食店、メリヤス製造業の三つが全体の約五割を占めており、少数の産業に集中していたことである。第二に、朝鮮料理がほとんどである飲食店（現焼肉店、韓国・朝鮮料理店）を除き、製造業が主要な産業であった点である。これは製造業の比重の高い大阪府の産業構造を背景としていたが、在日韓国・朝鮮人企業の製造業への集中は著しかった。具体的には、紡績業、金属製品製造業、機械製品製造業など、大阪府の代表的な産業と重なるところが大きいとはいえ、特にゴム加工業への特化は顕著だった。

製造業を中心とした産業特化は、地域的な集中も伴っていた。ゴム製品製造業（杉原 一九九八、庄谷・中山 一九九七：九三―一四四）、飲食店は、戦前期から朝鮮人の代表的集住地区であった生野区に、メリヤス製造業は、繊維産業の中心地域であった泉大津市に集まっていた。戦前期に一定の地域産業の地区内・周辺部には、当該産業に従事する朝鮮人就労者の集住地域が形成された（河 一九九七：一九二―一九五、佐々木 一九九六：一六六）。戦後そうした地域性を持った産業が、在日韓国・朝鮮人企業の主要な産業基盤として発展し始めたとみられる。他方で、集住地域では韓国・朝鮮料理の飲食店も重要な業種になっており、この時期に同胞がマーケットとして想定されていたことを示唆する。

以上の産業は、戦前期における朝鮮人の就業構造と重なる。戦前、大阪と京都の朝鮮人は、ガラス工、鉄工・鋳造・鍍金職工、ゴム職工、メリヤス・染色・縫製職工などに集中していた（岩佐 一九九八、河 一九九七：一二五―一七二）。これらの業種は、概して生産技術の要求度が低く、起業の際に必要な資本額も小規模であった。

もう一つの代表的な集住地域として知られる京都府の朝鮮人は、戦前、同地域の重要な産業である繊維工業に就労していた（韓：七五）。そうした経験が、戦後の起業活動において歴史的前提となった。例えば、復興期において、西陣織需要（特に下駄の鼻緒需要に対応したビロード生産）の急増を背景とし、在日韓国・朝鮮人は、戦前から朝鮮人が集住していた西陣織の中心地、上京区に移動した（生活実態調査班 一九五九）。復興需要に刺激されて参入した在日韓国・朝鮮人企業は、一九五〇年代以降、多くが淘汰されたとはいえ、そのなかで生き残った企業が存在し、西陣織は、高度成長への跳躍期の産業構造においても重要産業であり続けた（韓：七九）。一九五六年の在日韓国・朝鮮人企業において繊維工業は、代表的な産業であるくず鉄・古物集荷、土木工事業を上回る高い比率を占めており、特に西陣織物業に集中していた。

以上のように、戦後の在日韓国・朝鮮人の企業発展は、復興需要に対応する当該地域の産業経済的な要因と、戦前からの就労経験を基盤に始まったのである。

（2）高度成長期――大阪府・愛知県・京都府

表1-2は、一九六七年に調査された在日韓国・朝鮮人の名簿を集計した結果である。企業数七〇八社は、大阪府、兵庫県、愛知県、京都府などの一四地域に所在しており、集住地域の近畿地方を含んでいる。ただし、従業員数及び資本金規模などの企業関連の情報が乏しい、東京都、神奈川県など関東の集住地域が調査されていないなど、資料としては限界がある。ここでは、調査企業が多かった大阪府、愛知県、京都府の「事業種目」に基づいた事業内容を中心に取り上げ、すでに検討した結果（韓 二〇一〇）と対比しつつ、高度成長期における代表的な産業について確認する。

三つの地域別の特徴に注目して重要な産業をまとめていこう。大阪府では、製造業への集中が際立っている。(7) 製造業のなかでは、金属製品、プラスチック製品、ゴム製品関連が多く、復興期の代表的な産業との連続性がみられる。大阪府の代表的な産業たる繊維工業については、メリヤス製造業がわずかながらみられるが、これは調査対象から除外された資料上の問題が影響したと思われる。次項で一九七〇年代以降についてみるように、高度成長期を過ぎてからも紡績、衣類製造などの繊維産業は、在日韓国・朝鮮人にとって重要産業であった。

大阪府に対して愛知県では、建設業、卸売業・小売の比重が高い。(8) とりわけ在日韓国・朝鮮人企業の建設業比率が愛知県全体の建設業比率を上回って高く、(9) 代表的な産業であった。製造業においては、パチンコ機械製造業が全国的にみて名古屋市に集中していたことを背景とし、在日韓国・朝鮮人企業も進出していたことがわかる。それに関連してパチンコホールと思われる遊技場と、また焼肉店、韓国・朝鮮料理店が含まれる「食堂、レストラン」が、大阪府、京都府に比べて重要な産業になっている。

表1－2　大阪府・愛知県・京都府の産業構成（1967年）

大阪府	企業数	構成比（%）	愛知県	企業数	構成比（%）	京都府	企業数	構成比（%）
鉱業	2	0.7	鉱業	8	4.6	鉱業	1	1.6
建設業	7	2.4	建設業	17	9.8	建設業	7	11.1
			土木工事業	10	5.8	土木工事業	3	4.8
			その他	7	4.0	その他	4	6.3
製造業	211	73.0	製造業	61	35.3	製造業	37	58.7
金属製品製造業	64	22.1	金属製品製造業	15	8.7	染色整理業	10	15.9
プラスチック製品製造業	35	12.1	紡績業	7	4.0	染色整理業（蒸・水洗業）	8	12.7
その他の機械，機械部分品製造業	15	5.2	パン，菓子製造業	6	3.5	織物業（西陣）	7	11.1
工業用ゴム製品製造業	14	4.8	事務用，サービス用，民生用機械器具製造業，機械部分品製造業（ミシン，パチンコ機械）	4	2.3	その他	12	19.0
ゴム製履物	9	3.1	その他	29	16.2			
メリヤス製造業	6	2.1						
その他	68	23.5						
卸売・小売業（飲食店を含む）	43	14.9	卸売・小売業（飲食店を含む）	46	26.6	卸売・小売業(飲食店を含む)	11	17.5
再生資源卸売業	20	6.9	食堂，レストラン	9	5.2	再生資源卸売業	2	3.2
その他	23	8.0	再生資源卸売業	8	4.6	食堂，レストラン	2	3.2
			その他	29	16.8	喫茶店	2	3.2
						その他	5	7.9
金融，保険業(民族系金融機関を含む)	3	1.0	金融，保険業(民族系金融機関を含む)	2	1.2			
不動産業	2	0.7	不動産業	9	5.2	不動産業	1	1.6
運輸通信業	2	0.7	運輸通信業	5	2.9	運輸通信業	2	3.2
サービス業	18	6.2	サービス業	21	12.1	サービス業	4	6.3
遊技場	8	2.8	遊技場	13	7.5	遊技場	2	3.2
その他	10	3.5	その他	8	4.6	その他	2	3.2
不明	1	0.3	不明	4	2.3			
総計	289	100.0	総計	173	100.0	総計	63	100.0

出典：表1－1に同じ。

注1）『在日僑胞実業人名鑑』は，人物の名簿形式になっている。合計713名について，実名，通名，社名（複数を含む），所在地，電話番号，事業種目，本籍地，生年月日，創業年度（回答率約67%），資本金（同約9%）を記載している。713名のうち，役員のケースを除き，会社ベース（同じ所有者による複数の会社経営の場合，複数の会社サンプルとなる）にして，708社のサンプルを得た。

注2）708社の所在地の府県別詳細は，愛知県173，岐阜県21，京都府63，広島県1，三重県48，滋賀県22，大阪府289，奈良県17，兵庫県34，和歌山県23，静岡県11，新潟県3，石川県1，福井県1，不明1である。

注3）産業分類は，「事業種目」（注1）の内容を，行政管理庁『日本標準産業分類　昭和42年5月改定　第2巻』1968年，にもとづいて再分類した。

京都府は、製造業の比率が高いこと、そのほとんどが繊維関係であり、染色整理業に含まれる工程である「蒸・水洗業」（次節で詳述）にも進出が多いこと、などの産業構造上の特徴を持っていた[10]。その他、建設業も代表的な産業であった。

なお、三つの地域において共通する重要産業としては、くず鉄卸売業が含まれる「再生資源卸売業」があった。

（3）安定成長期――近畿地方

近畿地方の在日韓国・朝鮮人企業は、一九七〇年代半ばの時点でも、大阪府にみられたような復興期、高度成長期の製造業中心の産業構造の特徴を維持していた。

大阪府（韓：四七）では、製造業のうち金属製品製造業、プラスチック製品製造業、ゴム製品製造業などが上位に位置した。金属製品やゴム製品製造業は、復興期から存在する産業である。その他、繊維工業、衣服・その他の繊維製品製造業、なめし革・同製品・毛皮製造業も、代表的な産業であった。他に土建業等の土木工事業も注目に値する。製造業と建設業を合わせた第二次産業が、在日韓国・朝鮮人経済の特徴を示している。

それに対して、卸売・小売業及びサービス業の第三次産業は、日本の産業構造における比率に比較して在日韓国・朝鮮人企業のそれは低く、特徴的な産業ではなかった。ただし、そのなかの再生資源卸売業（卸売・小売業）、遊技場（サービス業）など、特定の産業に集中する傾向は際立っていた。また、飲食店のほとんどが焼肉店、韓国・朝鮮料理店であったことは、民族的色彩の表れであった。

大阪府の在日韓国・朝鮮人企業は、地域性に影響されて他の地域に比べて製造業の比重が高かった。製造業中心の傾向は、集住地域の生野区では一層顕著にみられた。東大阪市及び東成区におけるプラスチック製品製造業、金属製品製造業、泉州地域の衣服・その他の繊維製品製造業、西成区の革製履物製造業なども、地域産業に影響されて集中して立地していた。これらの地域産業の地理的集中は、復興期から続く長期的な傾向であった。他方で、くず鉄卸売業の再生資源卸売業、飲食店、遊技場（ほとんどがパチンコホール事業である。以下、同様）など、地域性の希薄な産業も成長した。

兵庫県（韓：四八）では、ゴム製品製造業と土木工事業の二つの産業が、京都府（韓：四九）では繊維工業が、在日韓国・朝鮮人企業が進出した代表的な産業であった。その他、二府県で共通する重要な産業として、再生資源卸売業、飲食店、遊技場があった。

兵庫県の土木工事業は、尼崎市に集中していた。これは、地域経済の一般的な傾向の反映とはいえない。それに対してゴム製品製造業への特化は、神戸市長田区でのケミカルシューズ製造業の地域集積を表している[11]。同地域周辺では戦前からゴム工業が発達し、低賃金職工としての朝鮮人労働者の存在は、産業発展の重要な要素であった。京都府の在日韓国・朝鮮人企業は、同地域の重要産業である繊維工業のうち染色整理業に、なかでも蒸・水洗の特定の工程分野に関連している。この点については次節で詳しく述べることにする。

（4）安定成長期以降

近畿地方全体を眺めると、一九九〇年代後半における在日韓国・朝鮮人企業で注目すべき産業は、高い比重を占める土木工事業とパチンコホールが含まれる遊技場であった（韓：五二―五三）。構成比が相対的に低いくず鉄卸売業の再生資源卸売業とケミカルシューズ製造業は、日本の一般的な産業構成比より高いという意味で、在日韓国・朝鮮人企業の特徴を示す産業であった。同じ基準から、革製履物製造業と消費者金融が分類される貸金業も代表的な産業といえる。

一九七〇年代以降の産業構造は、日本経済の一般的な傾向と同様に、製造業及び卸売・小売業の比率が大きく低下した。かわって建設業、サービス業、不動産業が台頭した。在日韓国・朝鮮人企業の地域集中に関する変化では、製造業の場合、いくつかの産業において特定地域への集中が一層強化された。地域集中度は、京都府の染色整理業では横ばい、ないし低下がみられたが、神戸市長田区のケミカルシューズ製造業、革製履物製造業ではむしろ顕著に上昇した。このような集中度の変化は、基本的には産業の発展（衰退）が影響し、それに対する在日韓国・朝鮮人企業の参入（退出）の結果であったと思われる。他方で、遊技場、飲食店、再生資源卸売業、不動産業などは、地域的には分散して立地した。

歴史的変化についてまとめよう。在日韓国・朝鮮人経済の非製造業化は、一九七〇年代半ばに主要産業であった土木工事業や遊技場、不動産業にさらに集中した結果であり、特定産業への依存を高める限界を示している。一見すると、これは長期にわたって社会構造的に在日韓国・朝鮮人に与えられた狭隘な選択肢の表れ（「パチンコホールしかやれなかった」のような言説）ともいえる。しかし、在日韓国・朝鮮人企業の「脱製造業化」の動向は、京阪神全体の動きに比較すればより迅速であった。それは、非製造業化とサービス産業化という日本全体の産業構造の変容に対して、在日韓国・朝鮮人の産業構造がより柔軟かつ積極的に対応して変化したことも指し示しているのである。

次節では、スピーディな産業構造の変化を、在日韓国・朝鮮人企業が能動的に事業を展開し作り出したダイナミズムとして評価し、その要因を探っていく。

第3節　ダイナミズムの基盤（1）――情報

（1）特化した情報の蓄積――繊維産業への参入・企業成長とコミュニティ機能

京都府の繊維産業は、一九七〇年代初頭まで基幹的な地場産業として発展した。代表的なものとして、和装の繊維産業である京友禅と西陣織生産がある。京友禅を含む染色整理業、西陣織を含む織物産業の生産構造におけるこの地域の特徴は、垂直的に細分化された工程の分業関係である。在日韓国・朝鮮人企業は、そのなかで、いくつかの分野に集中している。染色整理業においては、設備投資が必要な整理工程には在日韓国・朝鮮人企業はほとんど存在しない。進出した分野としては、友禅の本工程の下職を行う染屋、裏地の引染屋、絞り染めなどが該当するが、在日韓国・朝鮮人によって戦前からほぼ独占的に担われているのが、蒸・水洗業[12]である。いわゆる3K業種とされる工程である。もっとも染具合の品質に影響する「生産工程に於ても最も重要な工程」（傍点は筆者。京都商工会議所 一九四〇：五〇―五二）でもあったことには、注意したい。西陣織においては、図案発案・作成から仕上げて問屋に納品するまでの工程をコーディネートする織元に集中して参入した。これらへの参入時期をみると、在日韓国・朝鮮人は、概して、産業発展の局面で、初期投資、追加的設備投資の規模が小さい分野で起業したと思われる。

繊維産業における在日韓国・朝鮮人の存在は、同胞を呼び込む現実的な基盤になった。例えば、代表的な蒸・水洗業において、ある在日韓国・朝鮮人は友人から手伝ってほしいと頼まれて業界に入った。共同経営からスタートし、その後帰国した友人から取引先を引き継ぐかたちで単独経営になった。裏地の引染屋の事例では、戦前に設立された在日韓国・朝鮮人の友禅工場で修業した後、独立したケースが挙げられる。ある西陣織の創業者は、国鉄の技術者で京都府に在住していたが、終戦後失業していたところ、西陣織の親戚の呼び寄せで市内に移り住んだ。親戚から西陣織を教わり、複数の在日韓国・朝鮮人と共同の販売会社を創業して織屋となった。

以上のように、コミュニティのもたらす「情報」（生活が可能、「儲かる」というビジネスチャンスの発見、就労の機会、技術習得など）は、在日韓国・朝鮮人の同業への参入障壁を低下させる役割を果たした。それは、戦前の就労と戦後の起業とを、単に個人レベルでの経験が連続した事柄として理解するべきではないことを意味する。エスニック集団がある産業に特化する背景には、コミュニティ内の資源蓄積、情報提供の機能が媒介となったことが隠されている。

ただし、技術的な特性も考慮にいれる必要がある。在日韓国・朝鮮人が独占的な地位を保ってきた蒸・水洗業は、分業化された工程であるため企業内に蓄積された技術の範囲が狭く、限られた資源しかなくても技術習得が容易と考えられる。

こうしたコミュニティ機能がみられた工程・産業は、在日韓国・朝鮮人企業にとって量的にも大きく重要な分野となった。コミュニティ機能が特定産業への集中的参入を促し波及した結果として、代表的な産業として確立していったのである。この一連の作用は、コミュニティ内での情報資源のさらなる蓄積という結果をもたらす。この過程で強調すべきは、「儲かる」というビジネスチャンスの発見に際してコミュニティの機能が働き、主要な産業形成の出発点になっていることである。それは、参入する対象が成長・発展し続けている産業であることが前提になっており、衰退産業への参入に際してコミュニティ機能は基本的に働かないことを意味する。

しかし、コミュニティの機能は、企業のさらなる成長段階では目立つものではなかった。分業関係に規定されて事業活動する在日韓国・朝鮮人企業の経営者がもっとも重視したのは、取引先との関係、信用の維持であった。それは、取引先から得られる情報の重要性と裏腹の関係にある。例えば、蒸・水洗業の場合、同工程が染色の品質に決定的な影響を及ぼすため、染色業からの生地や染料などに関する情報提供が不可欠であった。それは、取引先との相互依存的な関係を作り出す。その過程で築かれた信頼関係を基盤にし、取引先と土地を共同購入して工場を拡張した在日韓国・朝鮮人企業のケースもみられた。西陣織では、売れ筋のデザイン、伸びていく製品市場の変化をキャッチするには市場動向の情報入手が必須となるが、問屋との信用関係はそれを可能にする基盤となった。また、製品在庫を抱えると資金回収に一定の遅れが生じるため、糸原料を掛け払いで調達するようになることから、糸問屋との信用関係も重要であった。こうした事例にみられるように、企業成長を決定したのは、取引関係を通じた独自の情報入手及び資源蓄積である。つまり、成長局面になるとコミュニティとの関わりが明確には表れなくなる。

では、エスニック集団のネットワーク形成に際して重要とされる民族団体は、ビジネスに対してどのような意味を持つのか。ここでは実際の機能の側面に限定して検討しておこう。例えば、在日韓国人の代表的民族団体である民団内の在日韓国人商工会から得られるビジネス情報は、事業活動に決定的な影響を与えるものではなかった。繊維産業の在日韓国・朝鮮人企業は、日本人企業を含む一般的団体である産業組合の活動を重視していた。在日韓国人商工会を通じた関係は、結果的に同胞同士の親睦が主要な目的となっていった。上述した参入段階におけるコミュニティの機能からみれば、この親睦の目的は、間接的な効果をもたらしたと思われる。在日韓国・朝鮮人は、特定事業に関わる情報を入手するために改めて集まるわけではない。商工会でのつながりがインフォーマルな関係の基礎になり、日常的な付き合いのなかで、コミュニティ内に蓄積された様々な情報に触れる機会が与えられる、といった具合に機能していた。

（2）産業転換とコミュニティ

京都府の在日韓国・朝鮮人経済において、西陣織、染色整理業など繊維産業の重要度は年月を経るにしたがい低下した。そうした背景の下で、蒸・水洗業など特定の部門に集中した在日韓国・朝鮮人企業が産業再編の主体になることは困難であった。他方で、コミュニティは企業の成長を牽引するほどの役割を果たせなかったため、民族的紐帯をもとに在日韓国・朝鮮人企業を主体とする業界の再編を促すような動きは発生しにくかったと思われる。在日韓国・朝鮮人企業の可能な選択は、繊維産業からの退出と、成長産業への多角化、事業転換となった。

繊維産業の衰退と入れ替わるように台頭した事業は、パチンコホール事業であった。この転換に際しても、コミュニティが参入を促す役割を果たしている。新規事業への参入（多角化や事業転換を含む）に関わるビジネスチャンスが、コミュニティの個人的なネットワークを通して認識できたからである。

その具体例として、西陣織を営んでいた在日韓国・朝鮮人のケースがある。この場合、もともと同業者であったが先にパチンコホールに事業を転換した同胞の友人から、西陣織事業は将来性に乏しいなどのアドバイスやパチンコホールに参入するための情報を得て事業多角化の一環として投資を決断していた。また、ビロードの織屋を営んでいたある在日韓国・朝鮮人は、西陣織からパチンコホールに転業した同胞の友人のアドバイスが直接のきっかけとなり、織屋に「簡単に」見切りをつけ、パチンコホールに参入した。繊維産業が斜陽化するなかで、コミュニティ内部で示された新しいビジネスの可能性（情報）が、成長産業への切り換えをスムーズにしたと思われる。ただし、誰もがパチンコホールへと転業したわけではない。不動産業、土木工事業など、在日韓国・朝鮮人企業の代表的な事業への進出がみられるなか、パチンコホールが一つの選択肢となったのである。

在日韓国・朝鮮人企業における主要産業の形成・発展とコミュニティとの関係を、産業への参入（退出）時と成長局面とに分けてみると、エスニシティの役割は前者において大きく、後者においては相対的に小さかった。このように参入段階に集中してコミュニティが機能したことが、在日韓国・朝鮮人の産業構造とその転換を特異なものとして生み出したことになる。コミュニティは「成長産業」におけるビジネスチャンスの発見と普及を可能にする資源の調達先となり、その結果として、特定分野に在日韓国・朝鮮人企業が集中するよう誘導した。同じく、コミュニティ機能は、新規産業への転換も相対的に容易にし、斜陽化する産業からの退出を促進した。その際重要なのは、そこに現れる産業は必ずしも多様ではなく、特定の産業に限定されることであった。このように、コミュニティ内部に特化した情報が蓄積されることによって、限られた資源でも参入が可能になり、と同時に退出が促され、集中的な参入と速い転換を特徴とする在日韓国・朝鮮人の産業構造のダイナミズムが作り出されたのである。

(3) 特定民族集団に凝縮される事業情報

ここでは、在日韓国・朝鮮人の代表的な産業であり、産業構造のダイナミックな変化を牽引したパチンコホール事業を取り上げる。最初に、在日韓国・朝鮮人のパチンコホール事業への関わりについて、パチンコ産業の発展の歴史のなかで、どのような段階で、どのように参入したかという点から、その特徴を提示しよう。

パチンコ産業の一九五〇年代から九〇年代までの発展において、人気機種の出現に伴って現れる注目すべき時期がある。まず、「正村ゲージ」及び「連発式機械」の人気と後者の規制によって、急激に参入・退出が進んだ一九五〇年代である。これは前半の好況期と一九五五年規制以降の不況期に分けられる。次に一九六〇年代前半から半ばにかけての「チューリップ」の人気に支えられた好況期を指摘することができる。そして「フィーバー機」の出現によって市場規模を著しく拡大した一九八〇年代以降である。これらの好況期・不況期に即して在日韓国・朝鮮人の参入の動向をまとめると、次のようになる(韓：一一二―一一七)。①一九五〇年代前半のいわゆるパチンコブーム期において、在日韓国・朝鮮人は、市況に乗るかたちで参入した。②その際、業界全体の動向と比較するとブームに遅れて参入し、不況期になっても遅れて退出する傾向がみられた。しかし、その不況期をはさんで、在日韓国・朝鮮人の参入行動は変化した。これには一九五〇年代後半以降が該当し、③「チューリップ」によるパチンコ産業の第二の黄金期、④「フィーバー機」の登場以降の市場成長期においても、在日韓国・朝鮮人の参入は全体に先んじており、かつ集中的に激しく進んだ。好況期に対して、機敏で積極的な事業展開がみられるようになったのである。

こうした激しく参入する姿は、在日韓国・朝鮮人が、新規投資先、多角化事業、斜陽産業からの転業先としてなど、複合的な動機を持って起業したことによる。好況期の迅速な反応は、コミュニティの情報蓄積の機能が有効だったからだと考えられる。では各局面でコミュニティはどのような役割を果たしたのか。パチンコ産業が長期にわたり成長したことが在日韓国・朝鮮人の参入を促した基本条件であったことを前提に、起業実現の基盤となったコミュニティ機能を具体的にみていく。

一九五〇年代前半――初期条件の形成

パチンコ産業の創生期にあたる一九五〇年前後、在日韓国・朝鮮人の間ではパチンコホール事業が「儲かる」事業分野として注目されていた（全 一九九九）。しかし、そうした噂は、在日韓国・朝鮮人の間だけに広がったものではなかった。一九五〇年代前半のピーク時のパチンコホール数は四万軒と推計され、現在の約三倍に上っていたし、ホール前でみられる長蛇の列から、ビジネスチャンスとして注目されていた。パチンコブームが絶頂に達した一九五四年には、新潟県のある在日韓国・朝鮮人は、同県ではキャバレーを経営し、名古屋市内にパチンコ機械製作所を持つ傍ら、複数の府県でパチンコホールを展開していた（『民主新聞』一九五四年七月一日付）。この人物は、いくつかの地域で複数の事業を展開している代表的な成功者であった。

一九五〇年代前半は、こうした成功者が出現するなど、在日韓国・朝鮮人がパチンコ産業に関連する事業を手がける初期条件が形成された時期であった。ここでいう初期条件とは、一九五五年規制を契機として構造転換したパチンコ産業を、在日韓国・朝鮮人がビジネスとして選択することを可能にする「事業経験の結果として蓄積された資源」を指す。

ギャンブル性の高い機械を禁止した「連発式機械の禁止措置令」（一九五五年規制）は、短期的にパチンコ産業に深刻な不況をもたらし、長期的には構造転換の要因となった（韓 二〇〇六）。この変化は、以下のような点でその後の在日韓国・朝鮮人企業の参入に影響を及ぼしている。第一に、一九五五年規制後、事業の計算が立ちやすくなり、パチンコホール事業の収益は安定した。そして第二は、パチンコを取り巻く社会的な環境に関わる。一九五五年規制をもたらした直接の要因は、パチンコホールと暴力団との関係であった。パチンコホールが急増するにつれて、景品問題、換金問題が浮上し、それらが暴力団の資金源となることが社会的な問題になった。暴力団との関係を断つことと、違法性のある景品の換金に対する取り締まりが、警察の突然の規制の目的であった。こうしてパチンコ産業に対する社会的なマイナスイメージが形作られ、一九五五年規制によりパチンコ産業は「参入に二の足を踏む」事業という印象が根付いた。ただし、一般社会では敬遠される産業となってからも、在日韓国・朝鮮人にとってパチンコホール事業は、限られた産業のなかで選びうる現実的事業の一つであった。その際、すでに参入している同胞の存在は重要な基盤になった。

一九五五年以降のパチンコホール事業は、（A）就労経験、（B）事業チャンス、（C）日本人の退出という三つの条件が揃うなかで、在日韓国・朝鮮人にとって重要な選択肢となっていく。このうち

（A）と（B）は他の製造業でも作用した（繊維産業における戦前の就労経験と復興期の需要拡大など）が、（B）が継続するなかで（C）が発生したことは、パチンコ産業固有の現象とみなすことができる。

一九五〇年代後半——在日韓国・朝鮮人の継続的参入

二〇一〇年時点での業界トップ企業に成長したマルハンの創業者は、一九五五年規制後の不況期に当たる五七年に、義理の兄の店を譲り受けてパチンコホール事業に参入した。この事例は、一九五〇年代前半に在日韓国・朝鮮人コミュニティ内に形成された経営資源が、その後民族的なつながりによって受け継がれたことを示す。

西陣織の工場を営む兄弟を頼ってきたある在日韓国・朝鮮人は、成長が見込めないため西陣織を選択せず、当時の同胞の羽振りの良さをみてパチンコホール事業に参入した。兄の知人である同胞が経営するパチンコホールで事業経験を積んだ後、独立した。

衰退する産業から転業したケース（前述、五一頁）もあった。創業者の「簡単に織屋を諦めて」という回想からわかるように、衰退産業からの退出と同時にパチンコホールに転業できた。スムーズな事業転換を可能にしたのは、斜陽産業への見切りを助言し、ビジネスとしてのパチンコ産業の将来性を提示する同胞の意見だけではなかった。業界内部にいた在日韓国・朝鮮人が、業界の外にいる同胞を業界内に取り込むことによって、資金不足という問題を解決したのである。

一九六〇年代以降——情報蓄積の進展

一九七〇年に参入したある在日韓国・朝鮮人のケースでは、パチンコホールを営んでいた親戚を通じて「儲かる」事業であることを知り、技術習得と資金調達で協力を得て店を構えるようになった。最初から独立を目標として親戚の店で働き、経営について学んだ。京都市内の土地を購入し店舗を構えることは、資金面で簡単ではなかった。だが、過去の借金もきちんと返済して信用を得ていたこともあり、この親戚が保証人となるかたちで、一般金融機関たる相互銀行から融資を受けた。

同じ頃、大阪市内在住のある在日韓国・朝鮮人は、大学卒業後、就職を諦め、和歌山市内の店を買い取ってパチンコ業界に参入した。「儲かるというのは、(パチンコホールを経営していた)身内を通して」知っていた。この人物は、パチンコホールの売り物件の情報を同胞から仕入れ、必要な資金を民族系金融機関の融資、親の喫茶店を売却した資金、同胞の高利貸から調達するなど、起業に関わる資源をコミュニティ内から得て事業を開始した。

一九八〇年代に福島県に出店したある在日韓国・朝鮮人は、親が同胞の典型的な業種である土木工事業を営んでいた。この人物も家業を継ぐため入社したが、成長が期待できないと判断し、フィーバーブームで沸いていたパチンコホール事業に注目した。パチンコホール事業で成功した在日韓国・朝鮮人が多いことを知っていたからである。朝鮮学校の親友、先輩、後輩が全国各地でパチンコホールを経営していたため、事業に関連する情報は簡単に入手できた。それを頼りに、在日韓国・朝鮮人の知り合いが経営するホールで研修し、人気機種の情報や経営に関する知識まで得ることができた。投資資金の融資は、土木工事業の関係で信用を得ていた一般金融機関から受けることになった。

このように、在日韓国・朝鮮人コミュニティにはパチンコホール事業の関連情報が流れていた。そうした情報は、パチンコホール事業に携わる在日韓国・朝鮮人が多くなるにつれて、さらに蓄積されていった。パチンコホール事業に携わる在日韓国・朝鮮人が多かったため、新年会など親睦を目的とした様々な民族会合でも、業界関連の話題が上ることがある。マーケットから得られる情報に加えて、民族の日常的な集まりのなかで「自然に」関連情報に触れるのであり、情報が簡単に得られることになる。こうしてパチンコ産業に関する情報は、在日韓国・朝鮮人の間でインフォーマルかつ雪だるま式に膨らんでいく。その結果、在日韓国・朝鮮人にとってのパチンコホールは、具体的な事業の選択肢の一つとして注目されやすくなるわけである。

情報生産の組織化——民族系金融機関の役割

以上のようなパチンコ産業に関する情報の生産・伝播は、一九八〇年代になると、大阪では民族系金融機関である大阪興銀によって促進されることになる。大阪興銀は、パチンコホールが高い収益性と安定した経営の下で急速に大型化していくことに、一九六〇年代半ばから注目していた。その理由の一つは、預金吸収効果であったと思われる。パチンコホール事業の預金に対する貸出の比率は、大阪興銀が注目する少し前の一九五〇年代末において、製造業に比べて低かった（韓：一四三）。パチンコホール企業の預金が民族系金融機関の資金源として重要であり、成長基盤になったのである。

大阪興銀は、一九七〇年代末から取り組んだ在日韓国・朝鮮人企業に対する融資政策の一貫として、パチンコホール事業に対しても積極的な融資を行った（韓：二三〇—二三五）。一九八〇年代に市場が著しく拡大してブームに沸くパチンコホール事業に向けて、組織的に蓄積した情報を基盤に企業者を勧誘したのである。大阪興銀自ら、在日韓国・朝鮮人経営者にパチンコホールへの事業転換を促すこともあった。例えば、プラスチック製品製造業を営むある在日韓国・朝鮮人は、それまでパチンコホール事業への投資について考えたこともなかった。しかし、大阪興銀の積極的な勧誘を受け、その情報をもとに地方に出店した(13)。

このように、インフォーマルな情報蓄積の機能に支えられながらコミュニティの経済が発展し、それを基盤にして民族系金融機関が成長すると、組織的な情報の蓄積を行い、それにもとづいた勧誘・融資を展開するようになった。そうした民族系金融機関の情報蓄積の機能は、金融機関が自らの拡大のために成長産業に注目し、リスクを抑える過程で生み出されたものであった。その結果、コミュニティが特定産業に関する情報を生産する機能は、フォーマル、インフォーマルの両面で高まっていったのである。

第4節　ダイナミズムの基盤（2）——民族系金融機関の発展

（1）設立

在日韓国・朝鮮人企業の産業構造が素早く変化するにあたって、コミュニティに蓄積された特定産業の情報は有益だった。ただし、それを事業として実現するに際しては、資金問題を解決する必要があった。そうでなければ、産業構造の転換はもっとゆっくりしたものになっただろう。この問題の解決手段の一つとして、民族系金融機関の設立が期待された。民族系金融機関設立の気運は、一九四七年頃から、東京・大阪などの大都市を基盤に高まったと思われる[14]。この時の動きは一旦は挫折したものの（朴 一九八九：二二三）、一九四九年の「中小企業等協同組合法」ならびに「協同組合による金融事業に関する法律」によって信用協同組合制度が整備された後、再び設立運動が活発になる。この運動は実を結び、後の全国展開につながる最初の民族系金融機関として、一九五二年に同和信用組合が設立された。その後、韓国系民族団体である民団系列の金融機関として三九組合の商銀信用組合（以下、商銀）と、北朝鮮を支持する朝鮮総連系列の金融機関として三八組合の朝銀信用組合（朝銀）など、総計七七の民族系金融機関が設立された。

民族系金融機関は、一九五〇年代には大都市を中心に設立され、六〇年代には全国へと広がっていった。その設立は、本国の南北対立という政治性を反映し、都道府県ごとに政治的立場を異にする二つの信用組合が誕生するかたちで展開された。そうした民族団体の取り組みと政治的背景により、産業経済が未熟な地域でも設立が進んでいった。ただし、各地域の在日韓国・朝鮮人人口の規模に規定され、人口規模の小さい多くの地域では零細な金融機関となっている。

そのこともあったため、民族系金融機関は、設立はもちろんのこと、運営にも様々な困難が伴っていた。設立以来の最大の危機は、一九九〇年代に日本の金融機関が再編されるのと時を同じくして訪れた。二〇〇〇年代に入ると、大手を巻き込んだ吸収合併が進展するなか、民族系金融機関の存続は大きな転換点を迎えた。ここでは、民族系金融機関の再編期以前に注目し、その役割について在日韓国・朝鮮人ビジネスの特徴との関連から検討する。

（2）成長

民族系金融機関が果たす役割は、安定的な預金基盤の確保と、成長を可能にする適切な運用先の獲得に依存していた。商銀は、一九五〇年代の設立初期段階では、資金源になる安定的な預金の獲得ができず、韓国政府からの支援金が実現しないなかで、借用金に依存した苦しい運営を経験した（韓：第五章）。だが、一九六〇年に支援金の送金が実現するとともに、六〇年代後半以降には預金が安定的に集まるようになった。高度成長の後半期には在日韓国・朝鮮人企業の産業発展も本格的となり、大阪など大都市におけるコミュニティの規模に支えられ、民族系金融機関も成長した。

民族系金融機関の成長と、それに規定される金利は、地域別に異なる様相を呈している。(15) コミュニティ規模の小さい地域では、二つの民族系金融機関ができたことによって、競争して組合員を奪い合う結果となり、預金基盤と運営における零細性が構造的問題となった（韓：二五五、二六一―二六九）。そうした地域では、低金利の資金を提供できなかった。しかし、大阪のように民族系金融機関とは取引のなかった（潜在的な）在日韓国・朝鮮人を発掘するかたちで、競争が市場拡大につながったところもある。そうした場合、在日韓国・朝鮮人の資本が集積したことにより、一般の信用組合に比べて低金利の資金を提供できた（韓：二〇二―二〇四、二六九―二七七）。民族系金融機関は、コミュニティ側の旺盛な資金需要と、在日韓国・朝鮮人の政治的な立場や民族的忠誠心によって、比較的低コストでの資金調達（低い預金金利）と高い運用利回りによる経営が可能であった。しかし、長期的成長過程では経営規模において民族系金融機関間の格差が大きかったため、金利と役割にはばらつきが生じた。

(3) 在日韓国・朝鮮人企業の成長と民族系金融機関

一九七〇年代半ばの時点で、在日韓国・朝鮮人企業のうち、民族系金融機関と取引の「ある」企業と「ない」企業では、前者が半数を超え、後者をわずかながら上回っていた(韓:二八四)。前者のうち、民族系金融機関のみと取引する企業が約六割を占め、民族系金融機関は重要な取引金融機関であった。それ以外は、中小企業専門金融機関(相互銀行、信用金庫、信用組合)・地方銀行・都市銀行など一般の金融機関と、民族系金融機関を組み合わせるかたちで、複数の金融機関と取引を行っていた。民族系金融機関と取引のない企業のなかでは、中小企業専門金融機関のみと取引する企業が約五五%を占めていたが、地方銀行、都市銀行と取引のある企業も四割を超えている。

ほとんどが中小企業である在日韓国・朝鮮人企業は、全体的には、信用組合である民族系金融機関を含め、中小企業専門金融機関と取引する傾向が強かった。他方で、普通銀行(地方銀行、都市銀行)との取引も少なくなく、都市銀行と取引のある企業(民族系金融機関とも取引のある企業を含む)は、全体の約三割を占めていた。

取引する金融機関の産業別の動向をみると、①民族系金融機関と取引する傾向が強く、民族系金融機関の役割が重要である産業、②一般金融機関の役割が重要である産業、③両方との取引が重要である産業、という三つに分けることができる(韓:二八五)。①には、一般飲食店(焼肉店)、不動産賃貸・管理業、貸金業、再生資源卸売業(くず鉄卸売業)、製造業のなかの繊維関係(繊維産業、衣服・その他の繊維製品製造業)が含まれる。②の産業には、総合工事業、繊維関係を除く製造業があった。このうち都市銀行への依存度は、繊維関係を除く製造業(金属製品製造業、プラスチック製品製造業、ゴム製品製造業)で一層顕著であった。③の代表的な産業としてはパチンコホール事業が挙げられる。この場合、民族系金融機関との取引が重要でありながら、相互銀行との取引傾向も顕著であり、一般金融機関の役割も無視できない。

経営規模別にみると、小規模の企業は民族系金融機関のみと取引する傾向が強い。企業規模が大きくなるほど、中小企業専門金融機関のみでなく、都市銀行など複数の金融機関との取引傾向が強くなる（韓：二九六—二九七）。

このような取引の状況を、在日韓国・朝鮮人企業の資金需要の面から理解すると、次のようになる。パチンコホール事業の例では、経営規模が大きいほど、また参入から成長期になるにしたがって、在日韓国・朝鮮人企業の資金需要の規模が拡大した（韓：二八七—二九四）。資金需要の量的拡大に伴って、民族系金融機関から相互銀行へというように、より資金力のある金融機関と取引するようになった。民族系金融機関の規模が小さい地域では、企業設立の初期段階から一般金融機関と取引する企業もあった。民族系金融機関も成長しなければ、規模の大きい、あるいは成長する在日韓国・朝鮮人企業が必要とする資金需要に対応できなかったのである。

民族系金融機関の役割について、在日韓国・朝鮮人企業の成長段階との関連で整理したのが図1-1である。この図は、従業員数規模が比較的小さいと考えられる企業成長の初期段階において、民族系金融機関が重要であったことを示す。

南北対立は一つの地域に二つの民族系金融機関を作り出し、経営規模の零細性を運命づけることとなった。しかし、事業経歴のない在日韓国・朝鮮人が事業を興す際に必要な資金は、一般にそれほど多額

図１－１　在日韓国・朝鮮人企業の取引金融機関と民族系金融機関の役割

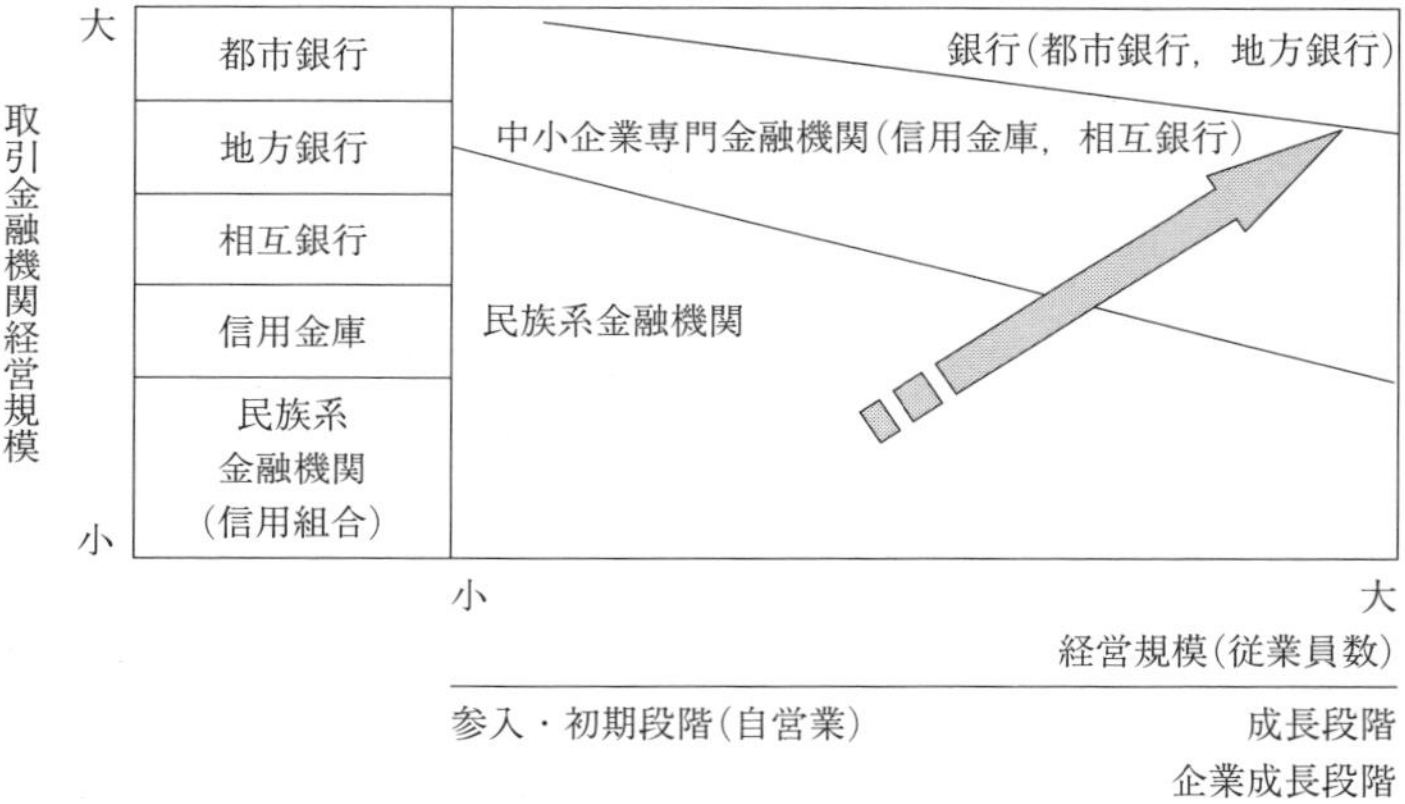

出典：韓（2010：322，７章）の分析結果を踏まえた概念図。
注）在日韓国・朝鮮人企業が取引する金融機関は，単独と複数の場合がある。一般に，金融機関の上の階層になるほど経営規模が大きくなる。つまり，取引金融機関が「民族系金融機関のみ」「民族系金融機関＋信用金庫」の場合より，「民族系金融機関＋相互銀行」「相互銀行＋都市銀行」の方が，金融機関の規模が大きい。煩雑さを避けるため，この図では取引金融機関が複数の形態は省略した。

にはならないと思われるため、民族系金融機関の零細性はただちに大きな問題にはならなかったと考えることができる。むしろ二つの選択肢が与えられたことの方に大きな意味がある。確かに、企業成長と資金需要の拡大により、民族系金融機関がそれに見合うかたちで成長しない限り、一般金融機関との取引は必然的となった。資本金規模に合わせて信用力を高めれば、都市銀行とも取引できる道もあった。にもかかわらず、それは規模、信用力を得るという条件の下で可能になるから、「それまで」の資金調達が問題であった。その点で、民族系金融機関の果たしてきた役割の重要さは改めて強調してもよい。企業成長において、とりわけ初期段階にみられる民族系金融機関の役割が、在日韓国・朝鮮人企業の特定産業への参入を容易にしながら産業構造の転換を可能にした、金融面におけるコミュニティの機能であった。

第5節　在日韓国・朝鮮人企業のダイナミズムと限界

本章では、在日韓国・朝鮮人企業の歴史的なダイナミズムを明らかにしてきた。その構造的・歴史的特徴は、いくつかの特定産業に集中していること、歴史的にその集中度が高まり、さらに主に成長産業への特化が進んで産業構造が迅速に変化したことであった。時とともに変化するビジネスチャンスに素早く反応する軌跡を描いたのは、範囲の限られた特化した情報であるためコミュニティでの蓄積が容易であり、さらに資金提供が参入時に力を発揮したからであった。しかし、コミュニティの果たす役割には、特化した産業に関連する情報であることと、個別企業の成長に必要な資源提供に制約がある点で、一定の限界があった。

こうした全体の構図をもとに、序章で提示された他のエスニック集団との対比から浮かび上がる在日韓国・朝鮮人の経済活動の特性を、最後に考えてみたい。他のエスニック集団との大きな相違点である自営業率の高さ、エスニック集団を超えた一般社会をマーケットとしたビジネスに発展したことは、人的資本、社会関係資本、機会構造に即してどのように説明できるのか。

人的資本については、在日韓国・朝鮮人の就学は通常の教育課程への参加を拒むものではなかったし、大学への進学などの機会も閉ざされてはいなかった。それに比べると、就職における差別が存在していたことは否定できなかった。その結果、同じ学歴水準、同じような就職の機会を持つ日本人に比べれば、在日韓国・朝鮮人は差別されるがために自営業を選択する可能性は高かった。用意された就業機会も、日本人に比べれば能力を活かしきるほどのものではないがゆえに、持てる力を高い自立志向や成長志向に振り向ける可能性があった。

次に、社会関係資本についてである。在日韓国・朝鮮人コミュニティ内に蓄積された資源が、起業・参入を容易にしたことを本章ではコミュニティ機能として強調した。他の章でも、同胞や日本人との関係、ネットワークなどの社会関係資本が、起業を活発にする説明要因とされている（ない場合は自営業率が低くなる）。しかし、在日韓国・朝鮮人企業の事例が示したことは、エスニック・マイノリティであることから直接導かれた同胞としての関係性ではなく、主要な産業の形成において発見される、そのコミュニティに蓄積された資源、具体的な情報を共有しうるという意味での関係性であった。これが本章の検討から提起できる第一の論点である。情報の蓄積と民族（エスニック集団）との関係は、一方的な因果関係でもなければ、関係があれば情報が当然のように交換、共有、伝播されるとも限らない。同胞が持つ産業上の経験や知識（戦前の経験も含まれる）が有効であることによって情報が利用され、共有されるのであり、さらに蓄積が進む。その結果として同胞同士の関係性が維持され、強化されるものと考える。同胞が持っている情報が役に立たなければ、情報交換による関係性維持の側面は弱まるだろう。

第二に、この関係の重要性は、在日韓国・朝鮮人企業の成長とともに変化することに注意したい。個別企業の成長とコミュニティ内の資源蓄積の度合いには（スピードと量において）ズレが発生する。そのため、起業後に在日韓国・朝鮮人企業が追加的に必要とする資源は、取引先や規模の大きい金融機関との信用関係など、独自のルートから調達しなければならなかった。このことは、求められる社会関係資本の中身が流動的であること、それをどのように獲得するかが経営課題となることを示す。

最後に機会構造については、表1-3のように在日韓国・朝鮮人企業の主要なビジネス・産業が〈エスニック・ニッチ〉、〈移民企業ニッチ〉であることを、どのように説明するかが問題となろう。世代交代以外には人口の追加的な増加（流入）はないことからも明らかなように、第一に、在日韓国・朝鮮人に与えられる機会構造は、同胞人口の規模に規定される。〈エスニック市場のコア〉から〈エスニック・ニッチ〉への展開のためには、韓国・朝鮮料理というビジネスがそれ自体の発展のために前者のコアに止まらない市場拡大が必要であった。それは、韓国・朝鮮料理が受け入れられるようになった社会的条件の変化に依存した。他方で民族系金融機関が零細な焼肉店との取引傾向が強かったのは、民族系金融機関の発展がエスニック・コアに止まらざるを得ないという制度的要因に制約されていたことを示す。しかし、それは他方で、在日韓国・朝鮮人との関係性の強化というかたちで、時代とともに機会構造を変容させる。また、〈移民企業ニッチ〉のなかで起こった主要産業の転換（産業構造の変化）は、特定産業の情報が蓄積されたコミュニティの役割があったため、在日韓国・朝鮮人企業（家）が素早く対応できた結果である。そうしたコミュニティの機能は、一般の産業構造とは異なる／差異化した特定の産業に特化した構造も作り出した。そこにこそ、コミュニティ機能の結晶ともいうべき凝縮された資源蓄積を見出すことができる。第二に、〈移民企業ニッチ〉に位置する産業形成において、在日韓国・朝鮮人企業が形成した産業が、他の章のビジネスとは性格を異にすることにも注意したい。例えば、ベトナム人の中古電化製品輸出業（第5章）は、ベトナム本国のコミュニティとの関係性が不可欠であった。それに対して、在日韓国・朝鮮人の場合は、染色整理業における蒸・水洗業のように、日本内部の同胞

表1－3　在日韓国・朝鮮人によるエスニック·ビジネスの類型

		ビジネスの顧客	
		同胞	それ以外
提供する財・サービスの種類	エスニック財	<エスニック市場のコア> 朝鮮料理店（戦前），民族系金融機関（～2000年） 民族衣装店 コミュニティ機能 →	<エスニック・ニッチ> 焼肉店・朝鮮料理店・韓国料理店
	非エスニック財	<言語的障壁にもとづく市場>	<移民企業ニッチ> 土木工事業 西陣織 メリヤス製造業 蒸・水洗業 金属製品製造業，プラスチック製品製造業 再生資源卸売業（くず鉄加工卸，廃品回収業） ↓ コミュニティ機能 ケミカルシューズ製造業 再生資源卸売業（くず鉄加工卸，廃品回収業） 土木工事業 パチンコ関連（ホール，機械メーカー，景品問屋など）

注1）当該産業において在日韓国・朝鮮人の比重が高い，または在日韓国・朝鮮人にとって重要な産業を取り上げた。

注2）ニューカマーが関わるビジネスは除外する。

注3）［網掛け］は，コミュニティ機能が基盤になって実現されたことを表す。

コミュニティに蓄積された情報が重要な役割を果たした。つまり、産業形成に影響するコミュニティの範囲が異なることをどのように理解するかも、問われるべき論点になる。

以上のように、オールドカマーとしての在日韓国・朝鮮人企業の分析から、社会関係資本と機会構造を捉える上で、その歴史的変化と、コミュニティの機能の変化に留意することの重要性を提起できる。

注

（1）在日韓国・朝鮮人に対しては、在日朝鮮人、在日コリアンなど様々な呼称がある。言説、分析の目的に即して、その主体の政治的立場、歴史認識などを反映して呼称が異なっているため、ここでまとめて紹介することはしない。本章では、戦前では朝鮮人、戦後では在日韓国・朝鮮人と使い分けることにする。戦後のこのような呼称は、民族系金融機関の設立の基盤になっている、国籍・政治的立場を反映した在日韓国・朝鮮人の関係性を重視するためである。詳しくは、韓（二〇一〇）を参照。

（2）一九八〇年代後半以降のニューカマー韓国人は分析対象外とする。ニューカマー韓国人のビジネスについては、林（二〇〇四）を参照。

（3）なお、拙著の実証的根拠、参照すべき箇所については、文中で（韓：頁）、（韓：第×章）と挿入する。

（4）「登録外国人統計統計表」（http://www.moj.go.jp/housei/toukei/toukei_ichiran_touroku.html）の二〇〇九年データ（第4表　都道府県別　在留資格（在留目的）別　外国人登録者（その2　韓国・朝鮮））より算出。

（5）民族団体・組織が調査した名鑑は、連続的な調査ではないこと、在日韓国・朝鮮人が所有・経営するすべての企業を網羅していないこと、調査対象となる地域によって偏りがあること、比較的規模が大きく代表的な企業に限られること、など資料上の問題点を持つ。詳しくは、韓（二〇一〇：序、第一章）を参照。

（6）特定地域の歴史的分析には一定の蓄積がある。例えば、内藤（一九八六a、一九八六b、一九八七、一九八八）を参照。

（7）製造業を除いてみると、例えば在日韓国・朝鮮人の主要な産業とされる土建業が含まれる建設業の比率は高いものではない。また、焼肉店、韓国・朝鮮料理店が含まれる「食堂、レストラン」は、大阪府では一社に過ぎない。これは調査の不十分さを示唆するが、製造業の重要性が変わらない点は、韓（二〇一〇）の分析結果と同じである。

（8）ただし、在日韓国・朝鮮人企業の卸売・小売業比率は、愛知県の全事業所比率の五三・六％、サービス業比率の一九・七％（総理府統計局 一九六七：三八―七六より算出）より低い。全事業所の産業構造と比較した時の在日韓国・朝鮮人企業の特徴は、建設業、製造業に集中したことである。

（9）一九六六年の愛知県における産業別の事業所数及び比率を示すと、全事業所数は二三万五七二九であり、それに対する建設業比率は四・八％、うち土木工事業比率は〇・三％である（総理府統計局 一九六七：三八―七六より算出）。

（10）このような繊維産業を中心とした代表的な業種にみられる特徴は、韓（二〇一〇）の分析結果と共通している。

（11）この地域の産業集積の形成において、在日韓国・朝鮮人の民族的ネットワークが資源として重要な役割を果たしたことについては、山本（二〇〇八：四章）を参照。

（12）蒸・水洗は、京都の染織工業の分業構造を支えている加工工程であり、本章で取り上げている企業はこれらの工程の専門加工業である。蒸工程は、例えば京友禅の生産過程において、引染の終わった後、地色を定着させるため生地を蒸し箱に入れ蒸す工程である。水洗工程では、余分な染料や伏糊を洗い落とすため、蒸し上がった生地を水で洗い流す。これらの工程は、生産作業のなかでももっとも過酷な作業として一般的に忌避されがちな工程であったとされる（河 一九九七：一二三―一一七）。

(13) しかし、結果的に事業は失敗し、閉店に追い込まれた。大阪興銀から提供された情報は、パチンコホール事業への進出を容易にしたが、成長まで約束するものではなかったと思われる。

(14) 資料から確認される最初の設立の動きは、次の大阪での創立総会にみられる。「…（前略）大阪朝鮮人商工会の側面的支援と相まって豫てより東大阪‐生野方面の各業界の有力業者20余名が中心となり寄々協議を重ねていたところ今回漸く成案を得、愈々5月15日創立総会を開催、役員選任の運びを見るに至った。具体的内容は未だ正式発展を見るに至っていないが、先づ金融機関設立の暫定的措置として当分は信用組合の形式で発足し、組合員の金融に便宜を与える方針の模様であるが、資本金は500万圓中現在既に300万圓の払い込み済みという好成績振りである」（「在阪同胞の金融機関愈々発足?‥暫定5百万円の資本金をもって」『朝鮮経済新聞』一九四七年五月二一日付）。

(15) 民族系金融機関が提供した金融サービスに関しては、各地域の信用組合の平均金利水準と比較しつつ、朝鮮総連系の朝銀のデータも含めて分析したことがある（韓：第六章）。

文献

全任戎、一九九九、『夢を求めて』洋々社。

河明生、一九九七、『韓人日本移民社会経済史――戦前篇』明石書店。

韓載香、二〇〇六、「縁日娯楽の事業化への道――一九五〇年代におけるパチンコ産業の胎動」『経営史学』四一巻二号：二七―五七。

――、二〇一〇、『「在日企業」の産業経済史――その社会的基盤とダイナミズム』名古屋大学出版会。

林永彦、二〇〇四、『韓国人企業家――ニューカマーの起業過程とエスニック資源』長崎出版。

岩佐和幸、一九九八、「世界都市大阪の歴史的形成――戦間期における朝鮮人移民の流入過程を中心に」『調査と研究』一六号：九二―一一六。

神雄英一、二〇〇一、『在日外国人が創る新市場』ダイヤモンド社。

姜在彦・金東勲、一九八九、『在日韓国・朝鮮人――歴史と展望』労働経済社。

姜徹、一九八七、「民族権利としての企業権」『在日朝鮮人の人権と日本の法律』雄山閣。

韓日文化センター、一九六七、『実業人名鑑』。

金哲雄、一九九五、「在日朝鮮人の経済問題」朴鐘鳴編『在日朝鮮人――歴史・現状・展望』明石書店。

金明秀・稲月正、二〇〇〇、「在日韓国人の社会移動」高坂健次編『日本の階層システム6　階層社会から新しい市民社会へ』東京大学出版会。

金府煥編著、一九七七、『在日韓国人社会小史　一九七七年度版　大阪編』共同出版社。

金容権・李宗良編、一九八五、『在日韓国・朝鮮人――若者からみた意見と思いと考え』三一書房。

宮田浩人編著、一九七七、『六五万人――在日朝鮮人』すずさわ書店。

京都商工会議所、一九四〇、『京友禅に関する調査』。

内藤正中、一九八六a、「日本海地域における在日朝鮮人の形成過程（Ⅰ）」『経済科学論集』一一号：二七―五七。

――――、一九八六b、「日本海地域における在日朝鮮人の形成過程（Ⅱ）」『経済科学論集』一二号：一―二八。

――――、一九八七、「日本海地域における在日朝鮮人の形成過程（Ⅲ）」『経済科学論集』一三号：一―二一。

――――、一九八八、「戦後期の在日朝鮮人の生業」『経済科学論集』一四号：一―二六。

呉圭祥、一九九二、『在日朝鮮人企業活動形成史』雄山閣。

大阪興銀、一九八七、『大阪興銀三十年史』大阪興銀。

朴鐘鳴、一九八六、「在日朝鮮人の社会・経済生活」佐藤明・山田照美編『在日朝鮮人――歴史と現状』明石書店。

朴慶植、一九八九、『解放後在日朝鮮人運動史』三一書房。

朴一、二〇〇五、「在日コリアンの経済事情――その歴史と現在」藤原書店編集部編『歴史のなかの「在日」』藤原書店。

佐々木信彰、一九九六、「一九二〇年代における在阪朝鮮人の労働＝生活過程」杉原薫・玉井金五編『大正・大阪・スラム　増補版――もうひとつの日本近代史』新評論。

生活実態調査班、一九五九、「京都市西陣、柏野地区朝鮮人集団居住地域の生活実態」『朝鮮問題研究』三巻二号：三一―四二・五〇。

庄谷怜子・中山徹、一九九七、『高齢在日韓国・朝鮮人――大阪における「在日」の生活構造と高齢福祉の課題』御茶の水書房。

総理府統計局、一九六七、『昭和四一年　事業所統計調査報告　第二巻　都道府県編　その二三　愛知県』。

杉原達、一九九八、『越境する民――近代大阪の朝鮮人史研究』新幹社。

武田晴人編、二〇〇七、『日本経済の戦後復興――未完の構造転換』有斐閣。

山本俊一郎、二〇〇八、『大都市産地の地域優位性』ナカニシヤ出版。

尹弼錫、一九九四、『日本経済を見る――在日朝鮮人の生活と企業経営』朝鮮青年社。

第2章　ニューカマー中国人
――一般市場における多様な展開

小林倫子

第1節　問題の所在

中国から国外に移住し定住した人々は華僑や華人と呼ばれるが、移住した時期によって老華僑と新華僑という二つの集団に分けられる。この二つの集団はそれぞれに特徴があり、ビジネスの様相も異なっている。ここでは近年、日本で人口増加が著しい新華僑に注目し、ニューカマー中国人として取り上げたい。

日本の新華僑は、主に一九七九年の中国の改革開放政策以後に、留学生などとして来日し、その後日本に定住するようになった中国人であり、それ以前に日本に定住していた中国人やその子孫の人々、いわゆる老華僑とは区別されている（段 二〇〇三）。

一般に華僑・華人というと自ら商売する人々とみなされがちであるが、戦前日本に渡った老華僑についていえばそのイメージは正しいだろう（内田 一九四九、内田・塩脇編 一九五〇）。だが、ニューカマー中

表２−１　在日中国人の産業別エスニック・ビジネス従事者

業種	合計	卸売・小売業,飲食店	サービス業	製造業	建設業	その他
構成比（%）	100.0（15,889人）	49.6	23.0	10.7	4.5	12.2

出典：総務省統計局（2004）。

国人の場合必ずしもそうとはいえない。序章で示されたように、老華僑を含めた中国籍全体の自営業従事比率は比較的大きいものの、在日コリアンやパキスタン人ほどではないからである。ニューカマー中国人のエスニック・ビジネスの特徴は、自営業従事比率の大きさではなく、むしろ、展開する業種・業態の幅広さにあると筆者は考えており、本章ではその背景をみていく。

外国人登録者数でみると、中国人は二〇〇七年に韓国・朝鮮人を抜いて最大の国籍集団となり、二〇一〇年末現在の人口規模は六八万七一五六人に達し、外国人総数の三二・二%を占めている。その中で、エスニック・ビジネス従業者比率は、減少傾向にあると考えられるが、絶対数では一九九五〜二〇〇〇年に三〇〇〇人弱増加しており、その後も実数としては増え続けていると思われる。

大まかな業種構成をみると、「卸売・小売業、飲食店」が約半数を占め、二位のサービス業（二三・〇%）と合わせて全体の四分の三を構成している（表２−１参照）。後述するように、特にサービス業において、ニューカマー中国人のビジネスは多様な業種・業態に広がっている。

多様な業種・業態でビジネス進出が進む背景の一つに、日本で暮らす中国人という集団内部での多様性、異質性が大きい点を挙げることができる。大きく分ければ、老華僑、中国帰国者とその家族、専門職、日本人の配偶者、学生、研修生、非正規滞在者となる。

表2－2　中国籍の外国人登録者数（2009年）

在留資格	人数	（%）	在留資格	人数	（%）
教授	2,440	0.36	留学	94,355	13.87
芸術	117	0.02	就学	32,408	4.76
宗教	120	0.02	研修	50,487	7.42
報道	10	0.00	家族滞在	55,640	8.18
投資・経営	2,555	0.38	永住者	156,295	22.97
法律・会計業務	7	0.00	日本人の配偶者等	56,510	8.30
医療	134	0.02	永住者の配偶者等	7,087	1.04
研究	936	0.14	特別永住者	2,818	0.41
教育	104	0.02	定住者	33,651	4.94
技術	27,166	3.99	短期滞在	6,332	0.93
人文知識・国際業務	34,210	5.03	特定活動	90,030	13.23
企業内転勤	6,307	0.93	未取得者	2,101	0.31
興行	778	0.11	その他	1,402	0.21
技能	15,595	2.29			
文化活動	923	0.14	総数	680,518	100.0

出典：入管協会『在留外国人統計』2010年版，数値は2009年末現在。

在留資格別構成（表2-2）からその一端をみていこう。直接的に企業家とほぼ同義の資格は「投資・経営」であるが、これにあたるのは二五〇〇人ほどでしかなく、国勢調査に現れる自営業者数よりもかなり少ない。これは、経済活動に制限がなく安定した長期滞在者である「永住者」「日本人の配偶者等」「定住者」など、他の在留資格保持者の中に相当数の企業家が含まれているためである。

本章でみる企業家のほとんどは、「身分または地位に基づく在留資格」を持っているが、それ以外の在留資格と断絶した世界を生きているわけではない。「留学」や「就学」[1]の資格で学ぶ人たちの多くは、日本での就労を目標に来日しており、就職時には就労が認められる在留資格へと変更する。主に、文系出身者は「人文知識・国際業務」、理系出身者は「技術」の在留資格に変更するが、これらに、料理人を主体とする「技能」を加えた三種類の在留資格が、日本で就労し収入を得ることが認められている在留資格の主なものである。

そして、このような就労や在留期間に制限のある在留資格で滞在する人たちの中に、企業家予備軍と呼びうる層が形成されている。ニューカマー中国人には、留学→就職→起業というキャリアパスが存在しており、就労、起業を経て日本での生活が長期にわたるようになれば、「永住者」等のより安定した在留資格を取得し、事業活動を継続しているのである。

集団内部での多様性に加え、ニューカマー中国人のビジネスが多様な業種・業態に現れる要因として、日本市場で新しい業種・業態のニッチを開拓していることも重要である。相対的な日本語能力の高さ、日本での学歴、日本企業での就業経験といったニューカマー中国人企業家の特徴が、従来のエスニック・ビジネスとは異なる分野への進出につながっていると筆者は考えている。その代表例がソフトウェア産業であるが、本章の後半では、この新しいニッチの開拓について具体的にみていく。

第2節　ニューカマー中国人のエスニック・ビジネス

聞き取りや各種メディアなどの情報をもとに、中国人ニューカマーによるビジネスを分類すると、表2-3のようになる。在日コリアンを除けば、他を圧して多様な業種に進出していることが読み取れるだろう。

もっとも、こうしたビジネス展開がニューカマー中国人の流入とともになされたわけではない。他の国籍集団と同様に、ビジネスはエスニック市場のコアたる中国人集住地区でのレンタルビデオ、食品販

表2-3　ニューカマー中国人によるエスニック・ビジネスの類型

		ビジネスの顧客	
		同胞	それ以外
提供する財・サービスの種類	エスニック財	＜エスニック市場のコア＞ 中華商品販売（食品，雑貨，衣料品，CD/DVD 等） 中華料理店，中華食品製造・販売 メディア（出版，新聞） 電話カード販売	＜エスニック・ニッチ＞ 中華料理店，中華総菜販売 指圧・マッサージ・鍼灸 貿易（中華食材，中華雑貨・衣料） 出版・編集 通訳・翻訳（ホームページ，各種契約書，機器等の取扱説明書など）
	非エスニック財	＜言語的障壁にもとづく市場＞ 旅行社 不動産仲介 インターネットカフェ 自動車教習所	＜移民企業ニッチ＞ システム開発・保守，人材派遣 中国投資コンサルティング 情報提供サービス 医薬品開発支援，海運サービス 衣料品製造販売 家電製品販売 貿易（医療用資材，PC 部品，野菜，魚介類）

売、美容院、飲食店などから始まった（伊藤一九九五）。この段階では、エスニック・ビジネス従事比率も高くはなく、他集団と共通するビジネスしかなく特筆すべき点もなかったと思われる。

その後、日本で暮らすニューカマー中国人の人口増加に伴い、同胞向けビジネスは専門化・細分化が進んでいる。具体的には、中国人向け自動車教習所や不動産仲介などがビジネスとして成立する状況が存在する。これは同胞市場の絶対的な大きさよりも、過去二〇年間でもっとも増加が著しい国籍集団だったことによるものだろう。ニューカマー中国人は相対的にみて日本語能力が高い集団であり、言語的障壁により同胞のビジネスを利用する者の比率は高くないと考えられる（cf. Evans 1989）。だが、増加率の高さは日本語に不慣れな者が常に一定数流入することを意味する。その結果、言語的障壁によるビジネスが発達し、その市場の大きさはブラジル人に匹敵するといってもよいだろう。

同胞市場以外への進出では、中華料理店や指圧・マッサージといった中国文化を生かしたものも存在するが、非エスニック財を扱う移民企業ニッチへの進出がより目覚しい。これは第一に、日本と中国の間での経済関係の深まりを背景としており、貿易額の拡大により一次産品（野菜や魚介類）の貿易から投資コンサルティングに至る業種で中国人企業家がみられる。第二に、日本で蓄積した人的資本を生かしており、例えば出版業では学術的なコンテンツを提供するビジネスが成立している。高学歴者の比率が高く、専門職が他の国籍集団より圧倒的に多いニューカマー中国人ならではのビジネスといえよう。

こうしたビジネスのうち移民企業ニッチとして参入が進み、ニッチ形成に至っている分野として、システム開発・保守とエンジニアの人材派遣、投資コンサルティングが挙げられる。一方で、一般衣料品の製造販売や非エスニック材の貿易などのビジネスは、現在では事例が少ないが、今後ニッチ形成に発展する可能性がある。

従来、企業家を多く輩出してきた留学生は理系出身者が主体であり、持てる技術・知識を生かしてビジネスを展開していた。その後、文系分野の留学生が増加し、理系出身者とは異なる分野へのビジネス進出が始まった。文系出身者が立ち上げるビジネスは、日本企業の中国進出をサポートする業務からスタートすることが多い。日本語と中国語ができること、中国内の関係者とのネットワークを持っているまたは構築できること、中国国内の制度や規制・商習慣を理解していることなどが差別化要因となる。

第3節　ニューカマー中国人の起業をめぐる環境

（1）人的資本

人的資本という観点からみたときのニューカマー中国人の大きな特徴は、相対的に学歴が高いことである。二〇〇〇年国勢調査の分析によれば、日本国籍の大卒比率が一九・六％であるのに対して、中国籍の大卒比率は二九・九％に達する（大曲他 二〇一一）。年齢構成の違いを考慮したとしても、高い数値といえるだろう。これは、留学・就学生として来日し、日本でホワイトカラーの職を得た者の比率が高い現状の反映である。

すなわち、他のニューカマー外国人とは異なり、中国人は日本でフォーマルな人的資本（学歴、技術）を蓄積するため、学歴に相応した職を得られる可能性が高い。だが、日本で就職したとしても日本人と比較して「ガラスの天井」があり、出世には限界があるという感覚を持ちやすいという見解もある（坪谷 二〇〇〇）。人的資本が十分評価されていないと感じることは、ビジネスを指向する一つの背景となる。

また、特に文系学部を卒業した留学生の場合、中国と関連するビジネスを手がける企業に就職する比率が高くなると思われる。その結果、日本と中国の間のビジネスに必要な知識や技能を実地で学ぶ機会が提供され、自ら起業する誘因も高まると考えられる。

表２－４　ニューカマー中国人企業家の出身地別・両親の職業

出身地		北京	天津	上海	江蘇	浙江	山東	福建	河北	広東	その他	計	構成比（%）
両親の職業	国家公務員	10	1	2	1	1	1	1	1	—	1	19	26.0
	医師	2	1	4	1	1	—	1	—	1	—	11	15.1
	学校教職員	3	—	9	1	2	1	2	1	2	2	23	31.5
	会社経営者	—	—	7	2	2	1	1	—	2	—	15	20.5
	会社管理者	—	—	—	—	1	—	1	—	—	—	2	2.7
	その他	—	—	—	—	—	—	1	—	2	—	3	4.1
計		15	2	22	5	7	3	7	2	7	3	73	100.0
構成比（%）		20.5	2.7	30.1	6.8	9.6	4.1	9.6	2.7	9.6	4.1	100.0	

出典：朱（2000）より作成。
注）『在日中国人大全』（日本僑報社）掲載情報とメーリングリスト参加者を対象に，郵送とインターネットでアンケートを実施。調査期間は1999年９～11月。

（２）社会関係資本

まず、個人レベルの社会関係資本としては、日本で蓄積したものと来日前から保持しているものがある。日本語学校や大学のような留学時代に培った社会関係に加えて、就職後に上司・同僚や取引先と築く関係が意味を持つだろう。留学生としての紐帯は類似した地位・環境におかれた者同士で築かれるものだけに、共同経営のパートナーやロールモデルになる。就職後の紐帯は、同業者として直接ビジネスに関わる援助を提供することになるだろう。こうした見方の妥当性についてソフトウェア産業の事例で検証する。

また、来日前に中国で培った社会関係資本としては、ニューカマー中国人の企業家に比較的恵まれた社会階層の出身者が多いことに起因するものがある。一九九〇年代までに起業したニューカマー中国人の企業家を対象とした朱（二〇〇〇）の調査では、企業家の多くが、経済的に発展した中国沿海部の都市出身であり、ほとんどが専門職・管理職の親を持つという。このことから、中国にいる家族や親族、友人が質の高い社会関係資本になるとともに、中国のエリート校出身者の同窓会が日本でも活用されることも示唆される。

こうした個人レベルでの社会関係資本に比較すると、集団として可視的な社会関係資本はそれほど顕著とはいえなかったが、二〇〇〇年代に入り増加している（田嶋 二〇〇九）。

なかでも、一九九九年九月に設立された日本中華総商会という団体は、今後の社会関係資本蓄積の可能性を示している。これは、「在日華僑・華人企業および中国資本企業が相互協力を促進し、世界各地の華人組織との連携を強め、地域経済発展および会員企業の発展のために設立された公益団体」である。会員数は二〇〇九年二月で一五〇名を数え、現在も毎月のように新規会員が加入している。日本の新旧の中国人ビジネスを包括するコミュニティの形成という意味で、この会の設立は画期的であった。中心メンバーは、日本で起業し一定の成功を成し遂げたニューカマー中国人の企業家である。日本でビジネス成長を目指すニューカマー中国人の企業家にとって、多くの成功体験やロールモデルを学び、助言や示唆を得る場として、また具体的なビジネスにつながる社会関係資本を蓄積する上で、有効なビジネス・コミュニティとなりつつある。

会の運営を担う理事会は、新華僑の法人会員が代表者となっている。横浜中華街や神戸南京町の老華僑（二世以降）が代表を務める法人会員も主要メンバーに含まれているが、会の設立当時に比べると理事会メンバーに占める比率は低下した。日本市場に進出した中国企業も会員になっており、国営企業や中国の省・都市の出先機関などが含まれる。このような法人の代表者として会に参加している中には二ユーカマー中国人の企業家も多い。中国企業が日本で業務を始める際に、すでに日本でビジネス経験のあるニューカマー中国人を日本支社のトップに登用するのである。最近では、中国企業が買収したラオックスの社長にも、日本で起業したニューカマー中国人の企業家が登用された。

（3）機会構造

中華料理のレストランは、世界中で中国系移民の有力なニッチとなっている。中華料理店や中華食品・製品の輸入販売は、初期投資が比較的少なくコンスタントな現金収入が見込めるという特徴がある。それゆえ、他の業種でビジネスを行っている企業家が本業と並行して経営する例が散見される。これは、より資本集約的で高収益の見込める業種・業態へ進出するための資本蓄積や、本業の収益が不安定な期間のバッファーとして利用されているためである。つまり、中国人にとってエスニック・ビジネスのコア業種は、日本での安定した機会構造を背景に、多様な業種・業態の新規開拓を下支えする役割を果たしているとみることもできる。

そうした下地に加えて、「世界の工場」として経済発展を遂げた中国との関係は、ニューカマー中国人にとって良好な機会構造となった。これは、輸出代替工業化を進める韓国からのカツラ輸入が、在米韓国移民のビジネスとなったのと同様で（Chin et al. 1996）、新興工業国出身者が広く取りうる戦略といってよいだろう。中国系の場合、米国を抜いて中国が日本の最大の貿易国になった現実、地理的近接性ゆえに鮮度や納期面での要求もクリアしやすいことが、大手商社の独占を許さない多様な貿易を可能にしている。

それに加えて、国際分業関係が日中間で一層強まることにより、多国籍展開を伴う業務への参入が増えている。一般に中国への投資には、制度的、政治的な面での不透明さがあるとして、常に一定のカントリーリスクが付きまとうとされる。そこで、留学生出身者の持つ人脈や情報が競争力の源泉となるのである。中国での労働力の確保や管理、ビジネス関連情報の収集、現地人脈とのネットワーク構築が円滑に行えることが、日系企業に対する差別化要因となる。それゆえ、情報提供サービスや労働集約的な工程・業種でのアウトソーシングなど、他の国籍集団にはない業種でのビジネスも可能となる。

表2-5　中国籍の自営業従事比率

年	就業者数	役員・業主・家族従業者	
		人数	%
1995	77,623	12,979	16.7
2000	121,751	15,889	13.1
2005	185,738	18,423	9.9

出典：総務省統計局（1999, 2004, 2008）。
注）2005年データでは，「不詳」と家族従業者が同一で扱われるようになっており，それまでと算定方法が異なるが，そのまま採用した。

このように、人的資本や社会関係資本、機会構造の面でいえば他の国籍集団より起業の条件は整っているといえるだろう。しかし、表2-5をみれば分かるように企業家の比率は低下しており、絶対数としても人口の伸びに見合ったものとはいえない。その意味でニューカマー中国人は自営業指向を弱めているともいえる。有利な条件にもかかわらず自営業に進出しないとすれば、前述の「ガラスの天井」仮説とは異なり、日本での「サラリーマン生活」に安住している人が多いという見方も成り立つ。

表 2-6　中国人ソフトウェア企業経営者の経歴

ID	来日年	年齢	在留資格来日時	在留資格現在	出身	出身大学中国	出身大学他国	学位	職歴	
									中	日
1	1981	41	留学	永住者	上海	上海師範大学	—	学士	○	
2	1981	40	留学		湖北省	清華大学	東京大学	博士	—	●
3	1981	39	留学	定住	雲南省	—	電気通信大学 東京大学	博士		●
4	1981	41	留学		北京	北京大学	電気通信大学 東京大学	修士		●
5	1984	59	留学	永住者	上海	上海科学技術大学	京都大学		●	●
6	1984	40	就学	永住者	杭州		東京工業大学	博士	○	
7	1985	39	留学	投資・経営			北海道大学	博士		●
8	1985	39	留学	永住者	北京	華東紡績工学院	東京大学	博士		●
9	1985		留学			清華大学	名古屋大学	博士		●
10	1985	50	研修	日本国籍	北京	福州大学	図書館情報大学	修士	●	●
11	1985	52	留学	日本国籍	長春	北京郵電大学	電気通信大学			●
12	1985	38	留学	永住者	貴州		京都大学	博士	○	
13	1986	40	留学	永住者	福建省	中国科学技術大学	東北大学	博士		●
14	1986	38	研修	日本国籍	山西省	北京大学	東京大学	修士		
15	1987	42	技能	投資・経営	北京	清華大学	—			●
16	1987	36	就学	日本国籍	上海		アダム・スミス大学			
17	1988	42	留学	投資・経営	上海	上海交通大学	東京大学	博士	●	
18	1988		技術		成都	電子科術大学	—	学士	●	●
19	1988	39	研修	永住者	上海	上海交通大学	東京大学	博士	●	●
20	1988	49	就学	永住者	北京	北京工業大学	慶應義塾大学	学士	●	●
21	1988	34					横浜国立大学	修士		●
22	1989	44	留学	永住者		東北大学	帝京大学	博士		●
23	1989	35	研修	永住者	湖北省	北京大学	—	学士	—	●
24	1989	42	就学	投資・経営	北京	北京大学	東京大学	修士	●	●
25	1991	35	留学	投資・経営	北京		武蔵工業大学	学士	○	
26	1993	35	企業内転勤	投資・経営	北京	北京外語大学	—	学士	●	●
27		29				上海交通大学			●	●
28					大連	大連理工大学		修士		
29						黒龍江大学	慶應義塾大学	博士		●
30						中国科学技術大学	東京大学	博士		●

出典：アンケート，ヒアリング調査，各種資料より筆者作成。

注 1）年齢，現在の在留資格は調査時，大学名は在籍時のものである。

注 2）「—」は該当する経歴がないことを意味する。また，空欄は不明を意味する。

注 3）職歴の「中」欄は中国における職歴，「日」欄は日本における職歴の有無を示している。「●」は職歴があることを，「○」は職歴はあるが日本か中国どちらのものか不明であることを意味する。

第4節　ソフトウェア産業におけるニューカマー中国人のニッチ形成

（1）企業家の経歴にみる人的資本の蓄積

本節では、筆者が二〇〇一年から二〇〇二年にかけて調査したデータにより、ニューカマー中国人によるソフトウェア産業の形成過程をみていく（小林 二〇〇九）。経歴が把握できた企業家の概要は、表2-6に示すとおりである。おおむね一九八〇年代から九〇年代初めにかけて、当初は「留学」「就学」の在留資格を持った学生として来日した。

こうした留学生の来日は、中国の留学政策の影響を受けており、国家建設方針の変化を反映して増加してきた（遠藤 二〇〇二）。一九七六年に文化大革命が終わり、最高指導者になった鄧小平は、中国が改革開放路線を推進するために大規模に公費、私費留学生を派遣する決議を通した。一九七八～七九年度には日本にも留学生二〇〇人あまりが派遣されたが、この改革開放政策以後初めての留学生は、物理・科学などの理系専攻が多く、年齢的には四〇代の学者や研修生が半数以上を占めていたという（遠藤 二〇〇二）。

一九八〇年代の中国人留学生の属性の変化をまとめた薬（一九九〇）によると、一九八〇年代前半は厳しい選抜を経て選ばれたエリートが留学生として送り込まれていた時期であった。その多くは都市部出身者で、国費留学生、私費留学生ともに大変優秀であり、留学先でも中国人留学生の評価はとても高かったという。

留学政策の中心となってきた公費留学は、人員の選抜や留学先の選定、専攻分野など、すべてが国家によって決定されていた。一九八一年に来日したY氏の場合、文化大革命後に大学の入学試験が再開された年に中国東北地方の大学に入学した。その半年後、突然日本留学を言い渡され、長春にある日本留学予備校に移って半年間日本語の特訓を受けた。日本での留学先になる大学やそこで学ぶ専攻分野も、政府によって決められていたという。

一九八四年になると中国国務院による「私費留学に関する暫定規定」で私費留学の規制緩和が進んだ（岡・深田 一九九五）。日本語学校入学を目的とする中国人就学生の来日も可能となってから私費留学生数が大幅に増加し、必ずしも勉学を第一の目的としない留学生も増えて、日本社会との摩擦も発生するようになった。このように一九八〇年代後半は来日する留学生の属性が複雑化していった時期である[2]。

一九八九年の天安門事件は、中国政府の留学生派遣政策にとって大きな転機となった。事件後、中国との関係を制限する先進諸国は、留学生の帰国延期や科学技術、文化交流活動の中止などの措置を講じた。欧米や日本で生活していた留学生たちは、帰国後の生活に不安を抱き、留学後も帰国せずに留学先国での就職や、他の国へ再移住を望む気持ちが強まったと思われる[3]。

一九九〇年には国家教育委員会が「大学卒業以上の学歴を有する者の私費海外留学に関する補充規定」を公布し、高学歴人材の国外流出対策として私費留学を制限した[4]。政府派遣留学生の枠も大幅に縮小し、公費留学後に期限通りに帰国しない者を免職処分にし、パスポートの延長拒否や巨額の賠償金を徴収するなど留学政策は引き締められた。さらに国務院からも海外への留学・研修などに対して厳しい条件を設ける規定が発布された[5]。しかし、一九九二年にはさらなる改革開放を求めた鄧小平の南巡講話をきっかけに、出国規制が緩和され、「留学生を支援し、帰国を奨励し、海外往来を自由にする」方針が打ち出された。

表2-6の出身大学の項目をみると、中国国内で水準の高い大学とされる重点大学の出身者が多いことが分かる。中国の大学での専攻分野は、情報工学、電子工学など工学系がほとんどであった。それらの中でも計算機学科、数理学科といったコンピュータやソフトウェア技術を学ぶ学科の出身者が目立った(6)。

企業家の大部分は、中国の大学を卒業してから来日している。日本への留学は中国での学歴を反映して、国立大学の理工系大学院が中心である。今回の対象企業家のほとんどは、東京の大学で学位を取得している。しかし、一九八〇年代に来日した留学生の中には、来日当初は首都圏以外の国立大学に留学するケースが多い。そこでいったん学位を取得して、修士課程や博士過程へ進学する際に、首都圏の国私立大学に編入するというパターンもみられた（例えば岐阜大学→東京大学、山梨大学→東京大学）。首都圏以外への留学の理由としては、日本の大学に関する情報が中国では少なかったこと、国費留学生が中国政府によって留学先や専攻学問を決められていたことなどが考えられる。

例えば、一九八九年に来日したL氏は、日本に留学できても、就職はできないと考えていた。そのため、留学後は帰国して教授職に就く予定であった。しかし、同時期に来日した留学生たちが就職していくのを目の当たりにして、状況の変化を感じたという。このように、日本で改革開放政策以後の留学生が就職を現実化したのは、一九九〇年前後以降と考えられる。

（2）社会関係資本の蓄積と起業、事業運営

ソフトウェア産業という業種の性格上、まず企業家個人が相応の「人的資本」を備えている必要がある。それは技術や知識はもちろん、それをビジネスとして生かすアイデアなどが含まれる。経営者としての人望や意志の強さも求められるだろう。ここでの企業家の「人的資本」の核となっているのは、大学、留学、就職という経歴を経るうちに身に着けてきた技術や知識であり、社会一般に対する教養の深さである。

一方で、従業員やビジネス上のアドバイザーやパートナー、取引相手など、企業家個人では保持しえない資本も必要である。そのため、企業家は人間関係のネットワークである「社会関係資本」によって、不足する資源を補っている。ソフトウェア企業家にとっては、中国の大学で培われる社会関係資本が重要である。中国の大学において、企業家は知識や技術のみならず、大学の同窓会組織をはじめとする強力な人的ネットワークも得ている。中国の大学は寮が整備されており、時には教官も学生と同様に構内の居住エリアで生活する場合も少なくないという。難関の大学入試をくぐり抜け、寝起きを共にした同級生や同窓生の絆は家族と同様といえるくらいに固いものとなり、同時に出身校への強い愛着や忠誠心も醸成される。

同窓会組織の強みが生かされるのは、大学卒業後である。日本にも中国の大学の同窓会組織が数多く存在するが、[7] これらの組織が主催するイベントはさまざまな情報収集の場となり、さらなる人的ネットワーク拡大の機会となる。出身大学が同じであれば、卒業後の進路も類似するところが多く、これらの場で企業活動に直接関連する情報や人的ネットワークに接触することも少なくないと考えられる。

中国での経歴に基づくエスニックな社会関係資本は、もっぱら従業員の採用に際して使われることが大きい。技術力や言語力を備え、会社への忠誠心が高い人材の採用に関して、中国の出身大学のネットワークが有効に作用していた。エスニックな社会関係資本は、自社内の開発体制の維持や充実のために活用されているといえる。一方で、中国では大学に在学しなかったり、在学してもすぐに退学したりして、学部から日本の大学に留学した人もいる。この場合、中国で大学生活を送った人々よりも、日本的な価値観や考え方をより身につけている一方、中国の大学の同窓生ネットワークからは排除される。

企業家は日本人とのネットワークも形成している。それは留学中の同級生や教官、アルバイト先の人間関係等があるものの、起業後の事業にとって重要なのは、日本で勤務した企業における上司や同僚、取引先などとの関係である。これら日本での経歴に基づく人的ネットワーク（非エスニックな社会関係資本）によって獲得される資源には、登記に必要な事務所所在地（オフィス）や起業初期の経営を支える取引先がある。また、銀行の取引口座開設やオフィスの賃貸契約を容易にするため、企業の発起人や代表取締役として日本人に名を連ねてもらうこともある。調査では実態を把握できなかったものの、日本人名義だが実質的には中国人企業家が経営しているという企業も多数存在するという。

このようにみてくると、日本人との社会関係資本は、中国人企業家の企業を日本社会に定着させるための条件を整える役割があるように思われる。企業の公的な信用を保証したり、経営を成り立たせる取引を提供するなど、社外との関係において非エスニックな社会関係が活用されている。外国人であるがゆえに、在留資格等の入国管理制度や日本の社会的慣習から活動が制限される場面において、日本人との社会関係が打開策になるとみることもできる。

「人的資本」「社会関係資本」がある程度備わっていれば、資金を用意することも可能である。開業資金に関しては、就職後の貯金を充当することが多いが、仲間内で出し合う例もあった。

(3) 一九九〇年代のソフトウェア産業におけるニーズと移民企業

「ほとんどの情報サービス企業が開発コストの高騰ならびにレベルの高い人材の不足に苦慮しており、国内の人材のみでは対応が困難になりつつあるのが現況である」(情報サービス産業協会 二〇〇二：一)。このような現状認識が広がりつつも、日本のソフトウェア開発の中国シフトは当初予想されたほどには順調に拡大していない。一方で外国人技術者は外国人であることをプラス要素として注目され、現地法人・現地協力会社との調整役としての積極的な役割も期待されてきている(上林 二〇〇二)。

この背景には、ソフトウェア開発が持つ「文化的」特性がある。すなわち、「言語のみならずその国の商慣行や利用者である各国民の生活習慣、考え方などに沿って開発されねばならないため、それぞれの国の固有の文化に左右される部分が大きい」(上林 二〇〇二：七五)。特に日本の場合、顧客の要望に合わせて特注されるカスタム・ソフトウェアの開発が、ソフトウェア企業の主要業務となっている。カスタム・ソフトウェアは、日本の商習慣や顧客企業の社内慣行までも考慮して、独自仕様で設計、開発される。

また、ソフトウェア開発は労働集約的な一面があり総コストに占める人件費の割合が高い。案件受注にはコスト競争力が求められるため、人件費が相対的に安価な海外リソースの活用が求められる。しかし、上述の「文化的」特性ゆえに、ソフトウェアの開発を、たとえ一部であれ、文化や社会慣習の異なる国外で現地スタッフが行うのであれば、日本の顧客と現地スタッフとの間で、綿密な意思疎通を図る必要がある。

ソフトウェアのオフショア開発（海外アウトソーシング）を行う日本企業にとって、現地スタッフとのコミュニケーションは深刻な問題である。(8) そのため、日本の顧客や発注企業と現地の協力企業・スタッフとの間に立って調整を行うブリッジSEと呼ばれる技術者の需要が高まっている。ブリッジSEとは、オフショア開発において品質や納期の管理、現地スタッフの労務管理などを担当するプロジェクトマネジャー・クラスのSEを指す言葉である。現在、日本と中国の間で活躍するブリッジSEの多くは、日本での留学や企業勤務の経験を持った中国人のソフトウェア技術者であると思われる。

一方で、両国の事情に通じた人材をブリッジSEとして現地企業・スタッフとの窓口に配置したとしても、日中間の意思疎通はそれほど改善しないという見方もある。日本企業では業務上の最終意思決定権が日本人にあり、監督責任を持つ日本人上司が中国人スタッフの判断や見解に理解を示さない場合、ブリッジSEは本来の役割を果たせなくなるからである。

それに対し、中国人企業は企業自体がブリッジSEの機能を備えているといえる。日本企業の社内ブリッジSEと大きく異なる点は、受注した開発においては、中国人企業家が決定権を持ち、責任を取るという点である。つまり、受注した開発の一切を取り仕切ることができると同時に、納期に遅れたり品質に問題があったりすれば、そのリスクを負う。中国で開発されたプログラムは、日本オフィスのスタッフによってチェックされ、欠陥があれば中国の開発現場に差し戻すか日本オフィスのスタッフで修正する。その後、必要文書等を揃えて顧客に納品される。努力と工夫で受注時の見積金額より低コストで開発できれば、差額が自社の利益となる。中国人企業家が決定権を持ちリスクを負うことが、中国の開発スタッフとの関係調整に有利に働き、品質やコストの面で競争優位につながっていると考えられる。

(4) ソフトウェア産業における中国人移民企業の事業展開

ニューカマー中国人企業家が経営するソフトウェア企業の事業展開について、二〇〇二年三～一〇月にアンケート調査とヒアリング調査を行った[9]。調査項目は、企業の事業内容・事業展開と、企業家の経歴、つまり人的資本の形成過程である。

調査結果から、中国人によるソフトウェア企業数は、一九九〇年代後半以降、急速に増加しつつあることが分かった。また、社員数は平均三〇・七人、最大で一一六人、最小二人である。資本金規模は平均約七〇〇〇万円であった。資本金が七億六〇〇〇万円という企業もあるが、株式会社として最低限の資本金である一〇〇〇万円（調査当時、現在は撤廃）の企業も多い。このように中国人のソフトウェア産業は、設立一〇年未満の相対的に規模の小さい企業が中心である。

また、設立年に沿って時系列をみると、設立年代の古い企業に資本金や売上高の比較的大きな企業が多くなっている。このような企業は、自社開発ソフトウェアの販売や顧客企業からの直接受注等、より利益率の高い業務の拡大に成功していることが多い。一方で従業員数が一〇人未満の小規模な企業では、利益率は低いが参入が比較的容易な業務が中心となっている。具体的には、別企業が獲得した案件の下請け開発や、自社技術者の派遣業務が挙げられる。

企業の立地は東京都二三区内に集中し、なかでも秋葉原駅～浅草橋駅周辺、茅場町駅～八丁堀駅周辺

図２－１　東京都23区における中国人ソフトウェア企業の分布（2002年）

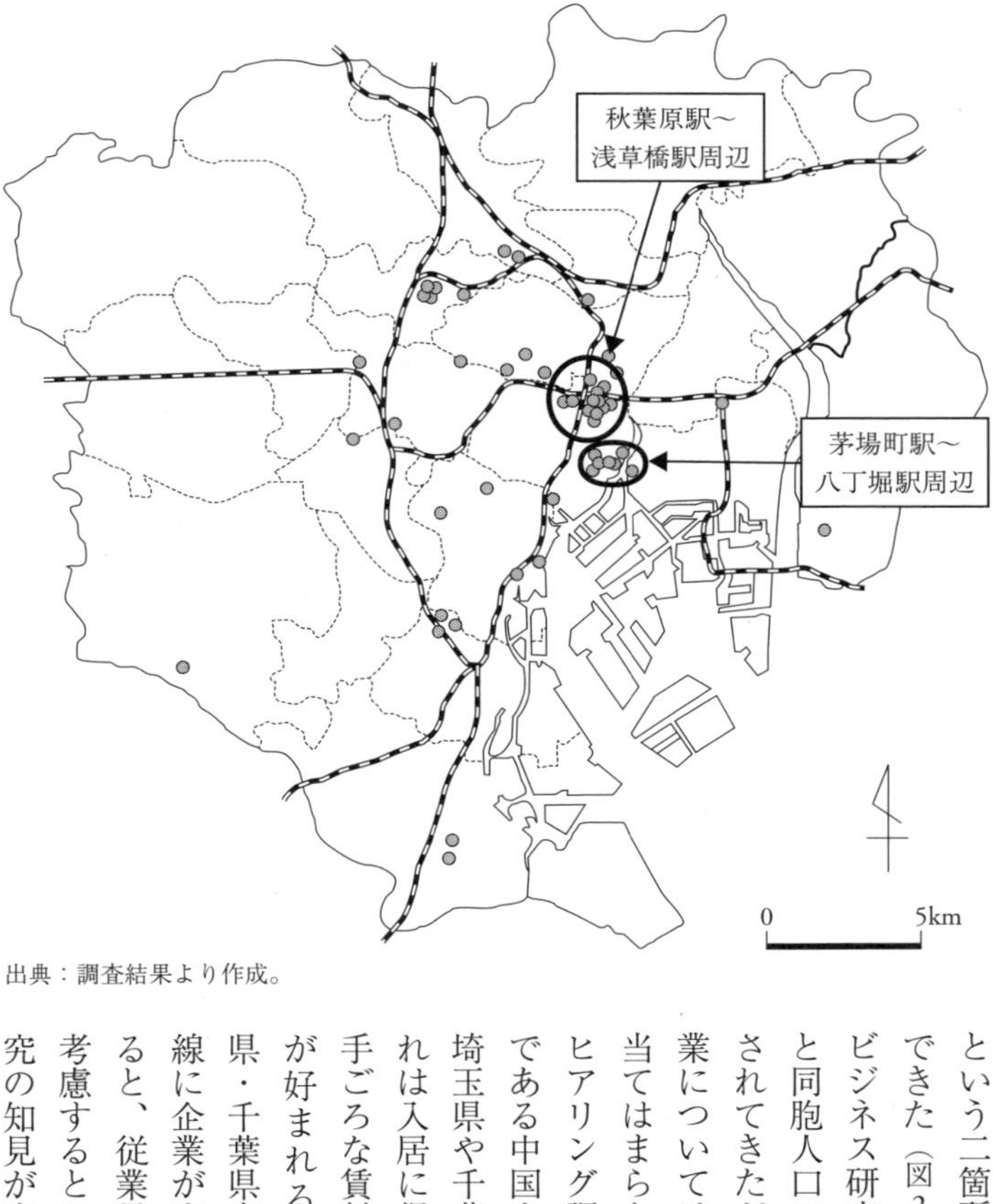

出典：調査結果より作成。

という二箇所の集中地域が確認できた（図２−１）。エスニック・ビジネス研究では、企業の立地と同胞人口の分布の相関が指摘されてきたが、ソフトウェア産業についてはその指摘があまり当てはまらないかもしれない。ヒアリング調査によると、社員である中国人技術者の居住地は埼玉県や千葉県が多かった。それは入居に保証人の必要がなく、手ごろな賃料の郊外の公団住宅が好まれるからである。埼玉県・千葉県方面と都心を結ぶ沿線に企業が立地していると考えると、従業員の通勤しやすさを考慮するという点では、先行研究の知見が当てはまるともいえる。

一方で、この分布は東京二三区におけるソフトウェア企業全体の分布と類似してもいる。ソフト系IT企業[10]の集積状況を調べた国土交通省国土計画局（二〇〇一）では、中国人ソフトウェア企業の集中地域は、中国人に限らずソフトウェア企業が多く集まる地域である[11]。秋葉原・神田駅周辺には東京二三区全体の八％にあたる約七八〇社、茅場町駅周辺はその半分ほどの約四〇〇社という規模でソフト系IT企業の事業所が集積している。一方で、国土交通省国土計画局（二〇〇一）において多くのソフトウェア企業が集まっているとされる新宿駅周辺や渋谷・恵比寿駅周辺には、中国人ソフトウェア企業が立地する割合はそれほど高くなかった。

東京主要五区におけるオフィスマーケットについて検証した民間都市開発推進機構（二〇〇一：四、六）によると、中国人移民企業の集中地域にあたる「岩本町・東神田・外神田」「茅場町・八丁堀・新川」は、比較的設備は整っているが小規模なビルが多く、市況があまり好調とはいえないゾーンである。賃料に関しても、都内主要ゾーンの平均よりも安い場所が多い（調査当時）。

ヒアリングでは、オフィス選定の理由として、手頃な賃料と交通の利便性が特に考慮されていた。まず、賃料に関しては、中国人企業の従業員数は多くないので、広いオフィススペースは必要ないのだが、相対的に賃料が安い「都心であるが下町」といった地域が選ばれる傾向がある。これは日本の中小ソフトウェア企業も同様で、立地に際して「考慮した」要因は「賃料の妥当性」が圧倒的に多い（国土交通省国土計画局 二〇〇一：四三）。

交通の利便性については、駅への近接よりも、複数の路線が利用できることや乗り換えが容易であることへの関心が高かった。ヒアリングにおいて、会社設立時、取引先に近い場所にオフィスを設けた事例が三件あった。しかし、それ以外では特定の取引先との距離は重視されておらず、都内に分散している取引先のオフィスへのアクセスや、経営者、社員の通勤の利便性などが重視されていた。

また、住所としての千代田区、中央区、もしくは秋葉原、神田といった地域イメージが企業イメージにプラスになるという回答があった。中国人企業の集中地域は、交通の利便性や企業のイメージと賃料やオフィス面積を考え合わせた上で、コストパフォーマンスが高いと判断される地域なのであろう。以上より、企業の立地選定は日本のソフトウェア企業と変わりない。すなわち、企業の立地選択はエスニシティによる要因ではなく、産業特性としての要因が強く働いていると考えられる。

それ以外の側面では、エスニック・ビジネスとしての特徴も確認された。まず、中国人社員の比率が全体的に高い（平均六七・二％）。中国人社員比率が八〇％以上の企業は利益率の低いプログラミング工程の下請けや技術者派遣業務を主としている場合がほとんどであるが、中国人社員比率が三〇％未満の場合は、資本金規模も大きく技術開発を中心としている企業であった。これは情報サービス産業協会（二〇〇二）で外国人技術者の多くが「開発・プログラミング」を担当しているという調査結果とも符合する。

高い中国人社員比率の背景には、小規模で歴史の浅い企業が多く知名度も低いため、日本で従業員を公募しても求めるような水準の人材が採用できないという現実がある。そのため、経営者や従業員の知り合いから個人的な紹介を通じて従業員を採用することも多い。経営者は中国の重点大学で理工系学部の卒業者が多く、経営者や社員の同窓生など個人的な知り合いの紹介で、中国重点大学を卒業した技術力の高い人材が採用されることもしばしばあり、有力な人材採用手段となっている。

特徴の二点目は、中国に事業を展開していることである。調査当時、五四社中四三社が中国に拠点を持っていた。その拠点は多くが資本関係のある関連会社であり、より労働集約度の高い開発の下流工程を担っている。日本本社は顧客とのインターフェイス、開発の主体は中国、という分担がなされており、それは中国現地関連会社の従業員規模が日本の本社よりも大きくなる点にも表れている。

中国の事業拠点の立地は大都市に集中している。もっとも多かった都市は北京（二四社）である。北京に立地する利点としては、大学や研究機関が多く政策的支援もあって知識集約産業が発展しており、ソフトウェアの専門技術者が豊富にプールされていることなどが考えられる。次に多かった上海（一七社）は、IT産業のソフトとハードの生産拠点であると同時に、国際感覚を持つ人材が多く集まっていることが魅力となっている。一方で、中国での拠点の立地については、企業家の経歴との関連も無視できない。北京や上海などの大都市は、経営者の出身都市や卒業大学の所在地である場合が多く、土地勘があることや家族が住んでいることを立地選択の理由に挙げる企業家も多かった。また、出身大学の卒業生を現地拠点で採用したり、同窓生の企業と合弁したりする事例がみられた。

第5節　まとめ

本章では、留学生の多さという特色に着目して、中国人ビジネスについて論じてきた。なかでも第4節で取り上げたソフトウェア産業は、もっとも高度な人的資本を要する事業の一つである。ソフトウェアで起業した企業家は、資本蓄積に有利な経歴と堪能な日本語能力を有するとともに、ビジネスのアイデアとそれを実現する技術や知識、経営者としての人望や意志の強さといった人的資本を備えていた。加えて、上海や北京といった出身地における大学時代の同窓会組織などの社会関係資本は、中国での事業拠点の設立・情報収集に有効に作用していた。

日本で中国人の従業員を採用する際、中国の出身大学のネットワークというエスニックな社会関係資本が活用されることもあった。一方、起業前に勤務していた日本企業の同僚や取引先との人的ネットワークを通じて、新規企業の最初の取引相手を獲得している事実があった。これは非エスニックな社会関係資本である。筆者が調査した限りでは、日本で新たに蓄積した社会関係資本は、同胞よりも日本人との間で築かれる方が多いように見受けられた。これは、留学生・社会人として日本に包摂される度合の高さを示すともいえる。

機会構造をみると、低コストでソフトウェアを開発したいという強力なニーズが、日本の情報サービス市場には存在する。ニューカマー中国人企業家は、人的資本と社会関係資本の双方を駆使しながら機会構造をうまくとらえ、トランスナショナルなビジネスを展開することで日本のソフトウェア市場において、一定の地位を獲得したのである。日本人が経営のトップに座る大手企業では、文化的相違に伴うコミュニケーションのコストが高くなりすぎて、トランスナショナルなビジネスの展開には困難を伴うこともある。それに対して、日本企業の慣行も熟知し中国とのコミュニケーションギャップもない中国人企業家は、そうした壁を容易に乗り越えることができる。

ただし、人口規模の拡大やそれに伴う集団内部での異質性の増大により、国籍集団としての企業家精神は弱まっているのかもしれない。具体的には、前述のように日本で一般企業に就職したまま企業家とならない社会人が増加している。他方では、日本よりもむしろ中国でのビジネスチャンスが大きいという判断のもと、ビジネスを志す人たちは中国に帰国して起業することも有力な選択肢になっている現状がある。

また、日本での中国人企業家同士の社会関係資本の構築という点では、今後の組織化の動きが注目される。第3節でみたように、一九九〇年代後半から中国人企業家による各種団体の設立が続いているが、まだ発展の初期段階にあると思われる。ビジネス・コミュニティによる支援・互助の制度が十分に発達していなかったために、これまで企業家は、エスニシティによる資源ではなく、階級資源に依存して事業を行ってきたと考えることもできよう。今後日本でもシリコンバレーのように、ビジネス・コミュニティとして成熟したエスニック・コミュニティが登場し、その互助組織や業界団体によってベンチャー企業を支援する仕組みが充実していけば、企業家のエスニシティによる資源への依存が高まるかもしれない。

注

（1）「出入国管理及び難民認定法」の改正により、二〇一〇年七月一日以降、「就学」は廃止され「留学」に一本化された。

（2）今回の調査回答者は、中国の重点大学を卒業後、日本の国立大学の大学院に留学する場合が多く、中国人留学生全体の中でも高学歴な人材が多いと思われる。

（3）帰国をやめて日本での就職を選んだ理由に、天安門事件を挙げている経営者もいる。
（4）大学卒業者は五年間、大学院卒業者は七年間、卒業後の出国が不可能になった。
（5）五年以上の勤務経験、一定の外国語力、さらに政治的な面についても条件を提示した。翌年より公安部が私的理由による出国者に対して政治的審査を強化した。
（6）中国では優秀な学生は理系に進学するというが、その中でももっとも優秀な学生たちがコンピュータ関連学科を目指すと言われる（ヒアリング調査より）。
（7）主要重点大学の多くで日本校友会が設立されている。北京大学日本校友会、清華大学日本校友会、復旦大学日本校友会、中国科学技術大学日本校友会、北京工業大学校友会、東北大学日本同窓会、上海交通大学日本校友会、日本浙江大学校友会、など。
（8）情報サービス産業協会（二〇〇二）は、海外アウトソーシングの活用における深刻な問題点について質問している。企業の回答として多かったのは「意思疎通が大変」「外注する業務の切り出しが困難」「品質維持が困難」等であった。
（9）アンケート発送五四社、回答一六社、有効回答一二社。なお、調査当時の業界規模は、ヒアリング調査より首都圏に一〇〇〜二〇〇社と思われる。ただし、その中で確実に活動している企業は六〇社程度という指摘もあった。ヒアリングは、アンケート回答企業から六社、それ以外で一五社、ソフトウェア以外一社、中国人企業団体一件に対して実施した。
（10）ソフトウェア業、情報処理サービス、インターネットに関する事業を行っている企業。
（11）ソフト系ＩＴ産業は、商業、業務、居住、交通等の都市機能が集積する中心市街地に集まるという特性が表れている（国土交通省 二〇〇一：二一）。

文献

Chin, K.-S., I.-J. Yooh and D. Smith, 1996, "Immigrant Small Business and International Economic Linkage: A Case of the Korean Wig Business in Los Angeles, 1968–1977," *International Migration Review*, 30(2): 485–510.

段躍中、二〇〇三、『現代中国人の日本留学』明石書店。

遠藤誉、二〇〇一、『中国がシリコンバレーとつながるとき——中国発出全球人材信息網』日経ＢＰ社。

Evans, M. D. R., 1989, "Immigrant Entrepreneurship: Effects of Ethnic Market Size and Isolated Labor Pool," American Sociological Review, 54(6): 950–962.

生駒シービー・リチャードエリス株式会社、二〇〇一、『オフィスマーケットレポート　二〇〇一年一月二六日』。

伊藤泰郎、一九九五、「関東圏における新華僑のエスニック・ビジネス」『日本都市社会学会年報』一三号：五―二一。

江衛・山下清海、二〇〇五、「公共住宅団地における華人ニューカマーズの集住化——埼玉県川口芝園団地の事例」『人文地理学研究』二九号：三三―五八。

情報サービス産業協会国際委員会・日本パーソナルコンピュータソフトウェア協会市場調査委員会、二〇〇二、『情報サービス産業における海外取引および外国人就労等の実態調査』。

上林千恵子、二〇〇一、「外国人研修・技能実習制度と中小企業」ＮＩＲＡ・シティズンシップ研究会編著『多文化社会の選択』日本経済評論社。

――――、二〇〇二、「外国人ＩＴ労働者の受け入れと情報産業」駒井洋監修・編著『国際化のなかの移民政策の課題』明石書店。

小林倫子、二〇〇九、「中国人企業家によるソフトウェア事業の展開」松原宏編著『立地調整の経済地理学』原書房。

国土交通省国土計画局大都市圏計画課、二〇〇一、『ソフト系ＩＴ産業の実態調査報告書』。

民間都市開発推進機構、二〇〇一、『東京主要五区におけるオフィスマーケット構造調査報告書』。

日本労働研究機構、一九九八、『外国人留学生受け入れの実態と課題――支援機関・留学生・企業ヒアリング調査結果報告』。

岡益巳・深田博己、一九九五、『中国人留学生と日本』白帝社。

大曲由起子・髙谷幸・鍛治致・稲葉奈々子・樋口直人、二〇一一、「在日外国人の仕事――二〇〇〇年国勢調査データの分析から」『茨城大学地域総合研究所年報』四四号：二七―四二。

総務庁統計局、一九九九、『平成七年国勢調査報告　第九巻　外国人に関する特別集計結果』。

総務省統計局、二〇〇四、『平成一二年国勢調査報告　第八巻　外国人に関する特別集計結果』。

――――、二〇〇八、『平成一七年国勢調査報告　第七巻　外国人に関する特別集計結果』。

田嶋淳子、二〇〇九、「中国系移住者の移住プロセスとボランタリー・アソシエーション」『社会志林』五五巻四号：一一三―一三七。

坪谷美欧子、二〇〇〇、「職場から地域へ――ニューカマー中国人の参加意識」宮島喬編『外国人市民と政治参加』有信堂高文社。

内田直作、一九四九、『日本華僑社会の研究』同文館。

――――・塩脇幸四郎編、一九五〇、『留日華僑経済分析』河出書房。

薬進、一九九〇、「在日中国人留学生の推移と現状」『季刊中国研究』一八号：五九―七〇。

朱偉徳、二〇〇〇、「華人社会のベンチャー起業力調査――アンケート結果報告書」早稲田大学アジア太平洋研究科修士論文。

第3章　ブラジル人
――揺れ動くエスニック・ビジネス

片岡博美

第1節　日本におけるブラジル人

（1）日本におけるブラジル人の増加

一九九〇年の「出入国管理及び難民認定法」（以下「入管法」と表記）の改正により、あらゆる職種への就労が可能な「定住者」という在留資格が新設された。ブラジルから日本への出稼ぎは、一九八〇年代前半から、日本国籍を維持している日系移民一世を中心に行われていたが、入管法改正後は、日系三世までの日系人及びその家族が、「定住者」や「日本人の配偶者等」などの在留資格により、多く日本に居住し就労するようになった。

図3-1は、一九八九年からの国内のブラジルならびにペルー国籍登録者数の推移を示したものである。一九九八年に若干の減少がみられるものの、二〇〇七年にかけて、国内のブラジル国籍登録者数は増加し続けてきた。ところが、二〇〇八年のリーマン・ショック以降、就業機会の急激な減少に伴いブ

図３－１　日本における外国人登録者数の推移（ブラジル・ペルー）

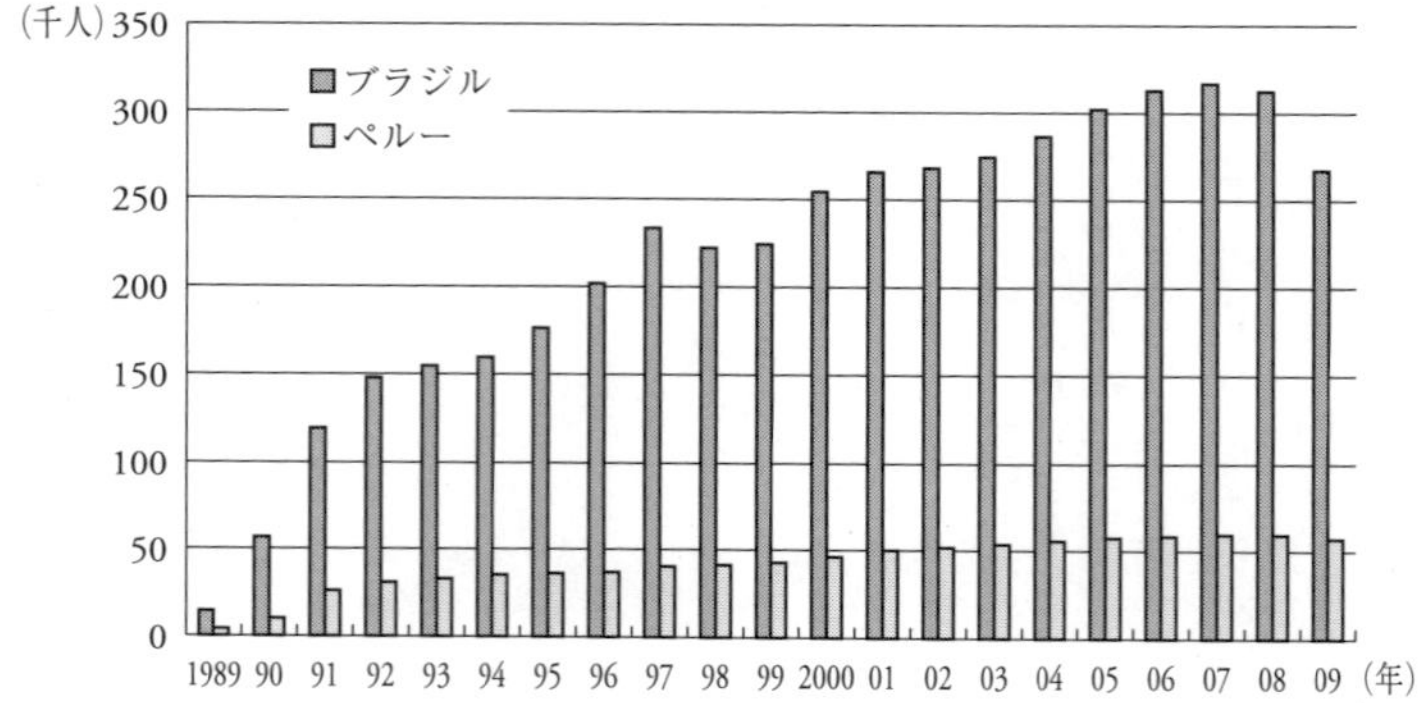

出典：入管協会『在留外国人統計』（各年版）より作成。

ラジルへの帰国者が増加した。二〇〇五年以降三〇万人を超えていた国内のブラジル国籍登録者数は、二〇〇九年一二月末現在二六万七四五六人に減少し、中でもおもな「集住地域」とされる静岡県浜松市や愛知県豊橋市における減少はいちじるしい。

（2）日本におけるブラジル人の就業

国内のブラジル人[1]の就業は三つの大きな特徴を持つ。①他のエスニック集団と比較して労働参加率がぬきんでて高い。②製造業の労務作業者に集中している。③日本での就労を斡旋するブローカー、旅行会社、業務請負・人材派遣業が関与する移動形態をとる者が多く、労働市場の下部構造に取り込まれることが多い。

入管法が改正されて二〇年以上が経過した。この間、在日ブラジル人の中では、日本で確固たる生活基盤を築く層や、専門職に就業する層が現れるなど、階層分化が進みつつある（梶田他 二〇〇五）。だが、在日ブラジル人の大多数は、労働市場の下部から脱出できていない。二〇〇八年以降の帰国者の多さは、ブラジル人の多くが経済状況悪化の影響を直接受ける位置にあることを反映している。そうしたブラジル人にとって、自営業への道は不安定な経済的・社会的構造からの退出手段ともなりうる。また、国内のブラジル国籍登録者数は、中国籍、韓国・朝鮮籍に次いで第三位となっており、数の上からみる限りその市場規模は大きい。ブラジル人の滞在の長期化や家族滞在の増加などにより、ブラジル人市場はエスニック・ビジネスを生み出すのに充分な「臨界量」（Waldinger et al. 2006：108）に達している。在留資格上、自営業に従事することへの制限もない。家族滞在が多いため、家族での起業も可能である。こうした点からみる限り、ブラジル人が自営業へ向かう道は比較的整っているかのようである。にもかかわらず、ブラジル人の自営業比率は他の集団と比較して非常に低く、そこには何らかの制約があることが予測される。次節以降では、ブラジル人がエスニック・ビジネスに進出する際に必要な条件や、エスニック・ビジネスを取り巻く諸構造の分析から、自営業従事比率の低さの要因を解明したい。

第2節　ブラジル人のエスニック・ビジネス

(1) エスニック・ビジネスの成立と地域

来日したブラジル人の家族構成をみると、入管法改正当初は男性の単身での出稼ぎという形態が多かった。しかし、一九九〇年代の景気悪化に伴い収入が減少し、貯蓄が当初想定したように進まないことなどから、日本での就労期間を延長し家族を呼び寄せる者も多くなった。このような滞日期間の長期化や滞在形態の変化は、ブラジル人関連の需要を生み出し、日本国内におけるブラジル人の自営業進出への大きな誘因となった。

ブラジル人が多く居住する地域では、工場労働者として働いて得た貯蓄を資本とし、ブラジル料理店や食品・雑貨店などを開業する者もみられるようになった。ロー（Lo 2006: 91）は、同じエスニック集団によるビジネスでも、居住する自治体ごとに集団内の自営業者割合が違うことを指摘したが、国内のブラジル人のエスニック・ビジネスの成立や発展にも、地域的な差異がみられる(2)。群馬県大泉町では、ブラジル人向けの大きなショッピングセンターである「ブラジリアン・プラザ」を核とした「ブラジリアン・タウン」とも呼べるエスニック・ビジネスの集積がみられる。このショッピングセンターは、日本人経営者とブラジル人経営者の共同出資により一九九六年に開設された。大泉町では、一九九二年にブラジル人向けのビジネスを行う日本人経営者とブラジル人経営者が共同で商業組合を結成するなど、日本人との連携により社会関係資本が構築され、エスニック・ビジネスの成立を補完している。エスニック・ビジネスは、それが受入先の地域社会の中に立地している限り、当該エスニック集団だけで完結しているものではない。もちろん当該エスニック集団に端を発するものの、その成立や発展状況は、当該集団の人口や密度、その地域の集団成員が持つ人的資本や社会関係資本、それらの資本を形づくる機会構造、受入先地域社会との関係などの変数により大きく左右される。ここでは国内の市町村の中でもっとも多くのブラジル人が住む静岡県浜松市の事例(3)をもとに、地方工業都市という文脈の中でエスニック・ビジネスがいかに展開してきたのかをみていきたい。

表3-1　在日ブラジル人によるエスニック・ビジネスの類型

		ビジネスの顧客	
		同胞	それ以外
提供する財・サービスの種類	エスニック財	**＜エスニック市場のコア＞** ブラジル食品・雑貨店 ブラジル料理店 ピザ屋・カフェ ブラジル食品製造 エスニック・メディア 電話カード販売 ブティック	**＜エスニック・ニッチ＞** プロモーション・ビジネス
	非エスニック財	**＜言語的障壁にもとづく市場＞** 旅行会社 インターネットカフェ パソコン店 美容院・エステ 不動産仲介 自動車販売・修理 広告代理店 各種学校・各種教室	**＜移民企業ニッチ＞** 電気工事（鶴見区） （人材派遣業）

（2）浜松市におけるエスニック・ビジネスの成立

ブラジル人のエスニック・ビジネスを、「エスニック財」「非エスニック財」といった扱われる財の性格、ならびに対象顧客を指標として分類したものが表3-1である。

浜松市におけるエスニック・ビジネスの萌芽は、一九九〇年の入管法改正直後、日本人経営の酒販店がブラジルの食料品を販売するようになったことにみることができる。これ以前は、後続の出稼ぎ者に食品や雑貨などのブラジル製品を持って来てもらうことが一般的であった。この時期のブラジル人は単身男性労働者が多く、ほとんどが就業先が指定する寮や社宅に住んでいた。酒販店を契機としたエスニック・ビジネスの萌芽は、このような単身男性労働者による出稼ぎ形態を反映したものとなっている。その後、一九九一年にはブラジル料理店が開業するなど、〈エスニック市場のコア〉を中心としてエスニック・ビジネスが成立した。

一九九二年以降、浜松市のブラジル人は、景気悪化による収入減少を補うための就労延長とそれに伴う家族滞在の段階へと移行する。家族滞在の増加によりブラジル人の居住環境は向上し、自炊する機会も増加した。そのため、ブラジル食品に対する需要は急増し、購買先も酒販店から食料品店へと移行する。

一九九一年から九四年にかけては、浜松市のエスニック・ビジネスの成立期にあたる。この時期のエスニック・ビジネスは、旅行会社を除くと〈エスニック市場のコア〉の飲食店や食品・雑貨店など同胞市場のみを対象としていた。一件あたりの開業時資本金の平均額が三〇〇~四〇〇万円、平均従業者数は五人以下、平均事業所面積は二〇〇平方メートル以下と、小規模である。しかしながら、これらのビジネスは財・サービスの提供以外に、居住や就労をはじめとした各種情報が集積し、通訳等の多様なサービスが提供され、ブラジル人同士のコミュニケーションが行われる多機能な場所であった。なお、この時期の事業所は市内中心部への立地が多い。当時は国内他地域でのエスニック・ビジネスも少なかったため、これらは小規模ながらも、その交通利便性から、市外・県外など広域に居住するブラジル人を集客する商圏の広いビジネスとなっていた。

(3) エスニック・ビジネスの拡大

その後一九九五年から九九年にかけて、浜松市のエスニック・ビジネスは拡大期を迎え、その商圏は空間的にも社会的にも拡大した。この時期、浜松市のブラジル国籍登録者数は大幅に増加し、一九九八年には一万人を超え、周辺市町村を含めた都市圏全域のブラジル人は二万人に達した。一九九七～九八年における開業時の平均資本金額は七五〇〇万円を超え、平均従業者数は一五人前後、平均事業所面積も四〇〇平方メートルを超えた。事業所数や業種も急増し、食品・雑貨店のほか新聞社、銀行、学校、食品製造業、自動車販売・修理業や美容院などが加わり、エスニック・ビジネス全体の機能的な分化が進んだ。また、輸入会社、自動車販売・修理業、衣料・雑貨店といった大規模な事業所や、ブラジル人の郊外居住の増加を反映した小規模な事業所など、郊外への立地も進んだ。

また、この時期には食品店や飲食店を中心に、日本語チラシの配布など日本人市場への進出に向けた取り組みが広く行われるようになる。また、市外ブラジル人顧客の積極的な集客を図る事業所は、ブラジル人の自家用車保有率の上昇を受け、市内中心部のみならず郊外でも増加した。なお、この時期には、ブラジル人の家族滞在形態の増加に伴い、受入国における言語能力が低い者が顧客となりやすい〈言語的障壁にもとづく市場〉の「同胞向け非エスニック財」の市場が拡大する。そのため〈言語的障壁にもとづく市場〉を中心に、日本語能力が低い起業家がビジネスに参入する機会も増加した。このようなエスニック・ビジネスを中心としたインフラの拡充は、ブラジル人の浜松市への一層の流入を促し、開業目的で浜松市に流入する者も増加した。一九九九年以降は、法律事務所やイベント会社、広告会社といった高次のサービスを行うビジネスも出現し、これら業種の拡大に伴い、エスニック・ビジネスの機能的分化が進展した。その結果、成立期のビジネスで散見された、多様なサービスを行う「何でも屋」的性格はかなり薄れた。

（4）「揺れ動く」エスニック・ビジネス

二〇〇〇年代に入ると、浜松市におけるエスニック・ビジネスは淘汰・転換期を迎える。ブラジル人の中では、永住希望者が増加する一方、長期化する不況の中で帰国者も現れるようになり、二極化が進んだ。浜松市のエスニック・ビジネスでは、閉店する事業所が増加し、新規の開業数も減少した。開業事業所の規模は縮小し、また業種数の急激な増加もみとめられない。エスニック・ビジネスにおける機能的分化は完了し、地域における競合が激しくなった。

一方、この時期に成立・展開をみせるのが、サッカーやサンバ、ボサノバといったブラジル文化を「エスニック財」とみなし、それらスポーツ・文化関係者を地域のイベントに招聘・参加させるプロモーション・ビジネスである[4]。このビジネスは今後〈エスニック・ニッチ〉を生み出す可能性を秘めているが、〈エスニック・ニッチ〉を形成するに至るまでの需要が生じるかどうかは不明である。また、この時期は、各種専門学校における通信教育の開始や、食品・雑貨店、衣料品店における市外・県外への通信販売の開始など、通信ネットワークを生かした、より広域の顧客吸引に向けた積極的な事業活動も行われるようになった。通信ネットワークを生かした事業展開は、群馬県太田市・大泉町や他地域のエスニック・ビジネスでも広く行われるようになり、地域のエスニック・ビジネス事業所の商圏を空間的に拡大させる一方で、地域内の同胞市場を広域に分散させ、全国的な競合という結果をもたらすこととなった。

このように成立・展開をみせたブラジル人のエスニック・ビジネスであるが、二〇〇八年の経済危機以降、同胞市場が急激に縮小する中、経営者の多くが苦境に立たされることとなった。所得が減少した、あるいは失業したブラジル人の中から、新たにエスニック・ビジネスへの参入を試みる者が出てきたが、思うように売上げを伸ばせず、早々に廃業に追い込まれる者もいる。従来からブラジル人のエスニック・ビジネスは開業から閉業までのサイクルの短さが指摘されてきたが、「数週間前に「オープンするから来て」と言っていた知人の店を訪ねると、もう閉店している（四十代・二世）」など、経済危機以降、このサイクルはますます短くなってきている。

一般に、エスニック・ビジネスの市場はかなり限定されており、受入先の一般市場に進出できないと成長が限界を迎えることは、どのエスニック集団のビジネスでも知られている。浜松市の経営者は「市外ブラジル人顧客の吸引」や「店舗の増設」「日本人顧客の吸引」など今後の事業拡大に向けた積極的な意識を持つ者が多かった。しかし経済危機以降、日本におけるブラジル人ビジネスは、外部市場への進出はおろか同胞市場ですら急激な縮小により、大きく揺らいでいる。日本におけるブラジル人のビジネスは地域に確固たる土台を持たない「はかない」存在なのだろうか。次節以降では、ブラジル人のエスニック・ビジネスを、人的資本や社会関係資本、機会構造といった枠組みから検討する。

第3節　ブラジル人のエスニック・ビジネスを形づくるもの

（1）人的資本

浜松市における調査で、起業の理由として多くみられたのが、「自営業は理想的仕事だから」や「技能や資格を活用したい」であった（図3-2）。自営業に対する指向性は、経営者の前職と大きく関わる。自営業者のブラジルでの前職は、自営業がもっとも多く、事務・営業職がそれに次ぐ（図3-3）。学歴は他のブラジル人労働者と比較してかなり高い。経営者の中には、ブラジルでは弁護士をしていた者が日本ではブティックを経営するなど、まったく別の業種に参入する者もいるが、ブラジルで教育関係の職に就いていた者が日本で学校を開業する、あるいはブラジルでアナウンサーをしていた者が日本で広告会社を経営するなど、出身国での前職と関わりの深い起業を行う者もいる。一方、日本での前職をみると、製造・組立が圧倒的に多い。ブラジルで高い人的資本を蓄積しても、日本では工場労働にしか就けないことは、自営業を志す要因の一つとなる。

図3-2　ビジネスを始めた理由（複数回答）

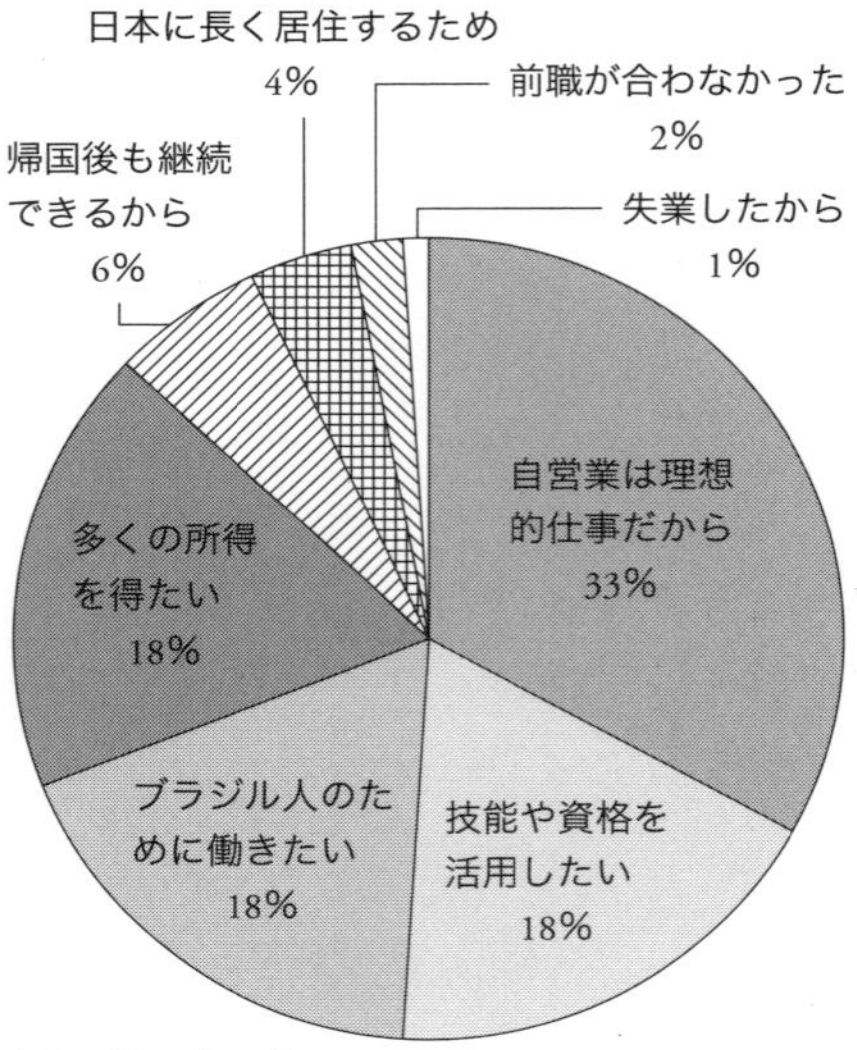

出典：片岡（2004）より。

なお、日本で働きながらビジネスのスキルを学べる職の有無という機会構造は、その後の起業への大きな要因となる（Waldinger et al. 2006: 28）。しかしながら、工場の派遣労働者が圧倒的に多い在日ブラジル人に関しては、少数の事例(5)を除き、そうした機会がほとんどない。日本で人的資本を蓄積できない以上、ビジネスに関するスキルと学歴という二つの人的資本をすでに持っていない限り、日本での起業は難しい。

最後に、日本語能力も重要な人的資本と考えられる。浜松市における経営者の七割以上が、日本語を流暢に操る。一方、浜松市に居住するブラジル人全体の日本語能力をみると、「読み書きともにできる」者は全体の一三%にすぎず（浜松市二〇〇〇）、日本語能力の低さも起業を難しくしている。

図3-3　経営者のブラジルにおける前職

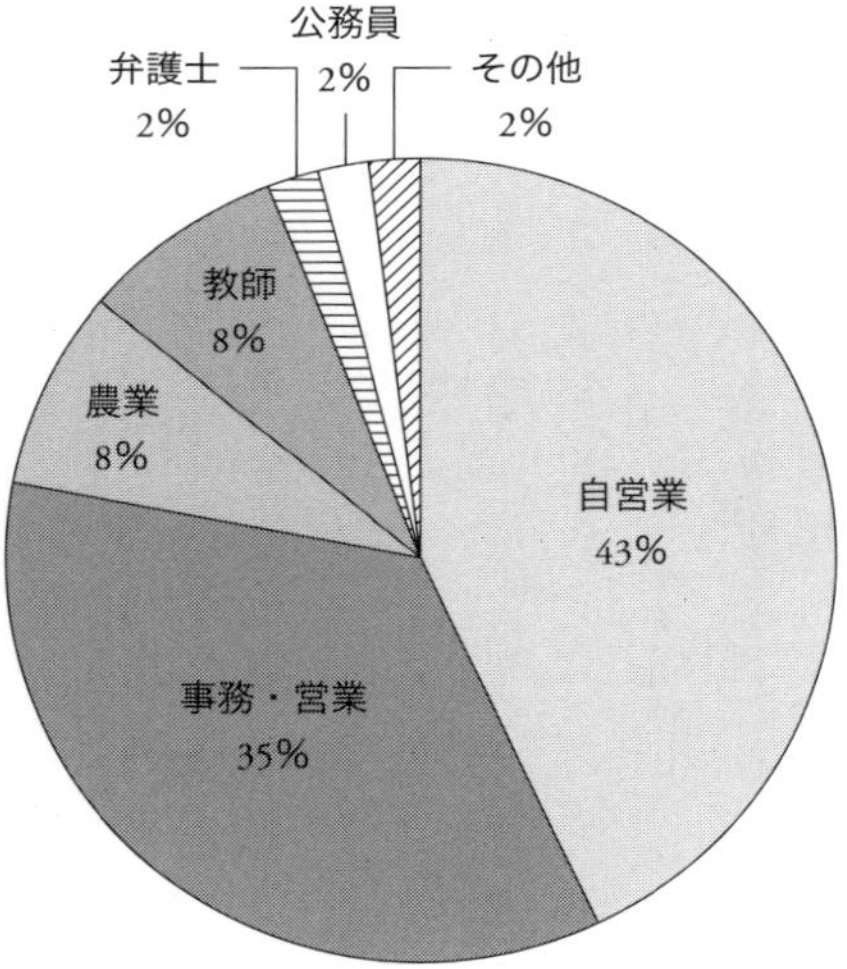

出典：片岡（2004）より。

(2) 社会関係資本

浜松市のブラジル人が起業した際の資本金額は、三〇〇~四〇〇万円未満がもっとも多く四一・六%を占めており、調達方法は八四・六%が自己資金のみとなっている。設立時の資本金の調達を自己資本のみで行う事業所が多い理由として、浜松市では、世界各地のエスニック・ビジネスでみられる金融講がないこと、また銀行は海外送金業務が中心で融資には積極的でないことがあげられる。そのため、経営者は、開業目的で来日するケースを除き、来日当初、工場などで働いた後、自営業へ向かうケースが大半である。

自営業への参入には、家族や親族、知人ネットワークからなる社会関係資本が大きな役割を果たすとされる。梶田ら（二〇〇五）は、おもに日本で知り合ったブラジル人や日本人など「日本で構築されたネットワーク」が社会関係資本になっていることを指摘した。浜松市でも、日本で知り合ったブラジル人に出資を募る、日本人が保証人や資金提供者になるなど、日本で構築したネットワークを生かした調達を行うケースが多くみられた。

これは裏を返せば、ブラジルで蓄積した社会関係資本が、家族以外には生かされないことも意味しており、ブラジル人の起業の制約要因になっていると考えられる。さらに、日本でネットワークを構築できなければ自営業参入が難しいわけでもある。とりわけ日本人とのネットワークは、日本語能力があることが大前提であり、就業を中心とした生活の中では地域の日本人との接点もあまり多くないため、その構築はなかなか難しい。

（3）エスニック・ビジネスを通じた社会関係資本の構築

一事業所あたりの従業者数では、一～五人の事業所が全体の六三・一％と、浜松市のエスニック・ビジネスは比較的小規模である。雇用されるブラジル人側も就業機会の豊富さから、エスニック・ビジネスでの就業よりも、高賃金の工場労働を選択する者が多かった。そのため、アメリカ合衆国のアジア系エスニック・ビジネスでみられるような同胞の雇用創出や職業訓練の場という性格は、浜松市のエスニック・ビジネスに関する限りあまりみとめられない。またエスニック・ビジネス経営者同士の横の繋がりも、強いものではない。浜松市ではブラジル人の増加に伴い、行政やＮＰＯ、市民団体によるさまざまな社会的制度・組織が拡充をみせた。しかしながら、ブラジル人の集団内でのネットワークや相互扶助機能の希薄さ、居住の地理的凝集の弱さなどから、ブラジル人による大きな団体の結成はみられなかった。

その結果、ビジネスの「後続者」を支援する社会関係資本はかなり弱いものとなっている。比較的大きな事業所では、「後続者」を育成する「企業家供給システム」（樋口・高橋 一九九八）がみられることもあるが、後続者自身に人的資本が不足しているケースも多く、起業後に失敗する事例は少なくない。そのため、このシステムがブラジル人のエスニック・ビジネスの発展に強力に作用することは少ない。このように、企業家は多く存在するもののそこに堅固なエスニック・エンクレイブ（Portes & Rumbaut 1996: 20）は形成されておらず、エスニック・ビジネスを通じた社会関係資本が構築されにくいことも、ブラジル人の自営業率の低さを規定している。

第４節　ブラジル人のエスニック・ビジネスを取り巻く機会構造

以上、ブラジル人のエスニック・ビジネスにおける人的資本や社会関係資本についてみてきた。そこで明らかになったのは、在日ブラジル人は人的資本や社会関係資本が形成されにくい居住・就労条件に

図3-4　日本語能力別にみたブラジル店の利用頻度（食料品店）

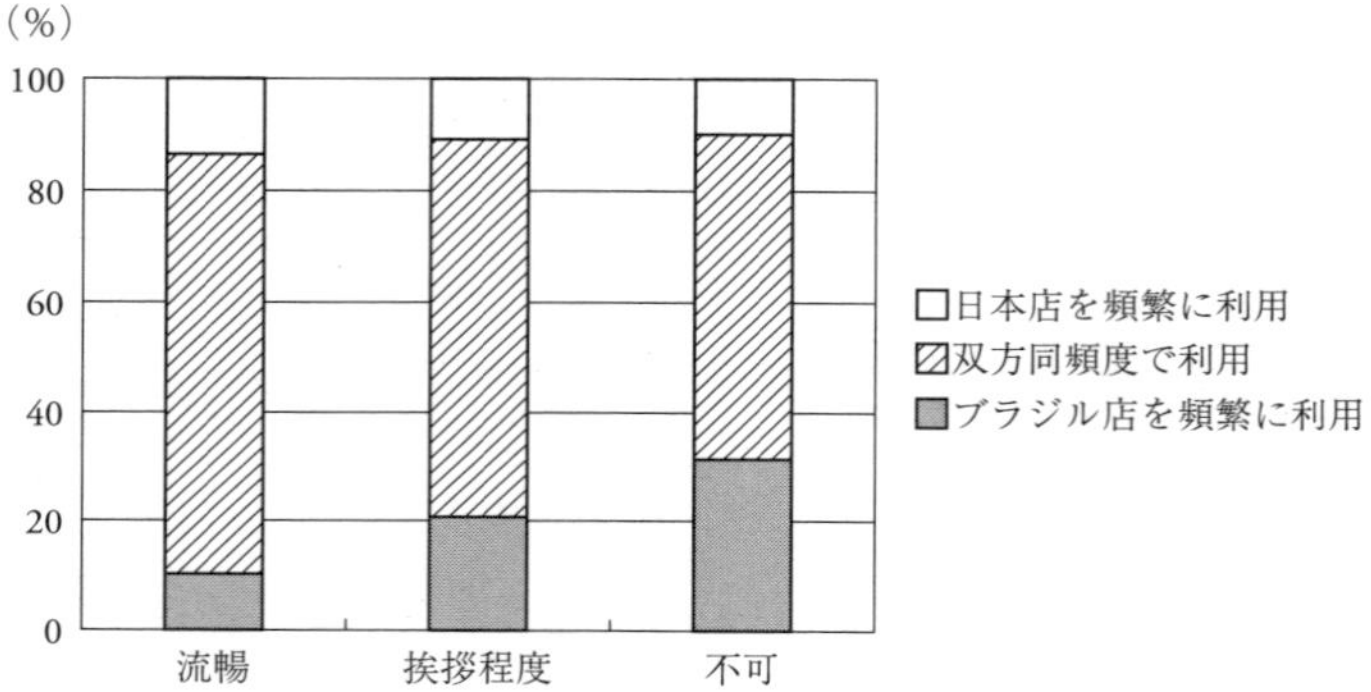

出典：片岡（2005）より。

置かれているということである。日本におけるブラジル人の自営業割合の低さは、人的資本や社会関係資本の少なさとともに、それらを形づくる機会構造の弱さにも起因する。本節では、エスニック・ビジネスを取り巻くもう一つの大きな機会構造である「需要」や「市場の広がり」を検討する。

（1）地域におけるブラジル人の需要

エスニック・ビジネスの立ち上げに際して、もっとも重要な機会構造は、同胞市場における需要である。ここでは浜松市内に居住するブラジル人に対して行ったエスニック・ビジネスの利用状況に関する調査[6]から、その需要をみていく。

エスニック・ビジネスの利用状況は、個々人の適応の程度により異なる。属性別に利用状況を比較する[7]と、日本語が流暢になるに従いすべての業種でブラジル店の利用頻度は減少しており、利用者の日本語能力とブラジル店の利用には強い相関がある（図3-4）。とりわけ〈言語的障壁にもとづく市場〉に分類される美容院と自動車販売・修理業では、日本語ができない者の半数以上がブラジル店を頻繁に利用する。また〈言語的障壁にもとづく市場〉の業種では、滞在年数一年未満の者のうち八〇%以上が、ブラジル店を頻繁に利用している。なお、ブラジル店の美容院を利用する者はブラジル店の衣料品店を利用する傾向がある。これは、肌の色に合った化粧品や靴のサイズなど、利用者の体型・体質の相違や、「ブラジルの流行」への指向性に起因する。そのため、衣料・雑貨、美容院は利用者の滞在年数や日本語能力にかかわらず、一定規模の市場が存続する。

エスニック・ビジネスは、〈言語的障壁にもとづく市場〉を中心に、受入国での言語能力の低い者や滞在期間が短い者に対し、財・サービスを広く提供するという主要な機能を持つ。一方、受入国の言語能力が高い者や長期滞在者に対しても、〈エスニック市場のコア〉を中心に、日本製品で代替不可能な「エスニック財」を提供する、あるいはエスニックな選好の強い者や日本製品が合わない者に財・サービスを提供するという重要な機能を果たしている。

しかしながら、百円ショップや格安衣料品店などの出現により日本店の商品の低価格化が進んでいる。また、日本の食料品店や飲食店、衣料・雑貨店は、日本語能力のない者や日本にまだ馴染んでいない者にも比較的利用しやすい。そのため、日本語ができない者でもブラジル店と日本店を使い分けているというのが実態である。図3-5をみると、〈言語的障壁にもとづく市場〉の業種では、日本店を頻繁に利用する者とブラジル店を頻繁に利用する者にほぼ二分化されるが、〈エスニック市場のコア〉の業種では、ブラジル店を頻繁に利用する者は二〇%以下となっており、日本店との使い分けが多くなされている。浜松市と周辺地域では、郊外に大型スーパーが出店し、小規模ながらブラジル食品等の販売も開始している。ブラジル人の中には夜勤を行う者も多く、買物をする時間の上でも、ブラジル店と深夜営業

図3-5　おもな業種別にみたブラジル店の利用頻度

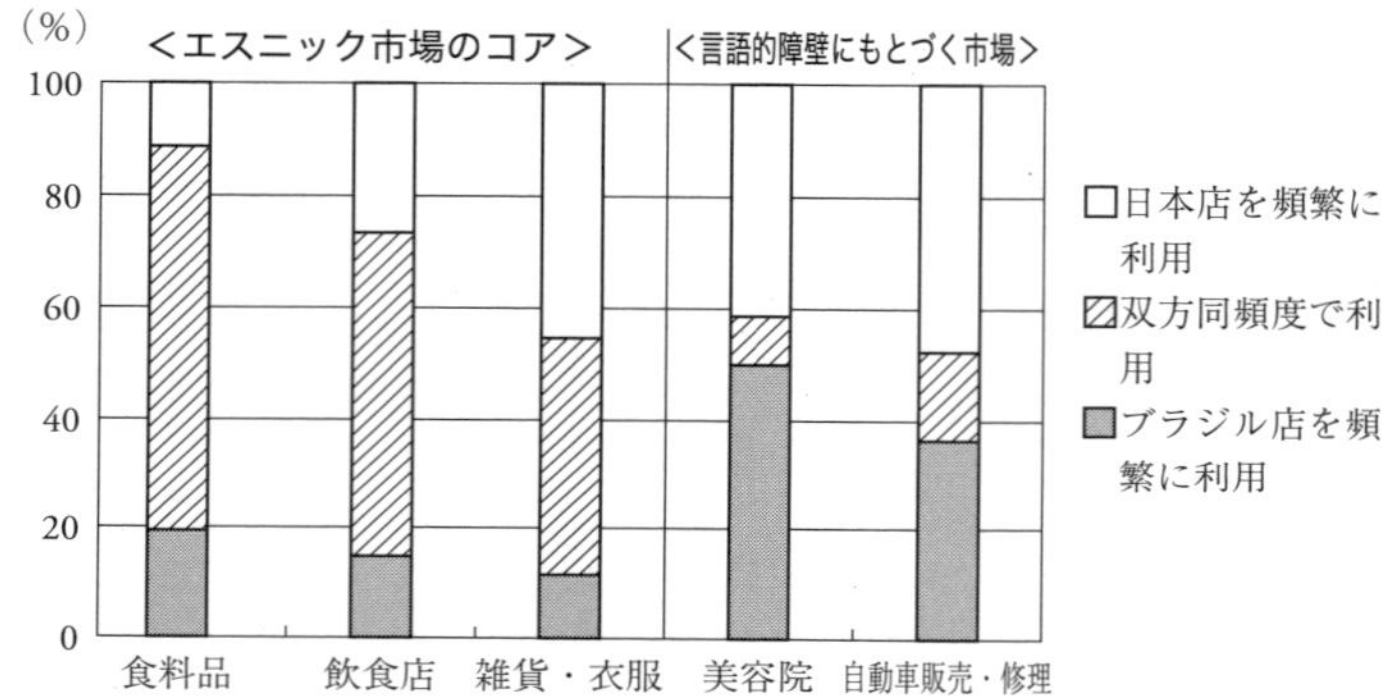

出典：片岡（2005）より。

の日本店が使い分けられる。なお、ブラジル店の一カ月の平均利用回数は、食料品店が五・三回、飲食店が三・八回、衣料・雑貨店が二・五回とさほど多くはなく、また一カ月の食料品購買額をみても、七割以上の者が、日本店での購買額がブラジル店でのそれを上回るとした。このように需要という点からみると、ブラジル店が持つ同胞市場は人数の割に小さい。

図3-6は浜松市におけるブラジル人の生活活動日誌[8]の休日分を抜粋したものである。滞在年数や日本語能力にかかわらず、日常生活の中では、ブラジル店（太枠部分）に属する時間・空間は非常に少ない。浜松市におけるブラジル人の生活は、エスニック・ビジネスを中心とした閉ざされたコミュニティ内での生活ではなく、日本店であるファミリーレストランでの食事や大型スーパーでの買物、パチンコやカラオケ、駅前の商業ビルでのウインドーショッピング、スポーツクラブの利用など、財・サービスの入手という部分では受入先地域の諸機能を使いこなす「消費部分に限定された」同化がかなり進んだ生活なのである。もちろん、エスニック・ビジネ

図3-6　滞日ブラジル人の生活活動日誌（抜粋）・休日分

	1	2	3	4	5	6	7
	20代男性 6年・車なし	40代女性 12年・車なし	20代男性 9年・車あり	20代女性 7年・車あり	30代男性 16年・車あり	30代女性 6年・車あり	30代男性 4年・車あり
		起床					
8:00		朝食					
					起床	起床	
9:00	起床	掃除		起床		家族と朝食	
	朝食			朝食			
10:00	家族と買物	買物（イトーヨーカドー）	起床	エアロビクス	朝食	買物（ジャスコ）	起床
			家族と朝食				家族と朝食
11:00							家族と買物（格安スーパー）
			掃除	エアロビクス終了			
12:00	昼食	TV & 本を読む	家族と買物（スーパー）	買物（スーパー）		家族と昼食	
13:00	ビデオ			家族と昼食	昼食	家族と公園	昼食
			家族と昼食	洗濯			
14:00	パチンコ			家族と買物（しまむら）	買物		家族と TV を見る
					帰宅		
15:00	レンタルビデオ		子どもと買物（マックスバリュー）	帰宅	買物（ジャスコ）		家族と湖に行く（釣り）
	床屋			掃除			
16:00	ビデオを見る			子どもと公園に行く			
17:00			帰宅	帰宅			
18:00			風呂	家族と買物（マックスバリュー）			
19:00	家族と夕食	夕食準備	家族と夕食	帰宅	友達と夕食（回転ずし）		家族と夕食
20:00	インターネット	家族と夕食	家族とカラオケ	夕食準備		家族と夕食	
				家族と夕食			
21:00		家族と TV を見る		TV を見る	帰宅		
22:00			帰宅	就寝	就寝	就寝	
23:00	就寝	就寝	TV を見る				就寝
24:00			就寝				

出典：筆者調査による。

注）▒▒部分は外出行動を表す。

スには、財・サービスの提供以外の文化的・社会的機能があり、財・サービスに対する直接的な需要のみからその重要性を論じることはできない。しかし、これら日本店との競合は、浜松市におけるブラジル人のエスニック・ビジネスが拡大発展しない大きな要因となっている。

受入先地域社会における「消費部分に限定された」同化の進展は、ブラジル店の「同胞ネットワークの中心」という社会的機能も低下させつつある。「昔はブラジルレストランに来ても、本当に楽しかった。知らない人でも「（ブラジルの）どこから来たの？」とかすぐ話が始まった。でも今はみんな話もしない（四十代・二世）」といった語りにみられるように。

（2）複雑なアイデンティティと変わりゆく世代

ブラジルにおける日系社会はその堅固な繋がりの中、日本の習慣を一九六〇年代初頭まで維持していた。近年、ブラジルでは日系人の世代構成が移行し、若い世代を中心に急速なブラジル化が進み、来日する日系人も、血統や民族的出自という「公式的なエスニシティ」と日常生活での言語や生活習慣という「非公式的なエスニシティ」との「大きな乖離」が指摘される（Brubaker 1998；梶田他 二〇〇五）。その一方、「ブラジル日系人の旧世代は、日本食をよく食べる。ブラジル飲食店に対する特に深い思い入れはない（五十代・二世）」といったように、日本における一世・二世の日系人は、その移動過程や歴史的背景により複雑な生活文化やアイデンティティを持つ者も多い。そのため、ブラジル店を「必要」とする者は、十代では九二・九％（四世では九四・一％）と高い割合を示す一方、五十代では五六・一％（二世では五〇・〇％）と旧世代や中高年になるとその割合は減少する。

また、ブラジル店は、「母国との繋がりを強く意識させられる特別な場所」としながらも、「店員の態度が悪く、ほとんどが暗い顔をしている。その点で、母国の店とはまったく雰囲気が違う（五十代・二世）」「ブラジル店は、とにかく狭い。ブラジル製品がたくさんあるので、ブラジルとの繋がりを意識する場所ではあるが、ブラジルの雰囲気という点では、母国と似ているとはいえない（三十代・二世）」など、否定的に受けとめられることもある。ブラジル店は母国の生活をシンボリックに表象する「特別な場所」であっても、母国の店の雰囲気をそのまま味わうことができる場所では決してないし、日本における母国やエスニック集団の位置付けがネガティブに表出される場所ともなっているのである。また、「日系人なので、ブラジル人・日本人などと区別されたくない。だからブラジル店は全く必要ない！（数が）減ってほしい（十代・三世）」という思いを持つ者も少なからずいる。ブラジル店の今後については、五五・〇％が「増えてほしい」とした一方で、三七・五％が「これぐらいでよい」としている。

近年、受入国における滞在長期化により、日本で生まれ育ち、日本の学校に通う者も増加している。市内の公立中学校に通う子どもを持つ親は、「子どもは、特に通学途中、日本人の友達と一緒の時は、ブラジル店には決して近づかない。理由を聞くと、「ブラジル人として差別される」と言う（三十代・二世）」と語る。このように、ブラジル人としてのアイデンティティが可視化される場所でもあるエスニック・ビジネス事業所は、時に、異質性を再認識させられるというネガティブな意味を持つ「特別な場所」ともなるのである。ガレスピー（一九九六）は、移民第二世代の持つ複雑なアイデンティティと消費文化を明らかにしたが、「エスニック財」やエスニシティを表象する空間は、受入国第二世代にとって、時として複雑な意味を帯びる。エスニック・ビジネス研究の中で、受入国第二世代の増加を考慮すべきであることはよく指摘されるが（e.g. Ooka 2007: 229）、日本におけるブラジル人のエスニック・ビジネスを取り巻く機会構造も、今後の世代構成の変化により、また「分節化された同化」（Portes & Bach 1985: 70）の進行により、大きく変わっていくと思われる。

（3）地域における日本人の需要——なぜ日本人市場に進出できないのか？

ブラジル人のエスニック・ビジネスにおいて特徴的であるのが、〈エスニック・ニッチ〉と〈移民企業ニッチ〉に分類される財・サービスが非常に少ないことである。前述したプロモーション・ビジネスや横浜市鶴見区の電気工事業が一部該当するものの、他のエスニック集団と比較すると皆無に等しい。皮肉なことに、日本におけるブラジル人のエスニック・ビジネスの中で〈エスニック・ニッチ〉と〈移民企業ニッチ〉に含まれる最大のものは、ブラジル人労働者を商品とする人材斡旋業者であるともいえる。一方、エスニック・ビジネス経営者の九割近くは日本人の来店を望んでおり、今後の事業の方向性として「日本人顧客の吸引」を考えている者も多い。この日本人顧客の吸引に向けた動きは、銀行やエステティック・サロンといった〈言語的障壁にもとづく市場〉においてもみとめられる。

エスニック・ビジネスは、受入先の地域社会と接点を持ちつつ発展してきた。日本人住民の行う地区の掃除などに参加する事業所は多く、成立期には、近隣住民との摩擦を防ごうと努める事業所も多くみられた。また、エスニック・ビジネスと日本人住民との繋がりは、ブラジルのダンスやポルトガル語などの文化教室や市内で開催されるイベントを通じても形成された(9)。二〇〇二年のサッカーのワールドカップ時には、各種メディアにより全国のブラジル人ビジネスの集積地が広く取り上げられ、浜松市でも地域住民の間で認識が高まる大きな機会となった。このように、地域の中で次第にその存在が明示化されるようになってきたエスニック・ビジネスであるが、成立して十数年が経過するにもかかわらず、日本人市場への進出は遅々として進まない。

エスニック・ビジネスに対する意識や経験[10]についての調査結果をみると、浜松市における日本人住民の九割近くがブラジル店の存在を知っており、ブラジル店の認知度は高い。しかし、受入先の地域社会では、ブラジル人と日本人が日常的に接する機会はあまりない。そのような中、ブラジル店の国旗やポルトガル語の看板といった「ブラジル」を表象する外観は、地域におけるブラジル人の存在が可視化する場所となっている。ブラジル店を実際に利用した経験を持つ日本人住民は二割程度にとどまるが、今後の利用希望をみると、回答者の半数近くが機会があれば利用したいとし、潜在的な需要は存在する。ブラジル店が地域にもたらす影響については、「異文化理解の契機となる」がもっとも多く、次いで「日本人とブラジル人との交流の場となる」となっており、「エスニック財」に対する直接の需要よりも、ブラジル人／文化との接点としての需要が大きいといえる。

利用業種は飲食店がもっとも多く、次いで食品・雑貨店となる。利用のきっかけとしては、ブラジル人の知人から案内されるケースがもっとも多いが、通りがかりに見て、あるいは情報誌を見て利用するケースもある。利用後の感想は、「開放的」「明るい」「異国情緒を味わうことができた」などが多いが、中には「ブラジル人の仲間意識を感じ疎外感を覚えた（三十代・会社員）」「日本人に対してもう少し入りやすい雰囲気があればよい（四十代・主婦）」「日本人や日本語が話せるスタッフが必要（二十代・会社員）」とする意見もあった。これは、浜松市のエスニック・ビジネスにおける雇用のほとんどが同胞だけを対象とした閉じられたものになっていることに起因する。

エスニック・ビジネスが外部市場へ進出する際、もっとも「売り」となるのが〈エスニック市場のコア〉の財・サービスである。しかし、料理や衣料品・雑貨といったブラジルのエスニック財に対する需要は多いとはいえない。また「工場で見かけるブラジル人と、サッカーやサンバなどのブラジル文化の華やかなイメージが結びつかない（四十代・会社員）」と、ブラジル人を取り巻く経済的・社会的構造が一般市場への参入を難しくすることもある。「異文化に接することができる場として日本人向けにもっと存在をアピールしてほしい（三十代・会社員）」「ブラジルのものを売ったりするだけではなく、ブラジル文化を紹介してほしい（三十代・会社員）」「ブラジル店でポルトガル語教室を開いてほしい（六十代・主婦）」など、日本人市場への進出には、何らかの仕掛けや付加価値が必要であるといえる。ただし、一般市場への進出の成否は、受入先の「地域構造」という大きな変数にも左右される。東京都内にあるブラジルレストランは、連日サンバやボサノバのショーを楽しむ日本人でにぎわう。一方、地方工業都市では、そもそも日本人市場の規模が小さいため、その中における「エスニック財」に対する需要は、ごくわずかとなる。このような点では、来日時の着地点が地方工業都市に限られがちであったという、ブラジル人の移動が抱える構図自体に、エスニック・ビジネスの日本人市場進出の困難さが含まれていたといえよう。

ところで、従来ブラジル人のブティックは〈エスニック市場のコア〉に位置し、ブラジルの衣料品や雑貨の提供が中心であったが、二〇〇九年以降は「今までのブラジル店にないビジネスを立ち上げたい。日本人にも来てもらいたい（衣料品店）」と、東南アジアの商品を扱う事業所も出現している。イシ（二〇〇九：六二）は、豊田市におけるブラジル人の衣料品店で、フィリピン人を介した日本人顧客の獲得が行われていることを指摘したが、このような「エスニックな戦略」の枠を超えた日本人市場への進出も、新しい方向性として期待できる。

（4） 脆弱な市場基盤

二〇〇八年の経済危機を受け、ブラジル人のエスニック・ビジネスは大きく翻弄されている。特に二〇一〇年の春以降は、「収益が四分の一までダウンした（食品・雑貨店）」「（経済危機以前は）必ず誰かしら（客が）来たのに、今では全然来ない日もある（美容院）」との声も聞かれるようになった。事業所の中には、従業員に対する給与支払いが遅延するところすらある。また、多額の負債を残したまま帰国する経営者も出てきたことから、金融機関からの新規や追加の融資は難しくなり、貸し剝がしも行われるようになってきたとされる。そのような状況の中、店舗の開業・閉店のサイクルは、さらに短くなっている。ただし、新規の開業数が激減しているわけではなく、収入減を補うため、あるいは自分の持つ何らかの技能を生かすため、小規模なビジネスを開業しては撤退するという道をたどる者は多い。

エスニック・ビジネスは、受入国における階層上昇の経路ととらえられることも多いが、それはあくまでも、一定規模の同胞市場の存在や日本人市場への進出という前提があってのものである。日本におけるブラジル人は、その社会・経済的な構造から、「雇用の調整弁」とも呼べる不安定な労働市場に取り込まれることが多い。「定住化」が進んでいるようにみえるとはいえ、経済状況の悪化に伴う就業機会の喪失は、そのまま受入国における生活基盤の喪失に結びつく。経済危機以降、職を失ったブラジル人の多くが帰国することとなった。また、帰国には至らないものの、収入の減少に遭遇したブラジル人は多く、ブラジル人の同胞市場はかなり縮小した。

経営者は、いざとなれば帰国や工場への再就労という選択肢を持つ。日本人市場への扉もなかなか開かない。さらに、同胞市場は縮小してしまった。そのような意味で、ブラジル人のエスニック・ビジネスは、地域に根付いた例外を除き、不安定な同胞市場という脆弱な基盤しか持たない「はかない」存在であるといえる。

そうした中で二〇〇〇年以降増加をみせた業種として、すし職人教室やマッサージ・エステ教室などの各種教室がある。教室で講習を終えた受講者には修了証が発行され、この修了証は受講者がブラジルへ帰国し新たな就業先を見つける際に使用されることが多い。これらある種の「「帰国」をターゲットとしたビジネス」が成立・発展してきたことは、注目に値する。

第5節　まとめ

以上、日本におけるブラジル人のエスニック・ビジネスとそれらを取り巻く環境について、静岡県浜松市の事例を中心にみてきた。自営業への道は、一般に上昇移動への道筋とされる。ただし現状をみる限り、人的資本や社会関係資本の構築の難しさ、そしてビジネスを取り巻く機会構造の弱さなど、受入先地域社会におけるブラジル人の自営業への参入を阻む要因は多く、ビジネスを取り巻く環境も整っているとは言い難い。調査の中で聞かれた「今まで多くの「起業したい」という人に対してアドバイスや援助を行ってきたが、うまくいかない人もたくさんいた。自分が行ってきた支援は本当に彼らにとって良いことだったのか？　今はもうわからない」というブラジル人経営者の言葉は、印象に残る。

しかし、このような状況の中でも「経営にメリットを感じない」とした浜松市の経営者は皆無であった。経営者が自営業に対して感じるメリットは、出版や自動車修理・販売、経営コンサルタントといった専門的な業種を中心として「自分の能力や技術を生かせるから」がもっとも多く、「地域のブラジル人の役に立っていることを実感できる」がそれに続く。一方、起業時の主目的であったにもかかわらず、「収入が増えた」というメリットをあげる経営者はほとんどいない。浜松市におけるブラジル人のエスニック・ビジネスでは起業が必ずしも経済的な地位の向上には結びつかないことを示している。

ブラジル人経営者の多くは、来日後、いわゆる「単純労働」に従事する。そこでは、母国で得た人的資本が評価されることはほとんどない。そのような中、人的資本を生かすことができ、かつ、受入先地域社会において制約の多い経済的・社会的構造に取り込まれがちな同胞の役に立つことができるエスニック・ビジネスは、非常に魅力的なものとなる。「（顧客から）おいしいブラジル風のパンを食べてみたいと言われて、仕事が終わってから毎日毎日台所で試作した（食品・雑貨店）」など、起業家は同胞のニーズを把握し、それを満たすために、さまざまな努力を行っている。その中で、エスニック・ビジネスは、経済的スケールでは測りえない大きなメリットを起業家に提供しているのである。

日本で堅固なエスニック・エンクレイブが形成されているところはなく、エスニック・ビジネスを通じた社会関係資本の構築は弱い。しかしながら、経営者は、その高い人的資本によりブラジル人コミュニティのリーダーとなるケースも多く、受入先地域との掛け橋として活躍する者もいる。ブラジル店では、教育・医療機会の提供をはじめとした同胞向け援助が行われてきたが、今回の経済危機下でも、採算が取れなくても同胞に低価格で料理を提供する事業所がみられた。またブラジル店は、「ブラジルではそれほど意識しなかったが、浜松に来て、ブラジル店をわざわざ利用することで、ブラジル文化や生活習慣を意識する時も多くなった（四十代・三世）」といったアイデンティティを再確認する、あるいは「ホームシックになった時に利用する（二十代・三世）」場所となることもある。このように、エスニック・ビジネスとそれらが持つさまざまな文化的・社会的機能は、当該エスニック集団全体にとって非常に大きな意味を持つものとなっている。

入管法改正後二〇年以上が経過したにもかかわらず、ブラジル人と日本人との接点は非常に限られたものでしかない。そうした中で、「ブラジル店を利用して、ブラジル人に対する見方が変わった。良い人も悪い人もいることがわかった。以前は漠然と全体的に怖いと思っていたが、そうでもなくなった（二十代・公務員）」といったコメントにみられるように、ブラジル店は「知悉可能性」や「対等な関係」(Brown 1995) を満たす接触が行われる場所としての可能性を持つ。また「郊外の大型店進出に圧されて、ここの商店街はまったくだめ。まわりはシャッターを下ろした店ばかりだが、そこにブラジル店が入るとやはり活気が出てきて嬉しいね…嫌う人はいるかもしれないが、やはり商店街の活性化という点では評価すべきかもしれない（五十代・商店街関係者）」などの意見もみられる。今後は、財・サービスではなく、衰退地区への立地とにぎわいの創出という「場所」や「立地」といった部分での新たなニッチの形成がなされ、受入先地域社会全体に対して大きな意味をもたらす可能性も持つ。

ところで、エスニック・ビジネスを論じる際には、ビジネスが置かれた地域全体の文脈から読み解いていく必要があることは従来から指摘される（Jenkins 1984）。そのような意味では、ブラジル人の、ブラジル店と郊外の日本の大型商業施設との使い分けは、日本の中小小売業にもあてはまる地域全体の課題として語られるべきであろう。あるブティックでは、顧客管理データベースを駆使し、バーゲンや催しのはがきを手づくりで丁寧に作成していた。また別のブティックでは日本人とブラジル人の交流を深めようとティーパーティを企画していた。ある食品店の店員は客に「そのパンは買わないで。もう少し待てば、焼きたてを渡せるからもう五分だけ待って」と言っていた。ある食品・雑貨店では店員が「店長には内緒。これはおまけ。食べて」と棚にある商品を客に渡していた。地域の日本の大型商業施設へ同胞顧客が流れていく中で、ブラジル店は奮闘している。地域の文脈の中で論じられるエスニック・ビジネスは、もしかすると、今後、われわれの周りの小さな商店や商店街の活性化といった点で、一般市場に援用できる新たなビジネスモデルとなりうるのかもしれない。

注

（1）第1節第1項に記したように、一九九〇年の入管法改正以降、国内では日系人およびその家族が増加した。そのため入管法改正以降増加したブラジル人を「日系ブラジル人」と称するケースもあるが、この法改正により定住者ビザが付与された日系人の家族には非日系人も含まれることから、本章ではブラジル出身の日系ブラジル人及びその家族を「ブラジル人」と呼ぶこととする。これらブラジル人の中には日本国籍を保持する日系一世及び二世や日本で生まれたブラジル人の子どもも含める。

（2）ブラジル人のエスニック・ビジネスの成立や発展に関しては、かなりの研究が蓄積されている（イシ 一九九九

五、二〇〇九、広田 二〇〇三、梶田他 二〇〇五など)。

(3) 片岡(二〇〇四)の調査に基づく。調査対象事業所は九〇件で、うちブラジル人経営者の事業所が七〇件、日本人経営者の事業所は一六件、日本人・ブラジル人の共同経営は四件である。なお、二〇〇三年以降開業した事業所に関しては二〇〇九年四月から二〇一一年二月にかけて、一四件に対する追加調査を行った。

(4) イシ(二〇〇九)は「エンターテインメント産業」の事例を紹介している。

(5) 丹野(二〇〇七:五二)は、業務請負業者のリクルーターや通訳から、旅行業や食品・雑貨店の経営者へ転身する事例もあるとし、「ブローカーが経済的階層上昇のためのキャリアパスの一つになっている」ことを指摘している。

(6) 片岡(二〇〇五)の調査による。調査対象者は浜松市内に居住するブラジル人で、アンケート調査では二六六件の回答を得た。追加の聞き取り調査を、市内に居住する四〇人のブラジル人に対して行った。

(7) 本章では便宜上、ブラジル人の事業所を「ブラジル店」、日本人が経営する日本人向けの事業所を「日本店」と記す。

(8) 調査は、二〇〇六年一月から二〇〇七年八月にかけて行った。調査対象者は浜松市内に居住するブラジル人で、八三件の回答を得た。それぞれ平日と休日の行動について「生活活動日誌」に時間・空間的側面から記入してもらい、同時にトリップ調査も行った。

(9) ブラジル人が主催するイベントとしては、「ブラジル・ナタル」や「LUAU」があった。現行のイベントには「クリスマスフェスティバル」などがある。また日本人が開催する中心市街地活性化のためのイベント「浜松サンバフェスティバル「ブラジル・デー」」や「サンバふれあいフェスタ」などでも、エスニック・ビジネスによる屋台出店やサンバパレードが行われる。

(10) このアンケート調査は、二〇〇五年の一月から八月にかけて行った。調査対象者は浜松市に居住する日本人で、計三六五件の回答を得た。エスニック・ビジネスの利用経験を持つ者のうち四二人に関しては、後日補足の聞き取り調査を行った。

文献

Brown, R., 1995, *Prejudice: Its Social Psychology*, Oxford: Blackwell.

Brubaker, W. R., 1998, "Migrations of Ethnic Unmixing in the 'New Europe'," *International Migration Review*, 32: 1047–1065.

ガレスピー、M、一九九六、小川葉子訳、「エスニシティと消費――ロンドンのパンジャブ系第二世代の文化とアイデンティティ」『現代思想』二四巻三号：二二六―二三七。

浜松市、二〇〇〇、『外国人の生活実態意識調査報告書――南米日系人を中心に』浜松市国際課。

樋口直人・高橋幸恵、一九九八、「在日ブラジル出身者のエスニック・ビジネス――企業家供給システムの発展と市場の広がりを中心に」『イベロアメリカ研究』二〇巻一号：一―一五。

広田康生、二〇〇三、『エスニシティと都市　新版』有信堂高文社。

イシ、アンジェロ、一九九五、「「出稼ぎビジネス」の発生と生活環境の変化――食生活・レジャー・メディア等の観点から」渡辺雅子編『共同研究　出稼ぎ日系ブラジル人（上）論文篇・就労と生活』明石書店。

――――、二〇〇九、「ブラジル系エスニック・ビジネスの展開と変容――二〇〇〇年代の動向を中心に」小内透編『講座　トランスナショナルな移動と定住――定住化する在日ブラジル人と地域社会　第一巻　在日ブラジル人の労働と生活』御茶の水書房。

Jenkins, R., 1984, "Ethnic Minorities in Business: A Research Agenda," R. Ward and R. Jenkins eds., *Ethnic Communities in Business:*

Strategies for Economic Survival, Cambridge: Cambridge University Press.
梶田孝道・丹野清人・樋口直人、二〇〇五、『顔の見えない定住化――日系ブラジル人と国家・市場・移民ネットワーク』名古屋大学出版会。
片岡博美、二〇〇四、「浜松市におけるエスニック・ビジネスの成立・展開と地域社会」『経済地理学年報』五〇巻一号：一―二五。
――――、二〇〇五、「エスニック・ビジネスを拠点としたエスニックな連帯の形成――浜松市におけるブラジル人のエスニック・ビジネス利用状況をもとに」『地理学評論』七八巻六号：三八七―四一二。
Lo, L., 2006, "Changing Geography of Toronto's Chinese Ethnic Economy," D. H. Kaplan and W. Li eds., *Landscapes of the Ethnic Economy*, Lanham: Rowman & Littlefield.
中村二朗・内藤久裕・神林龍・川口大司・町北朋洋、二〇〇九、『日本の外国人労働力――経済学からの検証』日本経済新聞出版社。
Ooka, E., 2007, "Going to Malls, Being Chinese? Ethnic Identity among Chinese Youths in Toronto's Ethnic Economy," E. Fong and C. Luk eds., *Chinese Ethnic Business: Global and Local Perspectives*, New York: Routledge.
Portes, A. and R. L. Bach, 1985, *Latin Journey: Cuban and Mexican Immigrants in the United States*, Berkeley: University of California Press.
Portes, A. and R. G. Rumbaut, 1996, *Immigrant America: A Portrait*, 2nd ed., Berkeley: University of California Press.
丹野清人、二〇〇七、『越境する雇用システムと外国人労働者』東京大学出版会。
Waldinger, R., H. Aldrich and R. Ward, 2006, *Ethnic Entrepreneurs: Immigrant Business in Industrial Societies*, Newbury Park: Sage Publications.

間章　エスニック・メディアの担い手たち
——在日ブラジル系メディアビジネスの興亡

アンジェロ・イシ

第1節　起業できなかった者と撤退した者に注目する意義

本章では、日本におけるブラジル系メディアのビジネスとしての側面に注目し、個々の企業家の経験に焦点を置いてエスニック・メディアの現状や将来を考察する。ただし、企業家がいかにビジネスを営んでいるかという物語よりは、エスニック・メディアのビジネスとしての（不）可能性や課題に着目する。とくに重要なのは、それぞれのメディア媒体やその生みの親たちが、在日ブラジル人のメディア界においていかなる位置を占め、いかなる影響を及ぼしてきたかという問題である。

ブラジル人の日本への「デカセギ」移動を加速化させた「出入国管理及び難民認定法」が施行されてから、二〇一〇年で二〇周年を迎えた。ブラジル人によるビジネスとしてのメディアの創成期は、それに少し遅れる九〇年代の前半であったことから、一九九〇年代と二〇〇〇年代を合わせた二〇年間における(1)メディア界の歩みを考察する。この時期の在日ブラジル人のメディア界の「発展」を概観すると同時に、市場からの「撤退」にも着目する。市場が縮小する現在、企業家はなぜ事業から撤退するのかを問うことも、起業のモチベーションを問うのと同等に重要かつ有意義だと思われるからである。

本章のもう一つの特色は、創刊された媒体の紹介や比較にとどまらず、市場への参入を断念したメディア企業や事業者にも注目している点である。これまでも、企業家がこの市場に参入する動機に関する研究はなされてきたが（例：白水 二〇〇四、イシ 一九九六）、「市場参入を断念した者」について言及されたことはない。振り返ってみれば、デカセギ現象の初期段階で在日ブラジル人向けに印刷メディアを発刊する条件をもっとも整えていたのは、ブラジルにおける日系人向けの新聞社だったはずである。メディア作りのノウハウはあるし、東京に支局もあった。

しかし、結果的にメディアを立ち上げたのは、それまでまったく無関係の企業家たちだった。これらの新聞社は、なぜ在日ブラジル人のメディアという市場に参入しなかったのか。こうした問いをもとに、ブラジルの日系新聞社への聞き取りを試みた。次節でこの問いに答えることから出発し、ポルトガル語メディアの黎明期の謎に迫りたい。他方、各メディアのビジネスとしての（不）可能性の考察にあたっては、序章で示された「人的資本」「社会関係資本」など、エスニック・ビジネスを分析する上で有益だと思われる概念を活用する。

なお、本章で用いるデータは、原則として筆者が二〇年間にわたって蓄積したフィールドワークや聞き取り調査に基づいているが、問題意識の形成やインタビュー・データの信頼性を判断する際には、筆者自身が在日ブラジル人向け新聞で編集長（一九九六～九八年）、あるいは雑誌のコラムニスト（二〇〇四年以降）を務めることによって得た内部情報やオフレコ証言が大いに役立っている。ただし、裏付けが不十分な情報、あるいは正確性の確認が困難なデータは用いていない。

第2節　ブラジルの日系紙はなぜ在日ブラジル人のメディア界に参入しなかったのか

デカセギ現象がブーム化した九〇年代前半当時、サンパウロ市の東洋街として名高いリベルダージでは、ブラジル全国で流通する三紙の日系人向けの新聞が発行されていた。『サンパウロ新聞』『日伯毎日新聞』『パウリスタ新聞』の三紙はいずれも八〇年代後半より、積極的に「Uターン現象」について取り上げ、デカセギで渡日した人々については少なからぬ知識と情報を持っていた。三紙とも、東京に支社もしくは特派員を配置していた。デカセギの影響で、各社とも読者を失ったばかりでなく、編集スタッフなど、新聞の製作に関わる人材をも日本に「奪われて」いた。動機の面からも、素養の面からも、デカセギ者向けの新聞発行を考える余地は少なからず存在したと思われる。

デカセギをめぐる事情に精通し、日本の様々な業界とのネットワークを育み、読者の減少に苦しんでいた日系三紙の発行者の間で、日本に渡った人々に向けた姉妹紙を作ろうという発想が生まれなかったのはなぜか。あるいはそういう企画が存在したとすれば、なぜ実現しなかったのか。以下は、こうした点について各社の経営陣に尋ねた結果である。

(1) 新聞発行の具体的な計画が却下された新聞

『サンパウロ新聞』(以下、『サン』)の鈴木雅夫社長(前編集長)は、デカセギがブーム化した九〇年代初頭当時、東京支社で記者を務めていた[2]。彼は、一九九〇年にサンパウロの本社を訪れた際、東京支社発の企画として在日ブラジル人向けの新聞発行を提案した。水本会長とエドゥアルド社長の反応は「面白いが、リスクが大きい」と、否定的であった。鈴木が「リスクは何ですか?」と問いただすと、「第一に、ブラジル人は一般に活字を読まない。日系人は学歴が高いと言われるが、デカセギに行った人たちはあまり学歴が高くない。彼らに向けて新聞を出しても部数が伸びないだろう」と返された。「企業の広告が取れるからなんとかなるだろうと私は主張した。しかし、本社がそれだけの投資をする資金的余裕がなかった」という。「新しいところに投資する(金銭的な)余力がなかった。一〇年前なら、まだ余力はあったのでウチはやっていたと思う」。

鈴木はこの企画の実現に向けて、あらゆる方法を考え徹底的に情報を収集したという。九〇年は、大手国際電話会社(KDD、ITJ、IDC)が在日ブラジル人向けの宣伝合戦を開始した好機であった。『サン』の東京支社はKDD(現KDDI)と組んで*Boletim Informativo*(無料配布のニュースレター)を発行していた。基礎的な生活情報が主な内容で、ポルトガル語、スペイン語および日本語の三カ国語で発行されていた。それゆえ、東京支社はブラジル人を雇用している企業五〇〇社以上のリストも保持していた。本社の援助がなくても、東京支社がブラジル人の編集スタッフを雇って、自前で本格的な新聞を創刊するという選択肢もなかったわけではない。しかし、その計画に対しては、東京支社長も消極的だった。「理由は、ブラジル人のスタッフを東京で抱えても、最終的な新聞のチェックを私や支社長がしなければいけないけれど、私も彼もポルトガル語が全然分からないから、書かれている記事が正しいかどうか、チェックのしようがない。何か問題が起きた時に、責任が取れないから。ポルトガル語のできる信頼できるスタッフもいなかったし」。

『サン』は印刷機を所有しているので、ブラジルで新聞を印刷して日本に郵送するという方法も考えた。しかし、航空便での送料も当時は高額で、ヴァリグ（ブラジル航空）に見積もりを求めたところ、一キロ当たり一〇〇〇円だと言われてあきらめた。

鈴木は絶好の商機を逃したことへの悔いを次のように総括する。「魅力のある話ではあったけれど、踏み切れなかった。（リスクを背負う）勇気がなかった。あの時にやっていれば、絶対に儲かっていたと思う。もったいないことをしたなと…」。

他方、在日ブラジル人向けの新聞発行計画が経営陣に却下された別の理由として、彼はブラジルの日系社会を支配していたデカセギに対する否定的なイメージを挙げる。「日系人の知識層はデカセギ者に対して冷たい感情を抱いていた。なぜ、我々が歯を食いしばってブラジルで頑張っているのに、あなたちは自分のことだけを考えて日本に行ってしまうのかと。なぜその人たちのために新聞など作るのかと問われそうな雰囲気があった。これは三紙に共通していると思うけれど、その冷たい感情がどこかで作用していると思う。そこに、デカセギで貯金を蓄えてブラジルに帰り、どんどん家を建てたりしていたし、それに対する妬みもあったと思う」。

新聞社のトップが日系社会のオピニオン・リーダーによる批判、および読者からの拒否反応を恐れていたという鈴木の証言は、メディアというビジネスの特殊性を考える上で、きわめて重大である。経営者がもっとも避けたかったリスクとは、新聞社を永年にわたって支持してきた読者層、デカセギという選択肢を（必要がないからか、行きたいけれど恥ずかしいからか、あるいは諸事情により行けないからか、理由は何であれ）避けた読者を失うことであった。「デカセギ組」への新聞を発行することによって、たとえ利益が得られたとしても、ビジネスの「本体」を成すブラジル在住の「非デカセギ組」あるいは「反デカセギ組」に見離されてまで、日本で新聞を発行するだけの覚悟はなく、消極的な選択をせざるを得なかったと推察される。

（2）具体的な計画に至らなかった新聞

『日伯毎日新聞』（以下、『日伯』）の九〇年代前半当時の社長はラウル・タカキであった。同紙は九八年に『パウリスタ新聞』と合併し、『ニッケイ新聞』として生まれ変わった。以降、タカキはニッケイ新聞の社長を務める(3)。

タカキによれば、『日伯』では、デカセギ者向けの新聞を発行したいという希望がなかったわけではないが、具体的な計画は上がらなかった。最大の理由は、通常の業務に関わる課題に追われていて、新規事業について考える余裕がなかったからだという。「日本側（日本在住のブラジル系コミュニティの企業）から誰かが我々にパートナーシップを持ちかけてくれれば、チャレンジする余地はあったと思う。我々は拠点がブラジルにあるので、日本のブラジル系コミュニティについては正確な情報を持ち合わせていなかった」。

タカキはブラジルの日系社会でもっとも有名な旅行会社のオーナーでもあり、同社は日本にも支店を設けて、日伯両国を往復する日系人に航空券を販売してきた。したがって、日本のブラジル系コミュニティに関する情報が不足していたわけではないだろう。むしろ、資金力不足が日本進出を断念する主たる理由の一つとして挙げられる。前述した『サン』の鈴木社長によれば、「ウチでさえ、余裕がなかったわけだから、他の二社はますますそんな余裕（デカセギ者向けに新聞を発行する余裕）はなかっただろうし、考えもしなかったかもしれない」。

タカキは資金が豊富な企業からパートナーシップのオファーがあれば検討の余地はあったと証言しているが、次に挙げる『パウリスタ新聞』はそのオファーに恵まれたにもかかわらず、在日ブラジル人のメディア界への進出を断念した。

(3) 他社から持ち込まれた計画を拒んだ新聞

九〇年代前半当時、『パウリスタ新聞』（以下、『パウ』）の社長を務めていたパウロ・オガワは、九八年の『日伯』との合併後、新『ニッケイ新聞』の共同経営者を二〇〇四年まで務めた[4]。現在はパートナーシップを解消して、東洋街から離れたカンブシー地区で印刷会社を経営している。

オガワによれば、九〇年か九一年頃、後に日本で『インターナショナル・プレス』を創刊したブラジル北部パラ州在住の村永義男が『パウ』社を訪れ、共同でデカセギ者向けの新聞を創刊する打診をした。しかし、オガワはそれを拒んだ。「我々の新聞は、当時、デカセギ者を無責任な形で日本に送り込むことで大儲けしている悪人が多かった人材派遣業に反対していた」。

また、オガワは「他の二社と違って、デカセギをビジネス・チャンスとして捉えるという発想はなかった」という。「『サン』も『日伯』も、オーナーはそれぞれ旅行会社を経営しており、多くの日系人を日本に送り込むシステムと直結していたが、我が社だけは旅行会社がなかった」。

新聞発行に直接関わることは断ったものの、オガワは『インターナショナル・プレス』発刊の準備段階から、様々な形で協力したという。「村永が日本で新聞を発行する上で必要な協力者やノウハウに関して、自分の人脈を紹介したり、『パウ』の東京での特派員を務めていた藤崎康夫記者に、日本で村永の案内役として、海外日系新聞協会など、各界のキーパーソンに紹介し協力を求めるように指示した。さらに、『パウ』のポルトガル語欄の編集部で働いていた記者まで、村永の新聞で働くように推薦した」。村永がサンパウロ市で、主としてデカセギ者の留守家族やデカセギ帰国者・デカセギ予備軍をターゲットに発行したポルトガル語新聞 *Notícias do Japão*（現 *Nippo-Brasil*）も、当初は『パウ』社の印刷機で印刷していたそうだ。

このように、オガワは『インターナショナル・プレス』に出資もせず、利益を得ることもなかったが、いわば村永の日本での社会関係資本の拡張を手助けし、その姉妹紙にあたる『ノティシアス』を自社で印刷することによって、間接的には在日ブラジル人メディア界と関わっていたことになる。

（4）小括――デカセギ者との異なる距離

これまで紹介したブラジルの日系新聞三社の経営者は、それぞれ異なる距離からデカセギ市場を静観する決断を下した。もっとも遠い距離からただ傍観した『日伯』。距離を置きながらも初のデカセギ者向け新聞の船出に貢献した『パウ』。最後に、ビジネスとしてのデカセギ者向け新聞の先駆けともいえる、国際電話会社の広報を兼ねたニュースレターを発行した『サン』がもっとも日本進出に近づいたという構図が明らかになった。とりわけ『サン』が日本での新聞発行の具体的な企画案を真剣に検討していたという事実は、業界関係者の間でもほとんど知られていない。

三社の経営陣が言及した理由の他にも、在日ブラジル人メディア界への参入が「未遂」のまま終わった決定的な理由が考えられる。それは、デカセギが短期的な現象で終わるだろうという経営者の見込み違いである。彼らは大多数のデカセギ者が二、三年のうちにブラジルに舞い戻って来るだろうと信じていたため、新聞発行に踏み込む必要もメリットもないと悲観した可能性がある。ただし、新聞業界のプロが「デカセギ市場」への参入を躊躇したことは、ジャーナリズムとは無縁の企業家による市場参入を可能にしたのである。

第3節　在日ブラジル人メディア小史

(1)　一九九〇年代――市場参入バブルの担い手たち

ブラジル人によるビジネスとしてのメディアは九〇年代に、「バブル期」という表現がふさわしいほど目覚ましい発展を遂げた。ビジネスとしての将来性に関する判断や資金調達に関して、九〇年代の前半にビジネスとしてのブラジル系週刊紙を最初に創刊した三組の企業家は、ブラジルの日系紙の発行者に比べて明らかに恵まれていた。三組とは、すなわち、一九九一年に『インターナショナル・プレス』(以下、『インター』)を創刊した村永義男、同年に『フォーリャ・ムンジアル』(以下、『フォーリャ』)を創刊したシバヤマ・エドゥアルドとその父親の柴山満義、そして一九九二年に『ジャーナル・トゥード・ベン』(以下、『トゥード』)を創刊した東海林正和である。

この三組はいずれも日本におけるブラジル人の大多数が滞在を長期化するだろうという前提で起業を決心した。村永は筆者のインタビューに対し、『インター』の寿命については一〇年を予想したと明言している。東海林は自身の移民としての経験を前提に、ブラジルに移住した日系人が新聞を必要としたなら日本に移住したブラジル人にも同様の新聞が必要だろうというのが創刊の動機だったとする。村永と同様、早い時期からブラジル人の滞日の長期化を前提とする「先見の明」に富んでいたといえる。『フォーリャ』のシバヤマだけは、この点において異質であった。彼は「ブラジル人コミュニティ」なるものの将来どころか、自分の将来設計に対しても明確なビジョンを持っていたわけではない。しかし、「今の自分も、現時点でのブラジル人コミュニティも、母語での新聞に飢えている」という現状認識、デカセギ者のニーズ（ビジネスのニッチと言い換えてもよい）を見極める能力、さらにはこのニーズに応えるべきだという情熱に関しては、他の二人に勝っていたといっても過言ではない。資金調達に関しては、貿易業、旅行業、工場労働など、資金源は異なるものの、三組とも外部からの資金に頼ることなく、自前の貯金で起業を果たした(5)。

ここで、人的資本および社会関係資本の観点からみると、三組の特徴はさらに際立つ。人的資本については、村永と東海林はいずれも起業に必要な一般的なノウハウを有し、他人を雇用する際に必要な人材確保のコツや管理に必要な知識もあった。また、貿易に関わった経験から、為替変動の利用法を含めたトランスナショナルなビジネス界での経営ノウハウにも長けていた。具体例を示すならば、東海林はさほど高額の給料を支払わなくてもブラジルからプロのジャーナリストを連れて来ることが可能であることを理解していたし、村永は工場労働者の中にはプロのジャーナリストが大勢おり、工場労働と同額あるいはそれより安価な賃金を提示しても新聞社への転職を快諾してくれることを理解していた。

シバヤマだけは、人的資本については前述の両者に比べて乏しかった。企業経営の知識もなければ、トランスナショナルなビジネスも未経験であった。この人的資本の乏しさが長期的なスパンでは致命傷となり、資金力不足と並んで新聞を手放す決定的な要因として働いたといえる。では、人的資本が乏しい中で、それでもなお、起業（創刊）にこぎ着けることができたのはなぜか。その鍵は社会関係資本にある。シバヤマとその父親は、日本国内でもっともブラジル人が集住する静岡県の浜松市・磐田市・湖西市に住み、東海地方の代表的なブロック紙である『中日新聞』との関係を短期で築くことに成功した。運が良かったといえばそれまでだが、シバヤマ親子による大胆かつ積極的な売り込みがなければ、中日新聞社からの手厚いサポートを受けることはなかった。設備も資金も情報収集能力も豊富なこの新聞社とのパートナーシップなくして起業が不可能であったことは、シバヤマ自身も認めている。

全国紙としての展開を目指していたライバル紙の『インター』は、一九九一年時点で完全な流通網を実現していなかった。東海地方の情報と求人広告を多く掲載する「地元の新聞」としての特色を出すことが有利に働く時期に、『フォーリャ』の企画が中日新聞社に持ち込まれた点は重要である。ブラジル人が労働者としても地域住民としても代表的な「ニューカマー」として熱い視線を浴び始めていた九〇年代前半であったからこそ、この地域のオピニオン・リーダーである中日新聞は幹部も現場の記者も企画に魅力を感じたという。この絶好のタイミングでなければ、『フォーリャ』は実現しなかっただろう。

『インター』や『トゥード』は、日本の新聞社による全面的なサポートには恵まれなかったが、それが必要不可欠ではなかったから村永も東海林も希求しなかったのだという解釈がむしろ自然である。

なお、九〇年代後半のもっとも画期的な出来事は、『インター』を発行するＩＰＣ社による衛星テレビの開局であった。これは後に、在日ブラジル人の間でもっとも利用されるメディアの一つに発展した。

（2）二〇〇〇年代——新たな起業家と経済危機による再編

九〇年代前半が在日ブラジル系メディアの創成期、そして九〇年代後半がその発展期であったとすれば、二〇〇〇年代は新たな種類の媒体の参入によるメディア界の再編が顕著であった。二〇〇八年以降は経済危機による「市場からの撤退」と「事業の規模縮小」によってさらなる再編が迫られたため、「成熟期」や「安定期」と定義できる期間は皆無に等しく、二〇〇〇年代全体を「再編期」と称するのが適切だと思われる。

二〇〇〇年代の前半は「ポルトガル語新聞からインターネットを活用した多言語メディアの時代へ」の展開が顕著であり、とりわけ「活字メディアの多様化」「放送メディアの異変」「ウェブメディアの台頭」などが傾向として挙げられる（イシ 二〇〇六）。

「活字メディアの多様化」に関しては、後に詳述する『アウテルナティーヴァ』を筆頭に、無料配布の雑誌が続々創刊され、それまで君臨していた有料の週刊新聞の地位を根底から揺るがすに至った。有料各紙がそれまで公表していた「公称」の発行部数が著しく実態とかけ離れているという事実が、無料誌の登場によって浮き彫りになった。同じ求人広告を有料紙と無料誌にそれぞれ掲載したある人材派遣会社の関係者は、その効果があまりにも異なったことに驚き、以降は無料誌にのみ掲載するようになったと打ち明ける。

「放送メディアの異変」に関しては、まず、大手テレビ局GLOBOに追随してブラジルで二番目の視聴率と資金力を有するRECORD放送が、国際放送を拡大する路線を打ち出して日本にも進出したことが挙げられる。GLOBOのアフィリエイト（系列局）であるIPCテレビと同じスカイパーフェクTV!をプラットホームとして利用する形で、かつIPCより低い価格設定を売りにして、在日ブラジル人の間での普及を図った。

「ウェブメディアの台頭」に関しては、パソコンの画面で簡単に聴取できる二四時間放送のウェブラジオ、各地のコミュニティ・イベントのほぼ無編集の映像が無料で視聴できるウェブサイト、ブラジルやコミュニティのニュースが閲覧できる無数のウェブサイトが登場した。

二〇〇八年以降の経済危機は、次節で取り上げる有料紙や多くの無料誌の休刊をもたらした。危機を生き抜いたのは、後述の『アウテルナティーヴァ』を筆頭に、少数の無料誌、テレビ局二局、そして多数のウェブメディアである。

第4節　新聞の休刊はどのように理由づけられたか

企業家がなぜ、ある事業から撤退するのかという問いを立てることも、起業のモチベーションを問うのと同様に重要であろう。これまでの報道や研究では、メディアを創刊する動機やビジネスを起業する動機は詳細に紹介されても、新聞が休刊になる理由や市場からの撤退をめぐる諸事情は、あまり追求されて来なかった。それは、どのメディア発行者も企業家も、成功への道のりを語る時には積極的だが、失敗談を記録されることは敬遠するからだと推察される。記者や研究者も、メディアを含むエスニック・ビジネス起業者に対して共感を抱いたり、貴重な情報源として良好な関係を持続したいという気持ちが働いたりするため、失敗例を追求することには消極的であったと思われる。

筆者もまた、『インター』や『トゥード』の経営者に、なぜかくもあっさりと在日ブラジル人向けの新聞を休刊したのかを問うには至っていない。しかし、両社とも撤退に関する声明文を公表しており、少なくともこの公式見解の行間を読み取る努力は必要だと思われる。

（1）「デジタル版」への移行を強調する新聞

まず、『インター』は新聞を休刊したという表現を極力避け、「印刷版」から「デジタル版」への移行を強調して、新聞の休刊を「salto para a era digital」（デジタル時代への飛躍）と形容している。すなわち、インターネットが主流になった時代への適応であるという主張である。二〇一〇年一〇月一日付けのＩＰＣデジタルのウェブサイトにおいて、次のような記事が掲載された。「インターナショナル・プレス新聞は最後の印刷版を出版し、デジタル時代にジャンプする」という見出しに続き、小見出しで「この決定はより一層、在日ブラジル人コミュニティの情報へのアクセスを活性化し、民主化する」と記されている。そしてリード文において、「在日ブラジル人により迅速かつ直ちに情報を伝達する必要性に応え、ＩＰＣワールドはインターナショナル・プレス新聞をウェブに移行し、それゆえ本国における最初の、かつ唯一の新聞が、デジタル時代に降伏する結果となった」。同記事は次のように締めくくられる。「インターナショナル・プレス新聞は（これによって）未来を先取りし、在日ブラジル人がこのよりダイナミックで、スピーディーで、インタラクティブで、共同体的で参加型の新たな時代への突入を促進している」。

また、定期購読者に送付される新聞に折り込みで添付された「週刊新聞『インターナショナル・プレス』休刊のお知らせ」(二〇一〇年一〇月一日付け、文末には「株式会社アイピーシー・ワールド代表取締役社長　村永裕二」と表記)では、「諸般の事情により休刊の決定に至りました」という報告に続いて、次のように記される。「二〇一〇年一〇月一二日以降は、最新のニュースをよりスピーディーに読者にお届けするため、インターネット版に完全移行いたします。インターナショナル・プレスのインターネット版では毎日、最新のニュースをお届けする他、ビデオや音声によるニュースやインタビュー、過去の記事のアーカイブなど、より充実したコンテンツを提供する予定です」。

(2) コミュニティの変化を強調する新聞

一方、『トゥード』は、新聞を休刊すると同時に有料の月刊誌を創刊し、同誌に折り込まれた挨拶文で以下のように説明している(傍点は筆者)。「一五年前に創刊したトゥードベン紙は、日本における安定した生活を紙面を通じてブラジル人に提供してきました。当時、訪日したブラジル人たちはお金をためてブラジルに戻るデカセギでした。しかし現在、状況は変わりました。ブラジル人たちは日本に根を下ろし、マイホームを購入し、日本語を学び、子供達を日本人の学校へ入学させ、多くの子弟が大学で学ぶようになっています。ブラジル人が日本を人生の目的の地と位置づけてブラジルを休暇の訪問先と位置づけるようになるに従い、日本人とブラジル人のコミュニティーが互いに理解を深めることが不可欠になりました。そこでは、双方の人たちの距離を縮める雑誌という以上に適切なものはないでしょう。トゥードベンは、在日ブラジル人コミュニティーの変化を見守り続けてきましたが、ついに、雑誌へ変貌を遂げることになりました。…再度、これまでにないコンセプトで出版事業に新たなウェーブを生み出し、さらに前へと踏み出しました。トゥードベン・マガジンは、ブラジル人と日本人の溝を埋めて統合を促すという壮大かつ必然的なミッションのもとに、誕生しました」。

なお、『トゥードベン・マガジン』も一年後には休刊となり、同社のウェブサイトでは、「*Tudo Bem Mag* 誌は無期で休刊となります」という説明文に続き、「同誌はブラジル人社会と日本社会とを近づける使命を果たした」と記している。同誌が無料ではなく、六五〇円という高価格で販売されていたことが最大の敗因であったという見方が主流であるが、無料で配布されたとしても、このようなコンセプトの雑誌が軌道に乗ったかどうかは定かではない。

(3) 小括——休刊は必然だったか

二紙の休刊宣言から明らかなように、両社とも、新聞界からの撤退を「新時代への自然かつ不可避な対応」として位置づけ、時代の構造的な変化に大義名分を求める。事業からの「撤退」ではなく、新規分野への「前進」が、そして新聞の「休刊」よりは、異なる媒体の「誕生」が強調される。しかし、『サン』の鈴木社長が疑問視するとおり、市場の規模縮小、外的要因の変容のみが理由であれば、ブラジルの日系新聞はすでに全滅していたはずである。鈴木は「七〇年代後半には、ブラジルの邦字新聞はつぶれるとすでに言われていた。しかし、各紙の経営者とも、それぞれ使命感を持っていた」と主張する。『パウ』のオガワも、いったんは印刷業のみに専念したものの、やはり新聞への未練を断ち切れず、月に一度ではあるが *Nikkei já* という新聞を発行している。

対照的に、在日ブラジル人向けの新聞発行者の場合、『トゥード』の発行者はその休刊によって言論の多様性が犠牲になるという点を考慮していないし、『インター』の発行者はその休刊が在日ブラジル人の新聞史にわずか二〇年で終止符を打ち、コミュニティが貴重な論壇を失うという点を考慮していない。『トゥード』を発行していた企業はブラジルで漫画本など単行本の出版が好調であり、『インター』を発行していた企業はテレビ部門が好調だという。新聞そのものは赤字でも、企業グループとしては、他のビジネスから得られる黒字でその赤字を埋めるという「我慢」の選択肢もあり得た。しかし、赤字部門は切り捨てるという、ドライな経営的判断が働いた。両社とも、経営陣のジャーナリズムに対する情熱、新聞というメディアへの未練が、七〇年以上も存続しているブラジルの日系新聞の経営者に比べて欠落していたという結論を下しても、異論の余地はなかろう。

第5節　市場をリードする無料誌の創業者

二〇一〇年末現在、在日ブラジル人のメディア界を先導するのは前述したＩＰＣと『アウテルナティーヴァ』（以下、『アウテルル』）誌を発行する日伯友愛である。ＩＰＣの創業者のプロフィールやＩＰＣ創業のいきさつについては、イシ（一九九六、二〇〇二）で詳述した。本章では、先行研究では取り上げられていない『アウテルル』の創刊者について、ビジネスの立ち上げとその継続がいかなる人的資本や社会関係資本に規定されているかを中心に考察を試みたい。

『アウテル』の成功は、在日ブラジル人のメディア界における有数の成功物語として多くの同業者に認知されている。また客観的なデータを参照すれば、『アウテル』はもっとも多くの在日ブラジル人が接触している印刷媒体である。後に詳述するとおり、新聞や雑誌の発行部数を監査するABC協会に加入している印刷物のうちブラジル系の中では、『アウテル』は六万部でトップである。名実ともに市場をリードする雑誌は誰によって、いかにして生まれたか。以下では、創業者であるヒカルド・タイ（二世、一九七一年生まれ）に対する聞き取りをもとに再現していく。(6)

(1) 無料誌の起業歴

ヒカルド・タイは、リベルダージ（サンパウロ市の東洋街がある地区）で生まれ育ち、同地区に隣接したサン・ジョアキン地区（日本ブラジル文化協会が位置する地区）の日本語学校で一二歳頃まで学んだ。父親は運転手、母親はビューティ・サロンに勤務し、メディア界とはとくに接点はなかった。しかし、プロの写真家として活躍していた叔父にはあこがれていた。

高校を卒業して間もなく、出版社にオフィスボーイ（雑務担当）として入社し、ページ構成を「オン・ザ・ジョブ」で習い、広告の営業部門での勤務も経験した。デカセギとして渡日したのは一九歳の時である。きっかけは母親に「あなたは大学に行くのか、それとも日本に働きに行くのか、そのどちらかに早く決めなさい」と問われたからである。勉強は苦手だったので、迷わずデカセギの道を選んだ。

三重県や愛知県の工場で働いた後、九二年にブラジルに帰国し、サンパウロ市内の複数の地区で

Informativo（「区報」のような刊行物）の発行を試みた。さらに、サンパウロ市民全般をターゲットにした隔週誌 *O Paulistano* も発行したが、六カ月間で倒産した。

九三年に再来日し、神奈川県愛川町の工場で働いた。その貯金で、愛川町のブラジル食品店で知り合った日系ブラジル人とともに、広告のみを掲載する無料配布の媒体の構想を練った。当時、すでに多数のブラジル人向け新聞が流通していたが、いずれも広告料が高額で、あまり資金に恵まれない中小企業には手が届かないという実態を把握していた。いわば「大新聞」に広告を掲載できない企業のために、より安価な広告料金で自社の宣伝ができる新たな選択肢（オルタナティブ）を提供しよう、という発想から、*Alternativa* という媒体名を思いついた。

当初は雑誌ではなく、隔週のタブロイド新聞として考えていた。しかし、雑誌という形式のほうがコストも抑えられる上、広告をより見栄えのある形で掲載できるので広告主も喜ぶと考え、二〇〇〇年の創刊直前に雑誌に切り替えた。

起業にあたっては、日本人、ブラジル人を問わず、とくに誰かの援助が決定的であったという意識はない。強いて挙げるとすれば、一緒に起業した日系ブラジル人が店長を務めていた愛川町のブラジル食品店の日本人オーナーから受けた援助である。彼は店の一角を無料で事務所代わりに使わせてくれた。起業資金は二人が日本でそれまで稼いだ貯金のみで賄い、一年間で約一〇〇〇万円を使った。最初の一年間は赤字だったが、想定の範囲内でとくに苦労はしなかった。当初はA４判であったが、B５判に切り替えてコストダウンを図った一六号目から黒字に転じた。この頃から広告だけでなく、ジャーナリスティックな記事の掲載を開始し、二〇〇四年には多数のジャーナリストやコラムニストを雇ったり、サンパウロ市で開設した事務所で専属のグラフィック・デザイナー等を雇ったりするなどして、本格的な総合誌としての再出発を図った。以降、部数を飛躍的に伸ばし、市場のリーダーとしての地位を獲得した。

トップランナーとしての座を証明するには、客観的なデータが必要であると悩んでいた頃、東京で発行される無料の英字誌『メトロポリス』をめくっていて目についたのがＡＢＣ協会（新聞雑誌部数公査機構）のシールであった。加盟には会員二社の推薦が必要だったが、快諾してくれるところがあったので、加盟を果たした。年会費六万円というのは、経営が苦しい時には痛い出費ではあるが、この業界は発行部数に対する信頼性が鍵なので、入会して正解だったと確信している。

二〇〇八年に始まった経済危機は『アウテル』の経営にも大きな打撃を与えた。一時期は倒産するとさえ思った。一部のスタッフを解雇し、広告料の料金表を大幅減額するなどの緊急処置によって乗り越えた。しかし、部数は減らさなかった。創刊以来、企業や個人を含め、広告を掲載した依頼主は約二五〇〇組にも及ぶ。

（２）小括――飽和状態の業界で成長した秘訣

『アウテル』は、すでに飽和状態と言われていた在日ブラジル人の印刷メディア業界でトップの座に登り詰めた成功例として語り継がれるだろう。創業者のタイは、職歴という意味での人的資本（印刷媒体の製作に伴う全行程を経験済みだった）が豊富だったため、社会関係資本に頼る必要もなく、ビジネスを離陸から安定飛行の段階まで導いた。

「ライバルを反面教師にした」という彼の発言は示唆的である。競合媒体が信頼性に欠けていることを反面教師にし、いち早くABC協会に加盟したことが、同誌にとって転機となり、市場のリードを決定づけたことは明白である。同誌には、頻繁に次のような日本語の宣伝が掲載される。「フェアであるために──当誌の部数はABCが確認しています」。

『インター』を発行するIPC社は『アウテル』から七年遅れの二〇〇七年に *Vitrine* という無料誌を創刊した。IPCは新聞、テレビなどで、常に他社を先導してきたが、無料誌に限っては初めて後を追う立場で市場に参入した。そこで同社が打ち出した戦略は、創刊号からいきなり六万部という「最大の発行部数」をうたい文句にすることだった。それが『アウテル』との無謀ともいえる部数争いに火をつけた。二〇一〇年現在、*Vitrine* は六〇〇〇一部を発行すると主張し、競合誌よりわずか一部多く発行しているがゆえに最大の発行部数を誇ると自賛している。だが、『アウテル』に追随してABC協会に加入したにもかかわらず、短期間で退会したという経緯からも、業界では同誌が公表する部数を疑問視するのが通説となっている。

第6節　結びに代えて──メディア事業の明暗

本章では、ビジネスとしてのエスニック・メディアの（不）可能性について、これまであまり重視されなかった市場参入を断念した者や撤退企業に光を当てながら論じてきた。まず第2節では、ブラジルの日系三紙が在日ブラジル人のメディア界に参入しなかった要因を解明した。三紙とも異なる経営方針や社内事情ゆえに、在日ブラジル人メディア界への眼差しも異なっていた。その一方で、資金力不足という具体的な障壁から、ブラジルの日系社会で蔓延するデカセギ者に対する偏見という抽象的な障壁まで、参入が未遂に終わった共通の要因も浮かび上がった。

次に、在日ブラジル人メディア二〇年の歴史を、一九九〇年代と二〇〇〇年代に分けて概略した。最初の一〇年で「バブル」のごとく飛躍的な成長を遂げた市場が、新世紀においては収縮と再編の時期を迎えたことを再確認した。それを踏まえて第4節では、在日ブラジル人向けの主要な新聞二紙が休刊をどのように理由づけたかについて、新聞社側の主張をもとに考察した。市場からの「名誉ある撤退」を演じるために、両社とも時代の変化という大義名分を主張するものの、実際には冷徹な経営戦略が垣間みられることを提示した。続いて第5節では、前述した新聞二紙を休刊に追い込んだ要因として在日ブラジル人のメディア関係者の間でしばしば挙げられる無料誌の創刊と発展について、創業者の証言から迫った。

これらの事例については、様々な観点からの比較考察が可能である。しかし、本章では、二つの問いを立てることにとどめたい。一つは、市場参入を「断念した者」と「参入した者」の明暗を決定づけた条件は何だったのかという、九〇年代初頭のバブル時代を振り返る問いである。この問いに関しては、ブラジルの日系社会では、デカセギ者が日本で形成しつつあった「市場」が従来のブラジル日系「市場」と連続性が乏しいと思われた点が鍵のようである。ブラジルにとどまった日系人をターゲットに新聞を発行することで得られた人的資本や社会関係資本は、渡日した「デカセギ者」には通用しないという論理（あるいは神話）が働き、日系人向け新聞社のブラジルから日本への進出を抑制した。そして未開拓の市場を察知し、思い切って日本に拠点を移した企業家が、出版業については未経験であったにもかかわらず、そして人的資本や社会関係資本をそれほど動員せずとも、新聞を創刊し、軌道に乗せることに成功した。

二つ目は、「撤退組」（新聞二紙）と「現存組」（市場を先導する無料誌）の明暗を決定づける条件は何かという、二〇〇〇年代から現在に至る状況を考える問いである。ここでいう「撤退組」とは、前述したとおり、九〇年代にいち早く市場に参入した先発組である。確かに、新聞二紙の経営者は市場を熟知し、多大な人的資本や社会関係資本を蓄積していた。しかし、両者とも、放送業界の魅力やデジタル時代の到来などに目が眩んだため、「無料配布」される印刷媒体の威力を過小評価した可能性が濃厚である。市場のリーダーとして現存する無料誌は、有料紙の経営陣から競合媒体と見なされなかった「油断」を利用して成長を遂げた。

ただし本章では、新聞二紙が休刊に至った諸条件（社内事情の詳細という内的要因、および市場の動向という外的要因）について、総合的・網羅的な考察は行っていない。そのため、各紙の経営者が休刊を決断した「本当の理由」に関する結論は留保せざるを得ない。

二〇〇八年以降の経済危機は、ある程度は「平等に」すべての在日ブラジル人メディアの経営基盤を脅かしたといっても過言ではない。その打撃を受けて、新聞・雑誌から撤退するか否かは、まさに経営者の「本音の見せ所」であった。休刊した二社が、ジャーナリズムの社会的責任より企業利益を優先したがゆえに新聞を見離したのに対し、無料誌の創業者が危機を乗り越えたのは、印刷媒体への未練あるいはジャーナリズムに対する使命感がより強かったからだという美談が成立する。

いずれにせよ、在日ブラジル人向けの新聞史がわずか二〇年足らずで二〇一〇年に幕を閉じたことは、数カ月後に東日本大震災が発生したことを考慮すれば、あまりにも不幸なタイミングであった。無料誌は隔週発行であるため、速報性に欠ける。在日ブラジル人の多くが情報収集のために利用したブラジル系のテレビやインターネット・メディアでは、速報性が裏目に出て不正確な情報が錯綜し、混乱を招いた。新聞の不在が悔やまれると同時に、在日ブラジル人メディア界の将来が危ぶまれる。

注

（1）日本に在住するブラジル人については「日系ブラジル人」と称する研究者も少なくないが、本章では非日系のブラジル人を含めた（そして日本国籍を有するがゆえに外国人登録者数の統計には含まれないが、「デカセギ」を目的に来日した日系一世をも含めた）総称として「在日ブラジル人」という用語を用いる。

（2）サンパウロ新聞本社（於サンパウロ市）、二〇一一年二月二四日にインタビュー。

（3）ニッケイ新聞本社（於サンパウロ市）、二〇一一年二月二三日にインタビュー。

（4）パナ印刷会社（於サンパウロ市）、二〇一一年三月一四日にインタビュー。なお、この面談については『ニッケイ新聞』の深沢正雪編集長より貴重な助言をいただいた。感謝の意を表したい。

（5）ここで挙げられる三人の起業家の証言やデータはイシ（一九九六）より引用した。

（6）ショッピング・サンタクルス（於サンパウロ市）、二〇一一年二月二三日にインタビュー。

文献

イシ、アンジェロ、一九九六、「デカセギ経験者の漫画から阪神大震災報道まで――ポルトガル語メディアの快進撃」白水繁彦編『エスニック・メディア——多文化社会日本をめざして』明石書店。

——、二〇〇二、「エスニック・メディアとその役割——在日ブラジル人向けポルトガル語メディアの事例から」宮島喬・加納弘勝編『国際社会2　変容する日本社会と文化』東京大学出版会。

——、二〇〇六、「在日ブラジル人メディアの新たな展開——ポルトガル語新聞からインターネットを活用した多言語メディアの時代へ」『国文学』七一巻七号：一五三—一六一。

白水繁彦、二〇〇四、『エスニック・メディア研究——越境・多文化・アイデンティティ』明石書店。


（付記）本章は、武蔵大学の特別研究員制度（平成二二年度）および同学の総合研究所プロジェクトによる研究成果の一部である。

第4章　フィリピン人
――「主婦」となった女性たちのビジネス

高畑　幸・原めぐみ

第1節　問題の所在――フィリピン人社長はどこに

ビジネスホテルに泊まると、「ようこそ〇〇ホテルへ」というメッセージとともに、その部屋を掃除した人の名前を書いたカードが置いてある。そこに「〇〇ジェニファー」や「〇〇ロドラ」等、日本姓にフィリピン人風の名前を見つけることがある。また、近年は介護施設で働く在日フィリピン人の女性たちが増えてきた。二〇一一年現在、在日フィリピン人向けエスニック・メディアに見られる求人広告の多くは、このようなホテルのメイド（室内清掃係）や介護職、あるいは工場内作業の派遣労働である。

本章において、在日フィリピン人とは日本に居住するフィリピン国籍者および日本国籍を取得した元フィリピン国籍者をさす。現在、外国人登録者数が二一万人を超え、日本で四番目に大きなエスニック集団となったフィリピン人だが、前記のようなサービス業でフィリピン人を見かけることはあっても「フィリピン人が経営する企業」を目にすることは少ない。序章で見たように、フィリピン人の特徴は家族従業員が多いことだが、役員・業主は四％に満たなかった。それはなぜだろう。ここが本章のスタート地点だ。

いくつかの仮説を考えてみる。第一に、「労働不要仮説」が思い浮かぶ。二〇〇〇年の国勢調査データをもとに在日外国人の仕事を概観した大曲ら（二〇一一）によると、他の在日外国人と比較してフィリピン人は女性が多く、サービス業への集中が著しく、大卒者に自営業者が見られるものの全体として専業主婦の比率が高い。被扶養者である女性たちならば、あえて自分が外で働く必要に迫られないため、起業などには至らないという仮説である。

第二が、「人的資本仮説」である。筆者（高畑）らは、二〇〇八年に在日フィリピン人を対象とした「在日フィリピン人介護者調査」を行った。日本で介護職につくための資格であるホームヘルパー二級講座の修了者一九〇人を対象としたもので、回答者の平均年齢は三九歳で九割が女性、平均像の学歴は四年制の中等教育であるハイスクール卒か大学中退、来日前は無職だった。日本での職歴は興行労働者（エンターテイナー）、スーパーや弁当工場のパート、介護施設のヘルパーなどとして雇われており、来日前に情報処理や医療等の技能を身につけている人たちではない。つまり、本人の専門的能力が不足している、または日本で新しい職業的技術を身につけるのが困難なため、就労および自営が難しいという仮説である。

第三が、「文化的要因仮説」とでも呼びうるものになる。在米の韓国人移民とフィリピン人移民の自営業の比較（Fawcett & Gardner 1994: 236）によると、資金を持って渡米し自営業開始後も蓄財に熱心な韓国人に比べ、フィリピン人は海外在住者として親族に果たすべき義務が重視され、自営業を始めるほどの蓄財は難しいという。人口の七割を貧困層が占め、海外就労を国策として奨励するフィリピンでは、海外へ出た人が自分のためだけに蓄財することは文化的に抵抗がある。さらに、よほど裕福な層を除いては、海外に出たならば出身家族への送金は義務といってよい。こうした文化的要因が自営業に向けた蓄財をさまたげ、フィリピン人の自営業者は少ないとする。

第四が、「潜在化仮説」、すなわち「自営業はあるのに見えないだけ」という仮説である。小林（二〇〇八b：一二六）によると、婚姻を契機とした家族形成と定着は集住地なきフィリピンコミュニティを生み、エスニックタウンや大型ショッピングモールを形成しないため、彼女らのエスニック・ビジネスをより見えにくくしている。しかしなお彼女らのビジネスは、目立たないだけで確固として存在しているとするものである。

以上の四つの仮説から浮かび上がるのは、日本で分散居住し「主婦」として日本社会に溶け込んだフィリピン人女性たちの労働のあり方だ。日本社会へ溶け込んだがゆえにビジネスが潜在化しているのか。今後、彼女らのビジネスは顕在化する可能性があるのか否か。この問いに向けて、本章では、以下の三つのビジネスについて、人的資本、社会関係資本、機会構造から考えてみたい(1)。すなわち、①日本人夫からの社会関係資本が開業の鍵となるエスニック・レストラン、②家事などの空き時間と人的ネットワークを生かしてできる主婦の副業的ビジネスとしての化粧品販売、③新規参入ニッチとしての英語教育ビジネスである。

結論を先取りすれば、日本におけるフィリピン人の定住の経緯と居住分布から、エスニック・ビジネスの「潜在化」が説明できるのではないかと筆者（高畑）は考えている。ここではむしろ「集住しない」

ことを前提にしたビジネスのあり方に注目したい。

第2節　フィリピン人のエスニック・ビジネス

（1）在日フィリピン人の人口動態

フィリピン人は、日本では中国人、韓国・朝鮮人、ブラジル人に次ぐ第四のエスニックグループとなっている。その最多年齢層は四〇代前半で、女性の割合が多い。その背景としては、一九八〇年代半ばから二〇〇五年まで日本がフィリピンから大量の興行労働者を受け入れていたことがあろう。多い時で、年間約六～七万人のフィリピン人若年女性が半年間の労働契約で日本へ入国し、夜の街で働いていた。彼女らにとって日本への入国経路の主たるものが興行労働で、就労中に知り合った日本人男性との結婚が彼女らの定住経緯であったと考えられる。

その結果、在日フィリピン人の人口的特徴は、①女性の多さ（外国人登録人口の約八割が女性）、②日本人との結婚の多さ（二〇〇六年は一万二〇〇〇人超）、③第二世代の存在（毎年約五〇〇〇人の日比カップルの子どもが誕生し、外国人母親の三人に一人がフィリピン人）、④定住性（フィリピン人登録人口二一万一七一六人の約八割が長期滞在可能な在留資格を持つ）[2]、⑤分散居住で集住地を作りにくい（日本人夫の家に婚入し定住したケースが多いため）、の五点にまとめられるだろう（高畑 二〇一一：二二二）。

（2）フィリピンから日本への人口移動に関する近年の変化

日本におけるフィリピン人の定住は、一九八〇年代半ばのフィリピン人興行労働者の増加に端を発する。その後、二〇〇五年までは在日フィリピン人登録人口はコンスタントに増加し、一九九八年に初めてフィリピン人登録者数が一〇万人を突破、そして二〇〇七年には二〇万人を超えた。

在日フィリピン人が増えればエスニック・ビジネスも自然と増えるように思われるが、二〇〇〇年代に入り、彼女らの年齢構成や在留形態を変えうる事態が発生した。新規流入人口の減少と定住・永住者の加齢・高齢化である。

二〇〇四年、日本の「労働者派遣法」が改正され、介護施設等で働く介護職員（ヘルパー）の派遣労働が可能となった。それに伴い、人材派遣会社が新たな派遣人材として在日外国人の介護講習に力を入れ始め、なかでもフィリピン人は数が多かった（高畑 二〇〇九も参照）。この年は、介護の現場へフィリピン人が多数進出する契機となった年である。

二〇〇五年は、フィリピン関連業界で「二〇〇五年ショック」と呼ばれる年だ。同年三月の法務省令改正により、フィリピンから日本への興行労働の査証発給審査が厳格化され、その結果として興行労働者が激減したのである。従来の基準では入国・就労できた女性たちが興行ビザを取得できなくなった。興行ビザによる外国人登録者数は二〇〇四年には五万六九一人だったのが二〇〇六年には二万三六四三人と、二〇〇五年を境に激減した。二〇〇九年にはわずか七四六五人である。結果的にフィリピン人の若年女性が大量来日する時代はすでに終わったと筆者（高畑）は考えている。日本各地でフィリピンパブが閉店しただけでなく、そこで勤務するフィリピン人女性とその同伴客をターゲットとするレストランも相次いで閉店し、フィリピンから日本へ興行労働者を派遣・受入れするプロモーションが倒産した。フィリピン人若年女性の日本への流入が止まったのである。

続く二〇〇七〜〇八年には、フィリピン人と結婚する日本人の減少が見られた。二〇〇五年に興行ビザの発給が厳格化された後、二〇〇六年には過去最高となる一万二一五〇人のフィリピン人が日本人と結婚している。もちろん、大半がフィリピン人女性と日本人男性の組み合わせだ。興行ビザで来日できないならば、結婚しようという「駆け込み需要」があったのかもしれない。しかしその反動で、日比の結婚数は、二〇〇七年に九七三九件、二〇〇八年に七四五五件、二〇〇九年に五九一一件と落ち込む一方である（厚生労働省人口動態統計）。フィリピンパブという出会いの場がなくなり、フィリピン人と日本人が知り合い結婚に発展する機会は閉ざされる。その一方で、日本で定住・永住している人びとの加齢・高齢化が続いた。

二〇〇八年三月、文部科学省は小学校学習指導要領の改訂を告知した。新学習指導要領（二〇一一年実施）から小学校五・六年生で週一コマの英語教育が始まることになったのである(3)。これを受けて、小学生向けの英語講師の育成が日本人・在日外国人の間でブームになっていく。また、九月には経済危機（いわゆるリーマン・ショック）が起こり、以降、日本経済全体の落ち込みが見られたのは周知のとおりである。

その後、二〇〇九年からは日比経済連携協定による看護師・介護福祉士候補者が来日して全国の病院や介護施設で働くようになり、在日・新規来日を問わず外国人介護労働者への注目度が高まる。そして二〇一一年から公立小学校で英語教育が始まった。以上をまとめると、二〇〇〇年代に入り、フィリピンから日本への新規流入人口は減少し、定住・永住化と加齢・高齢化が進むと同時に、介護や英語教育の分野でフィリピン人が注目され始めたのである。

（3）在日フィリピン人のエスニック・ビジネスのあゆみ

さて、本題のエスニック・ビジネスに入ろう。はじめに、在日フィリピン人向けのビジネスの全体像について、エスニック・メディアの広告を材料に紹介したい。以下は、一九九五年、二〇〇〇年、二〇〇五年、二〇一〇年の無作為に選んだ在日フィリピン人向けエスニック・メディア各誌に掲載された広告を業種別に列挙したものである。広告件数の多い順に、一位から五位までランク付けした。エスニック・メディアは創刊・廃刊のサイクルが短く、同じ雑誌で一九九五年から二〇一〇年までを網羅できなかったが、およその傾向は把握できる。

表4-1から、以下の三点を指摘することができる。第一に、〈エスニック市場のコア〉となる国際電話、食材店、国際送金や国際宅配便は常に広告を掲載している。それに加え、服飾販売（主にホステス向けの既成ドレス）、化粧品・サプリメント、アクセサリーといった女性向けの商品広告が目立つ。

第二に、行政書士による入管申請代行、税理士による所得税還付申請代行がコンスタントに広告を出している。言語障壁の解消を担うのは日本人だが、フィリピン人の助手を雇い、在日フィリピン人市場に食い込んでいる。日本人との結婚、子どもの認知、父親探し、遺産相続など、日本人との婚姻・内縁関係により発生する法的問題の解決は、それが日本での定住を保証する手段ともなるがゆえに、重要な位置を占めてきた。

表4－1　在日フィリピン人向けエスニック・メディアの広告（1995～2010年）

年／順位	1995	2000	2005	2010
1位	フィリピン食材店（5）	服飾（10）	旅行代理店，国際宅配便（5）	フィリピンの化粧品・サプリメント（5）
2位	フィリピンの不動産，旅行代理店（2）	国際宅配便（4）	化粧品・サプリメント，フィリピン食材（3）	所得税還付申請代行，入管申請代行（3）
3位	国際電話，国際送金，レストラン，入管申請代行，日本国内の不動産賃貸，アクセサリー通信販売（1）	化粧品・サプリメント，フィリピン食材（3）	国際電話カード，国際送金，服飾，フィリピンでの小売業投資斡旋，中古パソコン，所得税還付申請代行，入管申請代行，外貨取引投資講座，祈禱・占い（1）	旅行代理店（2）
4位		ビデオレンタル，フィリピンの不動産，レストラン，ブランドバッグ販売（2）		国際電話カード，サンダルの通信販売，フィリピンの不動産，PCとインターネット接続，祈禱・占い，国際宅配便，国際送金，日本の国勢調査の告知（1）
5位		国際電話カード，所得税還付申請代行，入管申請代行，風水グッズ（1）		

出典：*Kumusta ka?*, 1995年6月号，*Paraiso Pinoy Balita*, 2000年3月号，*Philippine Digest*, 2005年2月号，*Philippine Digest*, 2010年9月号をもとに作成。
注）カッコ内の数字は各業種ごとの件数を表す。

表4-2　在日フィリピン人によるエスニック・ビジネスの類型

		ビジネスの顧客	
		同胞	それ以外
提供する財・サービスの種類	エスニック財	**＜エスニック市場のコア＞** ビデオ／DVD レンタル エスニック・メディア（新聞，雑誌，ケーブルテレビ） フィリピン食材 同胞向けレストラン 国際電話カード販売 国際宅配便 服飾販売（ブティック） 化粧品・サプリメント販売	**＜エスニック・ニッチ＞** フィリピンレストラン フィリピンパブ 英語教育
	非エスニック財	**＜言語的障壁にもとづく市場＞** 旅行代理店 入管申請代行の行政書士 確定申告による所得税還付申請代行（税理士） 祈禱・占い	**＜移民企業ニッチ＞**

第三に、世界各地でフィリピン人移民に普及しているサービスの日本進出だ。フィリピンで「バリックバヤン・ボックス（帰国者の箱）」と呼ばれる船便を利用した国際宅配便や、先に紹介したメディアには掲載がなかったが「オーダー・レガロ（贈り物の注文）」というギフト代行サービスである。前者は日本の郵便局等より安くて大型の箱が送れるという利点がある。後者は、日本でその業者に注文し支払いをすれば、フィリピンの家族の誕生日や洗礼式等に合わせて豚の丸焼等の祝い料理や電気製品等のギフトを配達してくれる。

表4-1で挙げた業種を、序章で示した類型にあてはめたのが表4-2である。同胞向けのビジネス以外にもいくつか日本人向けビジネスが存在するが、割合としては高くない。それが自営業従事比率が高くないことの理由と思われるが、フィリピン人に特徴的なビジネスも存在

する。次節では、在日フィリピン人のエスニック・ビジネスの特徴について、人的資本、社会関係資本、機会構造の三点からまとめ、続く第4節では、第3節で示される点を裏付けする事例を紹介したい。

第3節　在日フィリピン人起業家の強みと弱み

(1) 人的資本

フィリピン人の人的資本について、前出の筆者(高畑)らの介護者調査の結果を見ると、回答者の本国での学歴は大学中退(教育年数一〇〜一四年)で来日前は無職、日本での初職が興行労働という人が多かった。学歴や専門知識、技能、資格に関していえば、人的資本が高いとはいえない。とはいえ、日本における他のエスニック集団と比較した時、英語能力はフィリピン人にとって重要な人的資本といえるだろう。専門職が多い米英印国籍を除けば、登録人口一万人以上の国籍でもっとも英語能力が高いといえる。近年は、インターネットの無料電話スカイプとウェブカメラを利用し、日本にいる生徒にフィリピンにいる英語講師との英会話の練習をさせる業者が増える等、フィリピン人の英語能力が産業化されつつある。「在日外国人の労働市場」では、英語能力が彼女らにとって日本で利用可能な人的資本となる。

少数ではあるが、フィリピンで高学歴かつキャリアも高く、興行労働を経ずに来日・定住した層もある。彼女らは日本各地で英会話講師や外国語指導助手(Assistant Language Teacher = ALT)として働いてきた。こうした人びとが、興行労働で来日した比較的低学歴の層に対して英語教師となるための講習を行っている。いわば、在日フィリピン人の異なる層同士で、全体的なキャリアとイメージの底上げを図っている。そして、そこから新たな自営業が萌芽している。

(2) 社会関係資本

フィリピン人の社会関係資本として、地域の日本人社会とのつながりと、日本人配偶者が挙げられよう。日本人との結婚により定住するため、定住当初の数年は家庭内適応と出産・子育てに費やされる。日本国内では、家族・地域に限定される対面的な社会関係ともいえよう。しかし、英語ビジネスやネットワーク型の化粧品販売ではこれらが強みとなる。後述するように、化粧品の販売では同じ地域に住む同胞が重要な顧客だ。また、英語ビジネスの場合、顧客はほぼ日本人である。顧客となる学習者の拡大、いわば営業活動には、子どもが通う幼稚園や小学校でできた「ママ友」ネットワークが生かされている。

また、社会関係資本として見逃せないのが、配偶者である日本人夫の存在だ。竹下は、東海地方で国際結婚をした夫婦(夫外国人・妻日本人)が経営するエスニック・レストランを調査し、日本人の妻が果たす役割は大きく、むしろ日本人の妻をビジネスパートナーとすることがエスニック戦略だと述べている(竹下 二〇〇二:一四〇—一四六)。同様に、在日フィリピン人のエスニック・ビジネスも、起業のために自分で資金調達をしなくても、夫が所有する自営業の一部を自分が独立させたり(フィリピンからの興行労働者受入れプロモーション等)、夫が所有する不動産物件を無料で使用したりするなど、夫の財力によっては起業へのハードルがかなり低くなる。不動産賃貸や行政的手続きに際しては、財力のない夫でも日本語の読み書きで手助けできる。日比夫婦で経営するフィリピン食材店では、ビジネスパートナーとしての夫がいることで、フィリピン人顧客の信用貸し要求を断ることができるという。また、日本人に好まれそうなフィリピンの商品（パパイヤ石鹼）を輸入してヒット商品を開拓するなど、日本人夫がビジネスを守り発展させる事例もある（小林 二〇〇八b）。

（3）機会構造

フィリピン人にとっての機会構造を見ると、「アメリカ化されたアジアの国」であることが在日フィリピン人の自営業にポジティブにもネガティブにも働いている。植民地支配による彼女らの英語能力がポジティブに働き、相対的にエキゾチックなインパクトが弱いことがネガティブに働くと思われる。

英語が話せるフィリピン人とはいえ、彼（女）らは全国に分散居住している。外資系企業とその周辺産業という「英語圏出身の外国人の労働市場」は、世界都市・東京に限定されてしまうため、地方都市に住むインテリ層のフィリピン人女性が能力を生かせる雇用機会はきわめて少ない。ところが、近年になって子ども向けの英語教育市場の拡大によって機会構造が開きだした。日本の公立小学校で英語教育が開始され、各地に定住したフィリピン人女性にとって「コミュニティ英語教師」としてのニッチ市場が広がったのである。

一方、植民地支配の歴史が長く宮廷料理が発達しなかったフィリピンの料理は、概して中華料理によく似た味でエキゾチックなインパクトが弱い。後述するように、タイやベトナムに比べて「フィリピン料理」の店は少なく、一般の日本人客にはフィリピン料理はなじみが薄い。すでに日本でカレーが普及していることから、在日インド人やネパール人が「インド料理屋」の看板を掲げて起業しやすい（竹下二〇〇二：一四四）のとは対照的だ。

（4）まとめ

以上をまとめると、タイやインドに比べるとエキゾチックさのインパクトが弱く、一般の日本人客にはフィリピン料理の訴求力が弱い実情からすると、エスニック・レストランでの成功は想定しにくい。むしろ、人的資本および初期投資となる資金が少ない人びとが、日本人夫や地域の日本人（子どもの同級生の親等）といった社会関係資本を利用したり、研修により人的資本を高めたりすることで、日本での起業が実現できるのではなかろうか。こうした条件が揃う場合、起業あるいはより良い雇用条件での労働が可能となり、起業志向がない場合や条件が欠落する場合は、日本人の主婦がするパートで高度な言語コミュニケーションが必要とされない分野（ホテルの清掃、スーパーの野菜の包装等バックヤード作業、食品加工工場）へと流れると思われる。次節では、起業が可能となった事例を前述の三視点から分析してみよう。

第4節　「主婦」の強みを生かす起業

（1）フィリピンレストラン——「エキゾチック」が商品化されなかった世界

エスニック・ビジネスの「典型」と思われるのがレストランだ。しかし、日本には二〇万人以上のフィリピン人が暮らしているというのに、フィリピン料理店を目にすることは少ない。大手のレストラン検索サイト「食べログ」で検索すると、二〇一一年五月現在、登録されている六三万八〇五一軒中、店名に「フィリピン」とつく店は一四軒にすぎない。一方、「タイ」とつく店は一〇九五軒、「ベトナム」とつく店は三五六軒。もちろん「食べログ」に掲載されないフィリピン料理店もあるだろうが、タイ料理店とは二桁、ベトナム料理店とは一桁違うという事実が、フィリピン料理店のプレゼンスの低さをよく表しているといえるのではないか。

筆者(高畑)は、この理由を「エキゾチック」が商品化されなかったためだと考える。つまり、一九八〇年代のエスニック料理ブームの時、タイ料理とベトナム料理は「日本とは全く違うエキゾチックな料理」として紹介され、日本人経営者がメニューや味、店内内装を含めて「演出」して日本人客に提供した。在日タイ人や在日ベトナム人による「故郷の味の再現」と日本経営者による「演出」が同時進行していたのではないか。かたや、フィリピン人女性はこの時代、自らがフィリピンパブで働く「エキゾチックな商品」として「演出」され働いていた。そうしたフィリピン人興行労働者、そして彼女らの出勤前の同伴や勤務後の食事につきあう日本人男性が食べる場所として、フィリピンレストランが成り立っていたのである。つまり、フィリピン料理店は、好奇心あふれる日本人客が食べにくる場所というよりフィリピンパブに付随する産業と考えるほうが適切ではなかろうか。そして、二〇〇五年の興行ビザ発給厳格化に伴いフィリピン人興行労働者が激減すると、それに伴いフィリピンレストランも姿を消していった。

【事例①　儲けよりも「場」としての機能が重視されるレストラン】

静岡にあるA店を経営するBさん（三〇代後半、在日八年）は、一九九八年に初来日し、三回の就労を繰り返して二〇〇一年に知り合った日本人男性と結婚し、二〇〇二年から静岡県内に定住した。その後、フィリピノ語と日本語の能力を生かして通訳や講師として働き、二〇一〇年四月にA店を開いた。

来日前からブティックを自営するのが夢で、日本でもお店を開きたかったという。不動産会社に勤務する日本人夫が所有するマンション一階のテナントが空いたため、そこを無料で貸してもらって開業した。内装は夫も手伝ってくれ、アットホームな雰囲気にした。「フィリピン人と日本人の家族が気軽にわいわい食べてくれるレストラン」を目指したという。もともと英会話教師をしていたBさんは、店を英会話教室としても使えるようにしており、店内には英語教材や大きなテレビ、DVDデッキ、黒板も備え付けてある。また、レストランがある一階の半分をフィリピン人女性に美容エステサロンとして貸しているため、彼女らがBさんの店からフィリピン食材を買うこともあるそうだ。材料は東京都内のフィリピン食材業者から通信販売で仕入れている。

とはいえ、「やってみたらそんなに簡単じゃない。お客さん来ないし。ホント儲かんない」とBさんは言う。レストランは彼女にとって数ある副業のひとつだ。家事、日本語教室、英語教室にも時間をとられるため、常にレストランの店番ができるわけではない。現在の営業時間は決まっておらず、客が来店するにはBさんに電話で事前予約をする必要がある。こうした不定期営業では収入も不安定で、以前、レストランのスタッフとしてフィリピン人の女性を月二万円で雇っていたが、それも払えなくなり、三カ月で辞めてもらった。「もっと（レストランを）やりたいけれど、他の仕事との両立が難しい。日本語教師としてももっと良い先生になれるようにがんばりたいし、通訳の仕事もやりたい」とBさんは言う。そのためにフィリピンから母親か妹を呼び寄せてレストランの店番をしてもらうのがBさんの目下の願望だ。

（二〇一〇年一〇月三一日、静岡県内で聞き取り）

Bさんは日本人夫が社会関係資本となっている典型的事例といってよいだろう。彼女があっさりとレストランを開業できたのも、夫が所有する不動産を無料で使えたからだ（通常ならば月八万円の物件だという）。しかし、夫は経営には一切関与していない。夫はサラリーマンなので、彼女が自分でやりくりできる範囲であれば、店の経営状態について口を挟むことはないそうだ。

彼女の場合はすでに日本で英語や日本語の講師として働いており、キャリアを追求した先にレストラン開業があるというよりは、むしろ「場」の創成に価値が置かれたのではないか。日本においてフィリピン食材・雑貨店を観察した小林は、「（店内に）長椅子という仕掛けを持ち込み、日本社会に暮らすフィリピン人たちと日本人が交差する緩やかなコミュニケーションの場を提供している」（小林 二〇〇八a：一二九）と書いているが、投資の回収よりは集いとコミュニケーションの場としての「店」の維持が目指されているようだ。事実、Bさんはレストランをレストランとして使うだけでなく、英会話教室としても使っている。その意味で、店は彼女の「城」なのだろう。

【事例②　生活がかかっているフィリピンレストラン】

大阪にあるフィリピンレストランC店のオーナー、Dさん（三〇代後半、在日一〇年）は、二〇〇八年にこの店を開業した。彼女はランチ営業担当のフィリピン人女性（五〇代、在日一五年）と、フィリピンから呼び寄せたDさんの母親、シェフのフィリピン人男性を雇っている。また、二〇一〇年にはレストランの近くでスナックも始めた。

Dさんは来日後、日本人男性と結婚。介護の仕事や飲食店でのアルバイトをしながら店の開業資金を貯めた。日本人の夫はすでに退職しており、賃貸物件である店の保証人になっているものの、金銭的な支援は一切なく、開業に必要な役所での手続きもすべてDさんが行った。フィリピンを象徴する「バンブーハウス」をイメージした店の内装には、何百万円も費やしたという。フィリピンの調味料や食材は東京にある卸問屋から通信販売で取り寄せている。また、多くのフィリピン人に来店してもらうため、教会などへ出向いてはチラシを撒いている。

毎日ランチバイキングを行っており、通りすがりの日本人客も少なくない。店の一部に設けられたエスニック雑貨と食材のスペースは、日本人にも人気があるという。しかし、リピーターの大半は家族連れのフィリピン人。関西圏にはフィリピンレストランがほとんどないことから、週末に京都など遠方から来る客も少なくないという。この店でシェフをしている男性は、一年前に技能ビザで呼び寄せられ、繁華街にある別のフィリピンレストランで働いていたが、客足が遠のき、その店はつぶれたという。知り合いにC店を紹介してもらい転職することができた。

（二〇一〇年一一月一九日、大阪府内で聞き取り）

C店もA店と同じく、フィリピン人の主婦によって経営されている。しかし夫に扶養されるA店の経営者Bさんとは異なり、C店のオーナーのDさんにとってはこの店の稼ぎが生活の糧であるため、宣伝活動を積極的に行っている。前述のとおり、二〇〇五年の興行ビザ発給厳格化で興行労働者が減り、フィリピンレストランの閉店が相次いだ。日本人夫に物件の保証人を頼めるのは「主婦」の強みではあるものの、現在も商売は厳しい。Dさんのように生活をかけて開業している場合は、オーナーがスナック経営や他業種でのアルバイト等で運転資金を稼いだり、オーナーが頻繁に交代することがよくあるのが現実だ。

（2）化粧品――アメリカ資本の化粧品販売をフィリピンと日本で

専業主婦が近隣の住民やＰＴＡの人間関係をたどって化粧品を販売するのは、どことなく「昭和の香り」がする風景ではないだろうか。こうした商習慣がフィリピン国内でも、そして在日フィリピン人社会でも根強く残っている。主婦の小遣いで買いやすい価格のものを口コミで販売し、少ないながらも手数料が入る。このような、フィリピンでしていた小規模商売を日本でも続ける人たちがいる。いわば、同胞ネットワークを利用した、女性ならではのビジネスである。

【事例③　顧客との信頼関係とリスクは隣り合わせ】

大阪に住むＥさん（四〇代後半、在日一七年）は、一九九三年に日本人男性との結婚を機に来日し定住した。フィリピンにいた頃からアメリカ資本の化粧品会社エイボン・プロダクツ株式会社（以下、「エイボン」と略す）の販売員をしていた。エイボンは一八八六年創業の、世界最大のダイレクトセリング（直接販売）の会社で、店舗への卸売をせずに、世界一〇〇カ国で五四〇万人いるエイボンレディと呼ばれる販売員が商品を売っている。[4] アメリカの影響が強いフィリピンではエイボンが日本以上に浸透しており、Ｅさんもフィリピンですでにその一員だったというわけだ。事実、在日フィリピン人社会のあちこちで化粧品のネットワーク販売に出会うが、その中でも知名度が一番高いのはエイボンだろう。Eさんによると、現在、エイボンの販売員は主に五〇代の日本人女性と、フィリピン人、ブラジル人やタイ人などの在日外国人女性たちである。

直接販売のメリットは、顧客が友人になり、友人が顧客になる感覚で、お互いに気軽で買いやすいことだ。一方、デメリットは、商品代金を後払い（ツケ）で買うことができるので、「今度、給料が出たら払う」という口約束で商品を持ち帰り、その後、代金を払わない顧客がいることだという。その場合は販売員である自分が立て替えなければならないというリスクを負う。

販売員は前年度の売上に応じてレベル付けされ、最高レベルは年間五〇〇万円の売上だ。レベルに応じてコミッション比率が増えていく。五年前、Eさんが「マネージャー」のレベルにいた時は一〇〇人の販売員を統括し、実質的に大阪のフィリピン人エイボンレディのまとめ役だったという。二〇〇八年には七〇〇万円、二〇〇九年には六〇〇万円を売り上げている。一方、ノルマが達成できない時には自腹を切ってでも商品を買わねばならず、途中から儲けているのか損をしているのかがわからなくなったという。

Eさんにとって、このビジネスへの参入障壁はきわめて低かった。フィリピンで同じ仕事をしていたので販売方法がわかっていたからだ。またエイボンはフィリピンで知名度が高い化粧品会社なので、相手がフィリピン人であれば売るのはより簡単だったそうだ。カトリック教会で出会う同胞も、販路を拡大する経路となっている。

在日歴一七年、三人の子どもを育てながら日本での社会関係資本を蓄積していたEさんは、エイボン化粧品の販売以外にも英語教師をしている。個人レッスン、英語学校の非常勤講師、小学校でのALTを掛け持ちして働く。一九九〇年代には国際電話カードの販売をしており、売上のよい時には月に一〇〜二〇万円のコミッションが入ったが、携帯電話の普及により、このビジネスは下火となった。Eさんは来日前も来日後も、個人自営業としてのネットワーク型販売、フィリピンでいう「バイ・アンド・セル（buy and sell）」を実践してきた。日本で特別に「起業」したというよりは、出身国と日本でのビジネスの態様は連続性を持っている。

（二〇一〇年一二月二日、大阪府内で聞き取り）

（3）英語ビジネス——日本社会とのつながりが成功の鍵

英語ビジネスは、研修により人的資本を向上させ、社会関係資本を利用して地域ベースで展開するビジネスの好例である。また同胞に対し「研修」という学習機会を与えることにより、個人のスキルアップと集団的なイメージ向上が見込まれる上、同胞の自助機能が高まるという利点がある。事例を紹介する前に、フィリピン人の英語ビジネスを支える事業について紹介したい。

英語教師を目指す在日フィリピン人向けの研修活動を行う「地域と家庭を基盤とする英語教師（Community and Home Based English Teachers＝ＣＨＯＢＥＴ）」である。ＣＨＯＢＥＴは、関東圏を中心に在日フィリピン人家族を支援するキリスト教系団体日比家族センター（Center for Japanese-Filipino Families＝ＣＪＦＦ）が二〇〇五年に立ち上げたプログラムで、一六時間の研修プログラムを二日間で行い、英語の教授法や教案の作り方だけでなく、地域での市場拡大の秘訣や月謝の計算方法まで手取り足取り教えている。二〇一〇年七月二日現在、ＣＨＯＢＥＴの修了証書を手にしたフィリピン人は約三〇〇人おり、その大半が女性だという。

こうした研修を受け、人的資本を向上させたフィリピン人女性たちは、どのように英語ビジネスを行っているのだろうか。以下、CHOBETの研修受講者の経験を見ていこう。

【事例④　地域社会と「ママ友」のネットワークで拡大する英会話教室】

東京都内で英会話教室を開講するFさん（四〇代、在日二〇年）は、一九九〇年に来日し、二〇〇〇年から英語教師としての仕事を始めた。日本での初職は興行労働者だが、日本人男性との結婚後、専業主婦として家事と育児に専念していた。長男が小学生になった時、長男の同級生の保護者から「英語が話せるならうちの子に教えてもらいたい」と言われた。これまで教えた経験はなかったが、自前の教材と片言の日本語で授業を盛り上げた。

FさんがCHOBETに参加したのは、英語教授法を体系的に学ぶ機会がほしかったからだという。英語教師として働いて一〇年になるが、それまでは市販の教材と自己流のやり方で教えてきた。また、末子が小学校に入学して時間的余裕が生まれ、働く時間を増やしたいという希望もあった。

生徒の母が予約してくれたカルチャーセンターの一室で、毎週一〜二回、レッスンを行う。口コミの宣伝やチラシ作りにも生徒の親が関わり、彼女の英会話教室は常に定員を満たしている。これまで、妊娠と出産のため教室を休むことがあったが、生徒に復帰を知らせるとすぐに戻ってきてくれたそうだ。最近では子どもよりもカルチャーセンターのチラシを見てやってきた大人の受講者が増えてきている。「子どもは中学生になったり、飽きちゃったら（英会話教室は）終わりだけど、大人は辛抱強く来てくれる」という。

Fさんの家族は彼女が英語教師として働くことに協力的で、子どもたちは自分の使っている教科書を教材として貸してくれることもある。Ｆさんは「夫のおかげで日本にいられて、好きなことができて感謝しています」と述べていた。

（二〇一〇年四月一八日、埼玉県内で聞き取り）

Ｆさんの場合、夫の収入で家計は成り立っているため、彼女の英語ビジネスは一家の副収入である。パートタイムとして英語ビジネスを行うのはメリットが多い。資本金や不動産がなくても開業でき、子育て中でも時間的融通が利く。参入障壁が低いのである。日本人の配偶者として地域に根ざすフィリピン人女性だからこそ、Ｆさんのように地域の母親たちのネットワークという社会関係資本を生かして英語教師ができるという強みを持っている。

とはいえ、英語ビジネスだけで主たる生計の担い手となるのは至難の業だ。大阪で英語教師を行うＧさんの事例を紹介する。

【事例⑤　掛け持ちで働き生活を支える英語教師】

大阪府内で英語教師として働くＧさん（五〇代、在日一二年）は、日本人男性との結婚を機に一九九八年に来日し、その三カ月後から英語教師をしている。フィリピンにいた頃、外資系の大手アパレル企業などで働き、従業員二〇〇人を抱える縫製工場を経営していた経歴を持つ。来日直後は夫の希望で専業主婦をしていたが、フィリピンでも常に働いていたため、家でじっとしているのは耐えられず、英会話学校の面接を受けにいった。社長に気に入られ、すぐに採用されたそうだ。パートではあるものの、ほぼフルタイムで働き、彼女の生活は充実していた。

しかし、二〇〇二年に夫が退職してフィリピンで暮らし始め、Gさんも一緒にフィリピンへ帰った。セブ島で暮らし始めたが、そこでも仕事をしていないことがストレスとなり、二〇〇五年にGさんは単身で再来日。退職金で暮らす夫からの経済的援助はなく、友人の紹介で入居した2DKのマンションの家賃を自分で支払っている。

以前と同じ英会話学校が雇ってくれたが、かつてのようなフルタイムのシフトを入れてもらえず、外国人向けのフリーペーパーや口コミで他の求人を探した。結局、日・月曜日は公民館で小学生向け英会話教室、平日の午後は小学校のALT、金曜日と土曜日の午後は英会話学校に勤務、水・木曜日は老人ホームで英会話教室、という多忙なスケジュールとなった。また、二〇〇八年九月の経済危機以降、英語教師の単価はどんどん低くなったため、生計を立てるので精一杯だという。「それでも生徒がいるから六〇歳までは日本で頑張る。フィリピンに帰国したところで五〇代の女性には絶対に仕事はないから」とGさんは語る（二〇一〇年七月一三日、大阪府内で聞き取り）。その後、当初から働いていた英会話学校が経営不振に陥り、ついに退職を迫られた。これを契機に、彼女は息子の住むアメリカへの移住を真剣に考え始めている。

（二〇一一年三月八日、大阪府内で聞き取り）

以上見てきた中にあるように、英語を仕事とするフィリピン人の就労形態は次の四つに分かれる。①生徒の家や自宅で家庭教師（一回二〇〇〇〜三〇〇〇円）、②地域の公民館やカルチャーセンターでグループレッスン（一回約五〇〇円／人）、③英会話学校での非常勤講師（一回一〇〇〇〜三〇〇〇円）、④派遣会社に登録もしくは行政に直接雇用され公立学校でALTとして就労（一コマ一五〇〇〜二五〇〇円）。Gさんのように英語教師を主な収入源としている人は、これら複数を掛け持ちしながら収入を得ていると考えられる。固定給がないこと、景気に左右されやすいことなどのデメリットがある。

一見、不安定な就労に見える英語教師だが、それでもなおこれが在日フィリピン人にとって「魅力的な」職となるのはなぜだろう。そこには、語学教育職に対する社会的評価の高さがある。英語教師の研修にあたるCHOBETの最大の関心は、在日フィリピン人が経済的に自立し、日本社会で弱者とならずに生きていくことを支えるという点にある。そのためには、「在日フィリピン人英語教師同士の結束とイメージの向上が必要だ」と研修講師を務めるHさんは語る。「イメージの向上」を目指す意気込みは、筆者（原）が参与観察した研修で登場する講師たちの言葉の端々に表れていた。

日本で二〇年近く英語教師として働き、現在アメリカ資本の教育系出版社に勤めているIさんは、研修中にこう言い放った。「私たちは、Person ではなく People として見られていることを認識しなければならない。ひとりの発音のミスで「だからフィリピン人は」と言われてしまう。フィリピン人みんなのイメージにつながるから発音の練習は欠かさないこと！」。また、フィリピンの有名大学を卒業し、地方局でアナウンサーをしていたJさんは言う。「私も（ネイティブではない）フィリピン人だから生徒に嫌がられることもあった。でも絶対に感情的になってはだめ。フィリピン人の代表として、偏見を払拭するような素晴らしい授業をすればいいのよ」（二〇一〇年四月一八日、埼玉県内での参与観察）。

研修の講師を務めるフィリピン人はいずれも高学歴で上層階級の出身者であり、参加者の多くは一九九〇～二〇〇〇年代に興行ビザを取得して来日した元興行労働者の女性であった。講師たちは同胞女性たちへの英語研修を通じて、「フィリピン人女性＝興行労働者」という日本社会の中でスティグマ化されたフィリピン人女性像を変えるとともに、「尊敬されるフィリピン人像の創造」を目指し挑戦しているように思われる。

サンホセ&バレスカスは、ALTとして雇用されているフィリピン人英語教師が日本の草の根レベルの国際化に寄与しているという(San Jose & Ballescas 2010)。フィリピン人が英語ビジネスに参入することの意味はそれだけでなく、様々な副次的効果があることは実践現場から明らかになっている(Joe 2010；とよなか国際交流協会 二〇一二)。CHOBETなど運動的にその研修を行うグループにとっては、「フィリピン人が英語を教えること」は単なる語学教育ではなく、日本社会でスティグマ化されたフィリピン人女性が解放されるための手段なのであろう。

第5節　まとめ

在日フィリピン人のエスニック・ビジネスについて記述と分析をしてきたが、冒頭に示した三つのキーワード、①主婦の副業的ビジネス、②日本人夫という社会関係資本の利用、③新規参入ニッチとしての英語教育ビジネス、に沿う形でまとめていこう。

第一に、良くも悪くも、在日フィリピン人の多くは「主婦」である。そして、エスニック・ビジネスから見えてくるのは、女性の生き方の階層分化といえるのではなかろうか。永住する女性が多くを占め、全国に分散居住するフィリピン人。集住地域がきわめて少ないことから、店舗型のエスニック・ビジネスを維持するのは難しい。同胞対象ならばネットワーク型、それ以外対象ならば、レストラン、化粧品販売、英会話教室といった小規模自営業となる。もちろん、この売上だけで家族を養うのは難しい。換言すれば、参入障壁が低く、誰かに養ってもらいながら自営業をしている人が多いのではないか。自営業は「良い配偶者を得た成果」の表象かもしれない。

とはいえ、日本での自営業の「成功」だけで在日フィリピン人の「成功」を測るのは早計だと筆者（高畑）は考えている。というのは、物価が高い日本で自営業の初期投資をするよりは、フィリピンで自営をするほうに魅力を感じるフィリピン人は多く、その実践例も見られる。日本では「主婦」として夫の収入で暮らしつつアルバイトの収入から七〇〇万円を貯蓄し、フィリピンで小学校を買い取り経営している人がいる（高畑 二〇一一）。日本は「稼ぐ場所」でフィリピンは「お金を使う場所」――日比を往復するトランスナショナルな生活様式を実践し、フィリピンで起業することで出身家族の雇用創出ともなり、日本からの送金をいずれ減らす手段ともなる。日本での「成功」だけを目指すのではなく、当初からフィリピンでの「成功」を形成する術として日本での定住や労働があるのかもしれない。

第二に、先行研究で指摘されるように（竹下 二〇〇二等）、日本人配偶者が在日外国人のエスニック・ビジネスの展開へ寄与するところは大きく、日本人配偶者は社会関係資本といえよう。しかし、竹下が研究対象としたインド、パキスタン、ネパール等出身の外国人夫と日本人妻の夫婦に見られるような「夫の夢を妻が共有し、ビジネスパートナーとして協力し合う」例は、在日フィリピン人においては稀である。エスニック・ビジネスの自営業は一種の「危険な賭け」でもあり、安定した職についている日本人夫が職を手放してまで妻の自営業につきあうことはリスクが高く、「主婦の副業」のようなビジネスになるという解釈もできよう。

一方、小林（二〇〇八b）は、フィリピン人妻がフィリピン食材店を経営し、日本人夫が手伝う事例を紹介している。ここから、エスニック・ビジネスが生活手段となる可能性を秘めていることがうかがわれる。また、その過程で日本人夫がフィリピン人妻に従属的になってジェンダー間の権力関係が転換したり、日本人夫がエスニック・ビジネスにおいて果たす「文化仲介的翻訳者」の役割が重視されたりする等、興味深い観察がなされている。不況により失業した日本人夫や、定年退職する日本人夫も増えており、今後はフィリピン人妻が主導するエスニック・ビジネスが増えるかもしれない。日本人夫が経営に関わり、日本人への宣伝に力を入れ日本人になじみのあるメニューを開発していけば、フィリピン料理はもう少し人気が出るだろう。

さらに付言すれば、レストランや化粧品の「営業」は、今もなお在日フィリピン人の結節点であるカトリック教会で行われている。こうした同胞ネットワークは健在で、さらには日本人の配偶者また日本で育つ子どもたちの母親として、地域社会や学校社会での社会関係が築かれており、それが英語教育という新たなビジネスに生かされていることが在日フィリピン人の特徴といえるのではなかろうか。

第三に、CHOBETのような同胞の自助組織が、来日から何年もたった人びとを対象に人的資本を高めるための研修を主催している。エスニック・ビジネスでの人的資本形成は、通常はオン・ザ・ジョブ・トレーニングでなされており、こうした研修プログラムが用意されるのは珍しい。また、これは彼女らの長い在日歴でつちかわれた地域社会とのネットワークが生かされる職であり、英語教育を通じて在日フィリピン人全体のイメージ向上が目指されている。今後、〈エスニック・ニッチ〉として拡大する可能性があり、注目する価値があるだろう。

注

（1）なお、本章で依拠するデータは、先行研究と統計資料に加え、高畑のフィールドワーク（在日フィリピン人向けエスニック・メディア編集長として：一九九三年～二〇〇一年、外資系銀行で在日フィリピン人向け送金業務担当：一九九五年～一九九七年、関西・名古屋・広島の在日フィリピン人社会での調査：一九九三年～現在）、原のフィールドワーク（首都圏・関西・名古屋の在日フィリピン人社会での調査：二〇〇七年～現在）、そして在日フィリピン人向けエスニック・メディア各誌（一九九五年～二〇一一年）などである。

（2）二〇〇九年末時点で、永住者八万四四〇七人＋日本人の配偶者等四万六〇二七人＋定住者三万七一三一人＋永住者の配偶者等二七六五人＝一七万三三〇人。

（3）文部科学省サイト（http://www.mext.go.jp）、二〇一一年五月二日アクセス。

（4）エイボン・プロダクツ（株）（www.jp.avon.com）、二〇一〇年五月二八日アクセス。

文献

Fawcett, J. T. and R. W. Gardner, 1994, "Asian Immigrant Entrepreneurs and Non-Entrepreneurs: A Comparative Study of Recent Korean and Filipino Immigrants," *Population and Environment*, 15(3): 211-238.

Jeffs, A., 2008, "Teaching Skills Pave Road to Self-reliance," *The Japan Times*. February 16, 2008.

Joe, M., 2010, "Why Do English Teachers Have to Be Native Speakers?" *The Japan Times*. April 15, 2010.

小林孝広、二〇〇八a、「東京郊外の在日フィリピン・サリサリストア」『アジア遊学』一一七号：一二二―一二九。

――――、二〇〇八b、「越境する小商い――サリサリストアをめぐって」『アフラシア』六号：一六―二一。

大曲由起子・髙谷幸・鍛治致・稲葉奈々子・樋口直人、二〇一一、「在日外国人の仕事――二〇〇〇年国勢調査デー

タの分析から」『茨城大学地域総合研究所年報』四四号：二七―四二。

San Jose, B. A. and M. R. P. -Ballescas, 2010, "Engaging Multiculturalism from Below: The Case of Filipino Assistant Language Teachers in Japan," *Journal of Asian Studies for Intellectual Collaboration*, 2010: 162–180.

高畑幸、二〇〇九、「在日フィリピン人の介護人材育成――教育を担う人材派遣会社」『現代社会学』一〇号：八五―一〇〇。

――、二〇一一、「「意味ある投資」を求めて――日本から帰国したフィリピン人による出身地域での起業」竹沢尚一郎編『移民のヨーロッパ――国際比較の視点から』明石書店。

竹下修子、二〇〇二、「国際結婚とエスニックビジネスの展開――エスニックレストランの事例分析から」『金城学院大学論集社会科学編』四五号：一二九―一五〇。

とよなか国際交流協会、二〇一一、『英語・外国語 体験活動報告書』。

在日フィリピン人介護者研究会、二〇一〇、『二〇〇八在日フィリピン人介護者調査報告書』。


（付記）本章は高畑幸と原めぐみの共同執筆によるものである。第1節と第2節は高畑が担当し、第4節は原による調査をもとに両者が執筆し、第3節と第5節は両者で議論した上で執筆した。

第5章　ベトナム人
――外部市場志向のビジネス

平澤文美

第1節　定住過程と就労状況

二〇一〇年末の時点で、ベトナム人の外国人登録者数は四万人を数える。本章ではそのうち一九七〇年代後半以降難民として定住した人と呼び寄せられた家族、一九七五年以前来日の元留学生等（在日ベトナム系住民）[1]のビジネスについて取り上げたい。これらの人々は九〇年代後半以降増えている留学生や研修生などとは異なり、日本定住者として在留資格も「定住者」「永住者」など就労制限のない資格を持つ。二〇一〇年の在留外国人統計によると、在留資格「定住者」「永住者」は合わせて約一万五〇〇〇人であるが、難民として定住した人と彼らの家族が多く含まれると推測される[2]。在留資格の面では他の外国人より起業に有利であるが、序章で示されたように、エスニック・ビジネス従事比率が高いとはいえない。本章ではこのような状況について主に彼らの定住過程、市場状況から説明を試みる。そして筆者が二〇〇四年から二〇〇八年にかけて行った中古品関係業者、料理店経営者への聞き取りをもとに、

図5-1　ベトナム難民と呼び寄せられた家族の日本定住過程

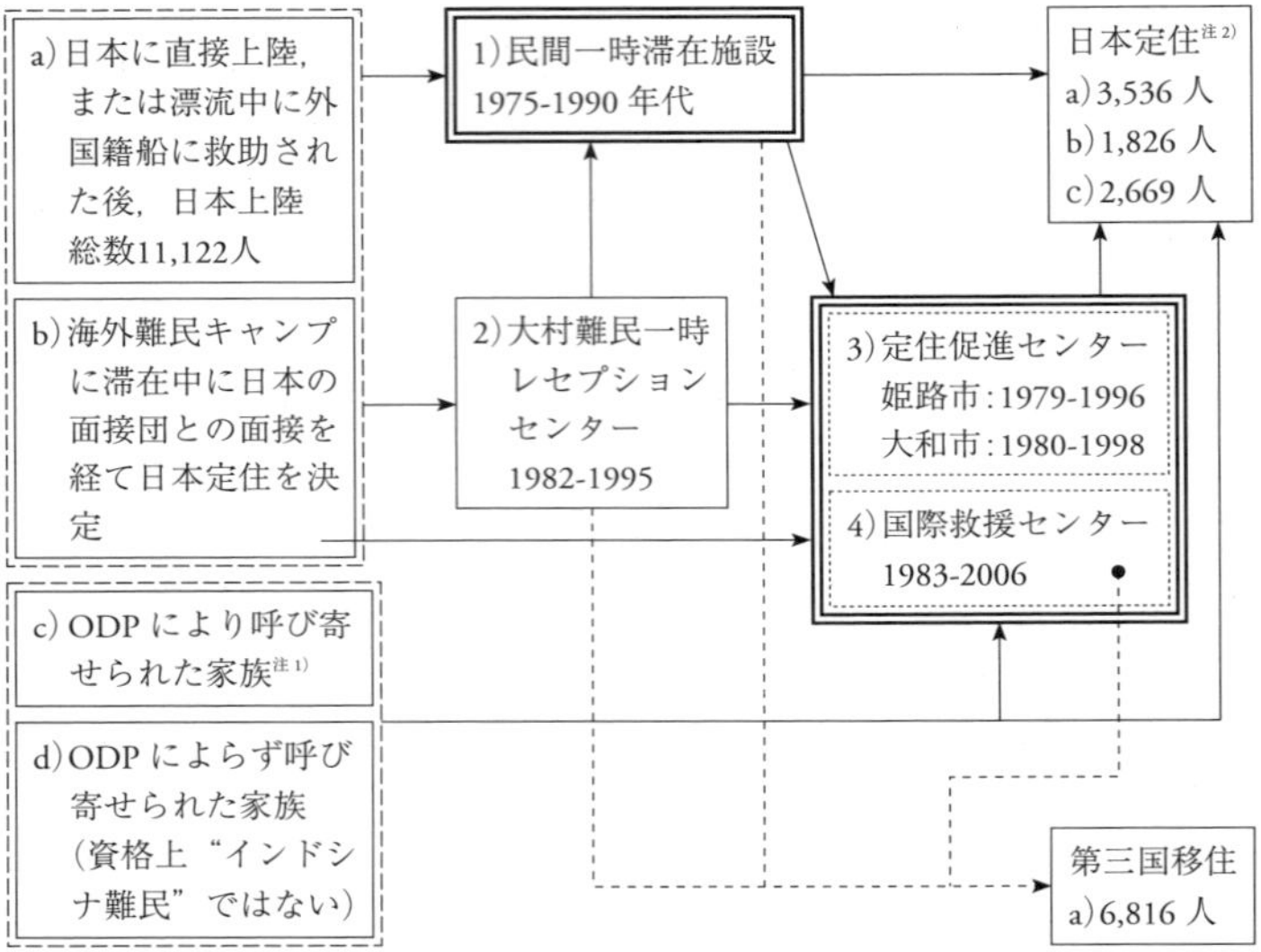

出典：アジア福祉教育財団（1999），内閣官房インドシナ難民対策連絡調整会議事務局（1996）にもとづき筆者加筆作成。
注1）ODP：Orderly Departure Program 合法出国計画。1979年5月30日に UNHCR とベトナム政府との間で取り決められた「合法出国に関する了解覚書」にもとづき，家族再会および他の人道的ケースの場合に限りベトナムからの合法出国を認めようとするもの。
注2）元留学生でインドシナ難民の認定を受けた人数，及び d)に該当する人数は含まない。

彼らの人的資本や社会関係資本が起業にどのようにかかわっているのかを示したい。

本論に入る前に、ベトナム難民と呼び寄せられた家族の日本定住過程を概観しておこう（図5-1）。日本でインドシナ難民として定住許可を受けた人のうちベトナム難民は八六五六人である（アジア福祉教育財団難民事業本部　以下、難民事業本部　二〇〇六：一六）。一万人以上がボートピープルとして日本に上陸したが、その約六割はアメリカをはじめとする第三国へ移住していった。彼らは上陸後まず難民事業本部が管理運営する大村難民一時レセプションセンターで健康診断や必要な場合は治療を受け、一カ月から数カ月滞在した後、第三国へ向けて出国、あるいは国内の民間の一時滞在施設、難民事業本部が運営する定住促進センターや国際救援センターに移った。大村難民一時レセプションセンターが開設される一九八二年以前は、彼らは直接民間の一時滞在施設へ入所した。ベトナムからの難民が日本へ初上陸した一九七五年五月以降、日本に上陸した難民たちを受け入れていたのは各宗教団体等の民間団体であった。各団体はＵＮＨＣＲ（国連難民高等弁務官事務所）からの業務委託を受け、教会や道場、社会福祉施設を一時滞在施設として提供するなど難民の支援にあたっていた。一九七八年に日本政府は一時滞在中の難民の中で日本に定住を希望する人に対して定住の許可を与える方針を打ち出したが、難民たちの多くはアメリカやカナダなどへの第三国定住を望んでいたため、定住許可を申請する期間、一時滞在施設に暮らしながら許可を待つことになった。民間の一時滞在施設は全国に約三五カ所設けられ、一〇〜三〇〇人（五〇人前後が多い）ほどがそれぞれの施設で生活を送っていた（難民事業本部 一九九七：六、外務省情報文化局 一九八一：八〇—八一）。第三国からの定住許可を待つ期間、一時滞在施設での生活が数年に及ぶこともあった。

日本へ定住を決めた人は、定住促進センターや国際救援センターへ入所し、日本語教育や社会生活への適応訓練等を受け、約六カ月の滞在の後退所する。重要なのは、それぞれのセンターは就職斡旋を行っていたことである。就職は定住する人にとって最重要事項である住居の確保とセットになっており、就職先の会社が住居を確保するという条件があって初めて難民はその会社へ就職し、センターを退所していく。センター退所者のうち就職する人の割合はインドシナ難民全体で四〇〜五〇％であり、そのうち八〇％は金属加工、電気・機械器具、自動車組立、印刷・製本といった製造業についている（アジア

福祉教育財団 一九九九：二一、二八）。つまり、難民の中で就職を希望する人はセンター退所時に就職先を確保している。

日本に定住するインドシナ難民は、海外難民キャンプや日本の一時滞在施設を経由し、定住促進センターあるいは国際救援センターを経て定住する。安定した在留資格ゆえに就労制限はなく、自治体や国が提供する福祉制度も利用できる。インドシナ難民と家族に対して、難民事業本部は引き続き就職相談員を置き支援を行っている。このように、インドシナ難民は他の外国人とは多くの点で異なる定住過程をたどっている。そして、一九八〇年代末までベトナム難民と母国との関係はかなりの程度断絶していた。これらのことは就労状況や社会関係、ひいてはビジネスにも影響している。

第2節　エスニック・ビジネスの変遷

まず、ベトナム系住民のエスニック・ビジネスにはどのようなものがあるのか、表5−1をもとにみていこう。人口規模が大きくないため、エスニック市場はきわめて限定的である。彼らのビジネスのほとんどは、同胞以外の市場を開拓してできたものだといえる。

先行研究で紹介されるベトナム系住民の代表的なビジネスには、中古品（廃品）回収・輸出業、ベトナム料理店がある（青木 二〇〇〇、戸田 二〇〇一、川上 二〇〇一）。しかし、これらの研究が行われた二〇〇〇年以前の状況と今日ではベトナム、日本の市場状況は共に変わっており、彼らのビジネスも様相を変えているだろう。筆者の行った聞き取りも合わせて、中古品（廃品）回収業・輸出業とベトナム料理

表5-1　在日ベトナム系住民によるエスニック・ビジネスの類型

		ビジネスの顧客	
		同胞	それ以外
提供する財・サービスの種類	エスニック財	<エスニック市場のコア> ベトナム食材店 ベトナム料理店 カラオケ店	<エスニック・ニッチ> ベトナム料理店 ベトナム雑貨店
	非エスニック財	<言語的障壁にもとづく市場>	<移民企業ニッチ> ベトナムで日本向け製品を製造 中古品（廃品）回収業・輸出業

店の変遷を追ってみたい。

（1）中古品（廃品）回収業・輸出業の変遷

中古品輸出については、新品／中古品の区別がそもそも曖昧なこと、中古品のみの輸出状況を扱う統計が存在しないことにより、統計から趨勢を追うことが難しい。後述するように、一九八〇年代半ばに神戸市中央区の「高架下」と呼ばれる商店街で寄航する船員を相手に中古品販売をはじめた神戸のベトナム系住民、一九七五年以前来日の元留学生が先駆けと考えられる(3)。

戸田（二〇〇一：六三―六四、一二六）によれば、神戸のベトナム系住民の間では、一九八〇年代後半からベトナムへの中古電化製品の輸出、ベトナム料理店といったビジネスがはじまった。当初この商売をはじめたのは中国系ベトナム人で、主にアジア人の船員を顧客とし、ベトナムの船が入港したときには、ベトナム人船員が来店することもあった。後に非中国系ベトナム人もこの分野へ参入するようになった。ベトナム政府が一九八七年に海外在住のベトナム人に対して一時帰国許可の政策をとるようになると、それまで日本国内のみで商売していた中古品（廃品）回収業は飛躍的に発展した。商売の領域がベトナムにまで広がったからである。

ベトナムでは一九八六年末からドイモイ政策を開始していた。送金や仕送りの奨励、ベトナムへの入国を可能にするなど難民として海外に居住するベトナム人に対する政策も改正され、このドイモイの波に乗って中古品貿易は急速に発展した。中古品貿易は一九八九年頃から一層盛んになり、一九九二年頃に第一の最盛期を迎えた。第二の最盛期は一九九五年の阪神・淡路大震災後一、二年ほどの間である。[4]当時震災で多くの家屋が全壊半壊状態となり、家屋の中にあった中古の電化製品が、廃品として路上に多数放置されていた。これが中古品貿易・中古品（廃品）回収業繁盛の主な要因であった。しかし一九九七年頃からは中古品貿易・中古品（廃品）回収業では倒産が相次いだ。ベトナム政府側が輸入を規制したこと、日本の企業が参入してきたこと、震災によって中古品が容易に入手できた状況も終わったことなどがその理由である（戸田 二〇〇一：六三―八〇）。[5]川上（二〇〇一：二〇七）も神戸市長田区から兵庫区の国道二号線沿いには、中古品を一時ストックしておく貸倉庫や倉庫を改造した店が並んでいたことを報告している。在日ベトナム系住民の間では中古品関連業が興隆した一時期があったが、次節で述べるように、現在は全体としては下火になったと考えられる。

元留学生の中にはこの分野に先駆的に参入した人もいる。回収業にとどまらず輸出まで手がけるためビジネスの規模も大きい。筆者が聞き取りした元留学生の一人は、一九八〇年代はじめに日本国籍を取得、ベトナムと日本を往来するうちにベトナム国内の需要を知り、ベトナムの公社からの協力も得て輸出業に乗り出した。日本のメーカーから直接仕入れを行うなど、扱う商品も中古品に限らない。

（2）ベトナム料理店の変遷

二〇一一年三月現在、料理店紹介のウェブサイトで「ベトナム料理」と入力して検索してみると、東京都内だけで一〇〇軒近い料理店がヒットする。ベトナム料理の人気と定着をうかがわせるが、次節で示すように、オーナーが日本人である店が大半であると考えられる。

戸田（二〇〇一：八八）によれば神戸の中古品（廃品）回収業・輸出業に携わる人々の事業は一九九〇年代中頃に経営が多角化し、日本で中国・ベトナム料理店の営業をはじめた人もいる。神戸にある中国・ベトナム料理店には、このビジネスの多角経営としての店と、中国・ベトナム料理店だけに特化して商売をする中国系ベトナム人の店の二種類があるという。一方、青木（二〇〇〇）が東京と神奈川で行ったベトナム料理店五軒（うち一軒はベトナム雑貨食材店）への聞き取りでは、経営者はすべて難民として来日した南ベトナム（ベトナム共和国）出身の非中国系ベトナム人であった。

筆者が聞き取りした一八名の料理店経営者（中国系ベトナム人は三名）のうち、中古品（廃品）回収業・輸出業にも何らかの形で携わっているのは六名である（過去に行っていた場合、本人以外の家族が過去、現在行っている場合も含む）。「中古品で成功した人は、料理店を開くという流れがベトナム人の間にはあった」（中古品（廃品）回収業者）と言う人もいる。中古品関連業から料理店へという流れがみられるのは、料理店は参入障壁が高いという理由が挙げられるだろう。料理店は小さな店でも開業には最低でも数百万円以上を要するので、ある程度の資金がなければ開業が難しい。そのためまず元手のかからない中古品（廃品）回収業から入り、利益を上げた後に料理店を開く流れになる。しかし、料理店が必ずしも中古品関連業の延長にあるわけではない。調査対象者の中には料理店を開いた後、にわかに活気づきはじめた中古品関連業に乗り出したケースもある。中古品関連業とはまったく関係なく、当初から料理店を開くことを目標としていた人もいる。

料理店起業の時期については、筆者の調査では、一九八〇年代の開業が三軒、一九九〇年代が七軒、二〇〇〇年代が八軒となっており、特に一九九〇年代後半以降の開業が多い。一九九〇年代後半以降の開業数の増加は、ベトナムへの関心の高まりという市場状況、日本定住後ある程度の期間被雇用者として料理店、あるいは他の職種で就労したことによる資金と経験の蓄積、よき経営パートナーとなる子どもの成長など、機会構造、人的資本、社会関係資本など次節で述べる各要素が影響を与えているとみることができるだろう。

店舗の規模は、チェーン店化等で広げることもなく、小規模なところがほとんどである。しかしこれは、経営者自身の経営姿勢の表れである場合もある。「お店を大きくすればするだけ味とかもまばらになってしまうじゃないですか。こんな場所なのに、わざわざ遠くから来てくださるお客様もいっぱいいて、そういうお客さんを大切にしたい」（一・五世）、「お金も必要、それがないと生活できないから。（略）でもトントンでもいいかなって」（一世）。エスニック・ビジネス研究においては、何がしかのビジネスをステップに上昇移動していく過程に目が向けられるが、起業者の中にはたとえ小規模な展開ではあっても本人があえてそれを望んでいることもある。

そして現在まで規模自体に変化はなくても、料理店を担う世代は変わっている。一九八〇年代など初期の開業は一世が中心であったが、一九九〇年代以降は、一世の親と成長した一・五世の子が共同で開業する、一世の親が開業した店を子が継ぐというケースが現れ、二〇〇〇年代に入ると一・五世のみで開業する、というケースも現れる。親が開業した料理店を一・五世の子が継ぐ際に日本人パートナーが経営に参加することもある。日本で育った世代の台頭は、ベトナム系住民がニューカマーとしては古く一九七〇年代後半から定住しはじめたこと、安定した在留資格ゆえに家族を呼び寄せ定住することが可能だったことなど集団としての特徴を表している。

第3節　事業の展開を規定する要素

(1) 中古品(廃品)回収業・輸出業

中古品関連業は、回収業にとどまるか輸出業まで乗り出すかによって参入障壁が異なる。とりわけ自転車一台、車一台ではじめられる回収業は元手がかからないため、参入障壁が低いといえるだろう。初期参入者が地ならしをした後はそれをモデルとして他の人も参入しやすくなる。初期にこの分野に参入した人は、起業に必要な人的資本と社会関係資本を有していた。この分野が衰退した後に他の方面へ事業を展開できたのも、初期に大きな利益を得て体力をつけた人たちである。

一九八〇年代中頃、この中古品関連業では初期に神戸市の「高架下」に店を開いた人物の子どもであるマイによれば、父親が家族総出で中古品関連業を立ち上げた過程は次のようである(6)。

【マイの事例】

マイの父は、日本統治下の台湾に生まれ育った台湾人である。およそ二〇歳でベトナムへ渡り、ベトナム人女性（マイの母）と結婚、一家はベトナム北部で暮らしていた。戦争後の一九七九年、すでに結婚し家庭を築いていた姉二人をベトナムに残し、マイ一家は父母、長兄家族、次兄家族、マイを含む六人のきょうだいがボートで脱出、香港の難民キャンプで短期間過ごした後、一九八〇年に来日した。日本統治下の台湾で育った父親は日本語が流暢に話せたことから、定住促進センターや難民一時受け入れ施設等で通訳として働いた。日本定住後も父は仕事の関係で地方に単身とどまり、他の家族は姫路市に落ち着いて就職し、就学年齢の子どもたちは学校に通っていた。来日から約七年後、マイが中学校に上がった頃父親が赴任地から戻ることになり、姫路市で働いていた子どもたちも神戸市に集まって元町の高架下で中古品を扱う事業をはじめた。中古品（自転車、ミシン、ビデオ、テレビ、自動車等）を揃え、寄港するベトナム船員を相手に一家で商売をはじめた。後に、ベトナムへ中古品を輸出する事業も手がけるようになる。輸出先のベトナムではその当時ハノイ市、ホーチミン市に住んでいた長姉、次姉の家族が協力した。この事業は大成功を収めた。

この分野に先駆的に参入した一九七五年以前に来日した元留学生もいる。むしろ元留学生の方がベトナムの政府関係者の協力を得て有利に事業を展開できたといってもよい。次に示す事例では日本国籍を取得していたこと、ベトナム政府関係者とのつながりもあったことが起業を後押ししている。

【ソンの事例】

ソンは、一九七〇年代はじめに来日した南ベトナム出身の元留学生である。日本の大学に在学中に戦争終結となり、第三国移住の許可も得たが日本に残り大学を卒業、日本で外資系企業に就職した。戦争終結後は無国籍状態であったため海外出張の多い仕事に支障があったこと、また曖昧な立場の苦しさから一九八〇年代初頭に日本国籍を取得した。ソンは来日したベトナム政府関係者の案内を務めることも多く、彼らとの関係を築く機会があった。

日本国籍取得後何度かベトナムに帰国した折に、何がベトナム社会で必要とされているか直接見てきた。そして会社勤めのかたわら、バイクや家庭用のミシン、テレビ、タイヤなどをベトナムへ輸出する事業をはじめた。扱うのは中古品だけでなく、日本の企業から直接新品の商品を仕入れてベトナムへ輸出することもあった。政府関係者との関係があったことから、ベトナムの公社を相手に取引を行うことができた。

初期参入者に共通している点として、人的資本の高さ、および事業の発展に有効な社会関係資本を有している点が挙げられる。二名の初期参入者の日本語能力と学歴は、起業前の被雇用者としての就労状況に関連している。そして起業に際しては、初期参入者たちの日本語能力は日本企業との直接の取引や、回収業、輸出業のルートを開く際にも生かされていると考えられる。さらに、ソンが日本国籍を得たことはベトナム―日本間の往来を自由にし、ベトナムでのルート開拓にも役立っているだろう。

社会関係資本については、在ベトナムのパートナーの存在がある。「輸出までみんなができないのはルートを開拓するのが難しいから」(元輸出業者)、「ものを送って、みんなが動かなければパーになる」(被雇用者)というように、回収業への参入は容易だが、輸出業まで踏み出すとなると在ベトナムの信頼のおけるパートナーが必要である。難民の中にはベトナム在住の家族を持つ人は多い。しかし家族の居住地、港湾管理関係者と協力関係を築けるか、販路を有利に開拓できるか否か等によって、必ずしも現地の家族が有効な援助を行えるわけではない。社会関係資本はあっても具体的に助ける術があるとは限らない。

初期参入者たちがある程度ルートを開拓した後は、それをモデルとして参入者が続く。多くの人にとっての回収業参入の理由は「その頃（一九九〇年代初期）ベトナム人の間では中古品（廃品）回収業がはやっていた」（元回収業者）からだろう。車一つではじめることができ、しかもただ同然で品物を引き取ることができるならば損はしない。試しに副業としてはじめ、収益が見込めると踏めば専業とする。陰りがみえれば撤退する。日本語については、「日本語能力いらへんもん。「冷蔵庫、ツードアいらん、スリードア。何台入った、ほな買う」くらいでいい」（元輸出業者）という人もおり、参入のハードルは低くなった。ベトナム側で中古輸入品を受け取り市場に流す経路ができた後は、直接の面識がない相手でも現金取引で損をしない条件ならば商売は成り立ったという（元輸出業者）。

取引も日本―ベトナムの二国間に限定されたものではなく、ベトナム人の回収業者が必ずしもベトナム人の輸出業者に品物を渡すわけではない。「（ベトナム人輸出業者に限らず）高く買ってくれるところに売る」（回収業者）。輸出業者も必ずしもベトナムへ輸出するわけではない。「香港へ輸出してた。あとはバイヤーの自由でいろんな国へ」（元輸出業者）。

参入障壁の低さは必然的な帰結として過当競争を招いた。日本人も他の在日外国人も参入した。さらに需要が多いと知れば売り手側も中古品の値段を吊り上げる。家電販売店との取引の例では、「日本の場合は新商品が出るとすぐに古いモデルになってしまうから、そういう在庫を買い取ってくれるのはありがたいと店も思う。でも、例えばエアコンとか、人気が出てくると店も値段を上げたりする。そういうことの繰り返し」（元輸出業者）。また家電廃棄の法整備なども進み（「特定家庭用機器再商品化法」＝通称「家電リサイクル法」、二〇〇一年四月施行）、以前のように無料で引き取ったり、廃棄されたものを集めてくるということはできなくなった。

ベトナムの状況も変わっている。一九九〇年代半ば以降、中古電化製品や中古機械の輸入規制や禁止措置をとるようになった（世界経済情報サービス 一九九六：四七―四九）。一九九五年以降はベトナムへ直接進出する外国企業が年々増加し、日本企業の現地法人も増加していく。また直接進出せずとも日本企業は他の東南アジア諸国で生産した商品をベトナム向けに輸出しており、日本企業の製品を仕入れてベトナムに輸出するようなビジネスは縮小せざるを得なくなった。

ベトナムの消費者意識も変わっている。ホンダ製のバイクは相変わらず人気だが、以前もてはやされた二輪車〝カブ〟に乗っている人を二〇一一年のホーチミン市で見かけることは稀で、現在は一〇〇cc以上のバイクが主流である。家電販売店ではLGやSAMSUNGといった韓国企業の高品質かつ、日本製品よりは廉価な新品が人気を集めている。日本製品の評価は今も高いが、もはやテレビや冷蔵庫、エアコンの中古品を日本製だからとありがたがって求めはしないだろう。このような状況の中で、今も中古品関連業を続けている人は、取引相手を広げたり、扱う商品を医療機器や事務機器、農業機械など今もベトナムで需要があり中古品の輸入が許可されているものにシフトするといった対応をしている。

このように中古品ビジネスを取り巻く環境は厳しさを増しているが、これがベトナム系住民によるビジネスの基礎となった。先に紹介した初期参入者たちは、ベトナムのパートナーとの協力のもと、ベトナムに工場をつくり日本向けに雑貨を生産、輸出するなど新たな事業に乗り出している。これらの人々は、中古品（廃品）回収業・輸出業で初期に事業を展開できたことにより財を築き、工場を建てるなど資本を必要とする新たな事業を展開することができたと考えられる。

（2）料理店

エスニック市場

ほとんどのベトナム料理店では、顧客の大半が日本人である。主な顧客がベトナム人である料理店も存在するが、後に述べるように少数だと思われる。移民の起業は一般に同胞向けのエスニック市場への参入からはじまり、同胞は最初の顧客となる（Aldrich & Waldinger 1990：114–117）。同胞の特別な需要と嗜好を理解し、それに応えられるのは同じエスニック集団の人間であり、その点でホスト社会の人間よりも利点がある。エスニック市場が成り立つには、顧客となる同胞の数がある程度必要で、一般には人数が多い（市場規模が大きい）集団の方が起業しやすい（Evans 1989：958）。日本においても、日系ブラジル人が集住する地域には彼らの需要に応じたスーパーマーケットや料理店、保育園などが存在する。これらはピーク時三二万人弱という滞日ブラジル人の規模と特定地域への集住があって成り立っている。一方ベトナム人人口は、研修生や留学生を合わせても約四万人（二〇一〇年末）と決して多くない。ベトナム人登録者が一八四一人の横浜市（二〇一一年三月末）、一六二五人の姫路市（二〇一〇年三月末）、一四三四人の神戸市（二〇一〇年三月末）、一〇四二人の浜松市（二〇〇九年一二月末）のような多住都市においても、〝リトルサイゴン〟と呼び得るような目立った集住地があるわけでもない。ベトナム人向けのサービスを提供する分野で起業が活発でない背景には、まずこのような人数と集住の状況がある。

さらに在日ベトナム系住民の場合、家族で居住している世帯が多い。家族共に日本に移住することも多く、さらに在留資格ゆえにベトナムからの家族の呼び寄せが可能である。古い統計だが、一九九六年の時点でインドシナ難民の約五割が家族と共に暮らし、単身者は約二割にすぎない。[7] 日系ブラジル人の場合、同胞の料理店をよく利用する層は独身で若く、滞在年数が短い傾向があるという（梶田他 二〇〇五：二二九）。新来のベトナム人の中には、単身者は少なからずいる。しかし、ある料理店経営者によれば、研修生等の料理店利用は稀であり、彼らの研修先の企業がベトナム料理店で宴会等を催す折に訪れる程度であるという。経済的に余裕がない人々にとっては日常的に料理店を利用するのは難しいといえるだろう。規模が小さい集団であっても、第6章でみるパキスタン人のハラール食品への需要など、日常生活において宗教的に特別な需要がある集団においては集団としての人数は少なくても起業は促進される。しかしベトナム人の場合、食べ物に関する宗教的な忌避はないから、食材に対する特別な需要もない。

以上の理由から、ベトナム料理店の場合、同胞を対象とした市場は有望な市場でないといえる。ベトナム人が多く住む地域にベトナム料理店や食材店はあるが、そこには非常に限られた数の起業者しか参入できないだろう。またそのような地域にある料理店でも、日本人客が来なければ経営が成り立たないこともある。

一般市場

ホスト社会の人間にとって何らかのエキゾチックな魅力がある分野においては移民起業者が一般市場

に参入しやすい（Aldrich & Waldinger 1990: 117）。料理店においてはホスト社会側がどれだけ料理を含めたベトナムの文化に関心を持つかが重要だろう。

今日では、スーパーでも家庭向けにヌクマム（ベトナムの魚醤）やライスペーパー、即席麺等、ベトナムの食材・食品が並んでおり、生春巻やフォー（米粉でつくった麺）などはベトナム料理店以外でも提供されたりと、とりわけ都市部においては一部のベトナム料理の認知と受容がある程度進んだといえるだろう。

一九七〇年代から八〇年代にかけては、日本におけるベトナムのイメージは暗いものだった。メディアを通して知るベトナムのイメージは、戦争や小舟で脱出する人々であり、映画といえば戦争をテーマとしたものであった。しかし一九九〇年代に入るとベトナムのイメージが変化しはじめる。次第に恋愛映画が登場しはじめ、エキゾチックで時にノスタルジックなイメージを掻き立てるような映画も登場した。九〇年代には、フランス在住ベトナム人一・五世の映画監督トラン・アン・ユン（Trần Anh Hùng）のように、一世とは異なった経験、文化的感覚を持つ世代が成長し活躍しはじめたことも、ベトナムの描き方が変わってきた背景としてあるだろう。九〇年代はまた、日本企業のベトナム進出が急速に発展していった時期でもあり、文化・経済の両面でベトナムに対する関心が高まった。その結果、ビジネスや旅行でベトナムを訪問する日本人も増えた。これらの条件は、ベトナム料理店が一般市場に参入する機会を広げたといえるだろう。

ベトナム料理の普及の背景として、日本でのエスニック料理ブームについても指摘しておきたい。日本では、一九七〇年代後半以降に簡便中華食品が浸透、八〇年代にはエスニック料理店がブーム化した。

激辛ブームが起こったのは一九八四年である。九〇年代からはイタリア料理、タイ料理、ブラジル料理が次々とブームになり、一九九二年にはナタデココが流行するなど、一過性の傾向はあるが諸外国の食品や珍しい料理が受容されていった（加藤 一九九四）。ベトナム料理の普及も、日本社会におけるエスニック料理への関心が背景にあるだろう。ベトナム料理店の経営者自身も、一九九〇年代半ば以降、「ベトナムブーム」が起きたと実感しており、どの店も雑誌や新聞、テレビ等に紹介され賑わったという。食文化の面でも、ベトナム料理は主食は米で野菜を多用し、味付けもあっさりしたものが多く、日本の食文化に共通する点も多い。エキゾチックな要素もありながら親しみやすくもある、という点も受容を促進した理由の一つだろう。

日本における他民族の料理の普及は、例えばアメリカのそれとは違う。アメリカでは、歴史的にエスニック料理店は移民が同胞向けにはじめ、その後ホスト社会に受け入れられていくという過程を経る。移民が一般市場に参入する場合、料理店はもっとも入りやすい分野である。イタリア料理店はイタリア移民によってはじまり、メキシコ料理店はメキシコからの移民により、ベトナム料理店の多くは難民としてやってきたベトナム移民によって成り立っている（吉田 一九九六：一六〇―一六三）。

日本にも多くのエスニック料理店があるが、多くは移民が同胞のためにはじめたものではなく、最初から日本人をターゲットとしていた。一九七〇年代以降、豊かさを背景に日本人が食を楽しむという余裕を持つようになって成立したものである（吉田 一九九六：一七〇）。さらに日本では、日本人が他民族の料理を提供することはごく普通にみられる。また当該外国人が料理人をつとめていたとしても、オーナーは日本人ということもある。ベトナム料理店もそうである。カラタズも日本におけるベトナム文化の受容を調査した際にこの点について述べている。彼の調査協力者の一人は、東京都内のベトナム料理店の約八割は日本人によるものと推測しているが、彼自身も自ら東京のベトナム料理店をまわった際にその多くが日本人オーナーの店であることを確認している（Carruthers 2004: 419）。

ホスト社会のマジョリティが珍しくて新しい他民族の食べ物や料理に注目するならば、料理店のようなビジネスにはエスニック・マイノリティが参入しやすくなる。しかし同時に日本においては日本人も他民族の料理を積極的に供する側となり、マイノリティだけがニッチを築けるわけではない。さらに店舗物件の賃貸料の高さは、資本の少ない移民がこの分野に参入する際の障害になるだろう。

消費社会の文脈でいうならば、料理店は料理を供するだけでなく、他の要素を複雑に重ね合わせてはじめて醸し出される〝雰囲気〟をも供せねばならない。日本のエスニック料理店の主な顧客となる層は、若い女性である。一種の若い人々のファッションとしてエスニック料理店は繁栄した（吉田 一九九六：一七〇―一七一）。しかし若い層は消費に関して洗練されたセンスを持った飽きっぽい層でもある。カラタズは東京のベトナム雑貨店を調査した際、ベトナム人店主の雑貨店はファッショナブルではない地域にあり、ディスプレイも雑然としてこれといって特色がないのに対し、二〇代の若い日本人〝バックパッカー起業者〟が経営するベトナム雑貨店はファッションの中心地にあり、高度に洗練され要求水準の高い日本の若者層を魅了する術を心得たディスプレイをしていることを指摘している（Carruthers 2004: 422）。珍しさ、新しさはすぐに色褪せる。日本の一般市場において顧客の要求を汲み取り、魅了し続けていくことは容易ではない。場所の選定はもちろん、一つの料理店を経営していくには文化的感受性も欠かすことのできない要素だろう。本章で詳しく触れる余裕はないが、一・五世たちは一世とも同世代

図5-2　資源の調達と社会関係

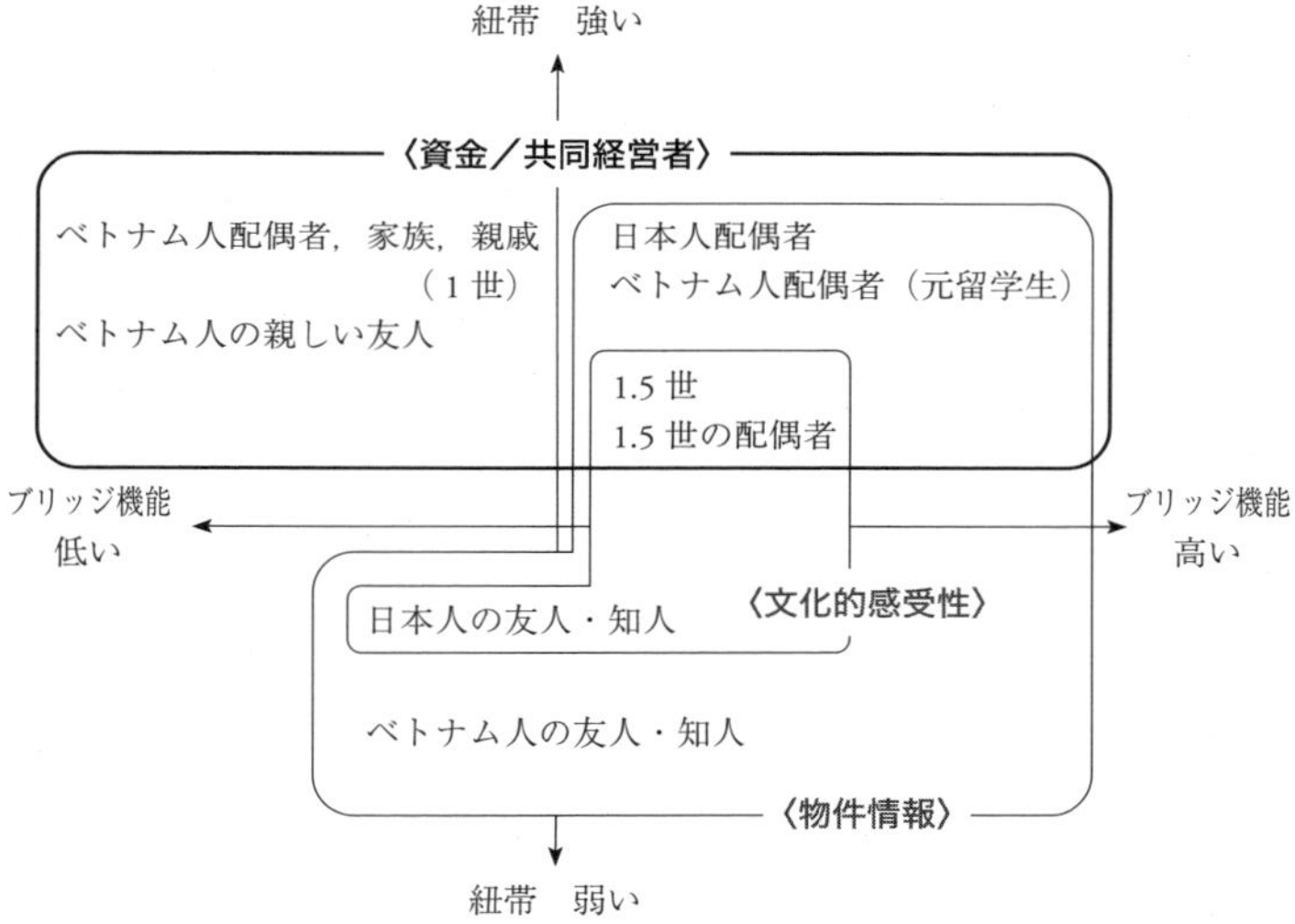

出典：Hirasawa（2011）より。
注）料理店起業にかかわる人々を，紐帯が強い／弱い，人と人，人と情報をつなぐブリッジ機能が高い／低い（Granovetter, 1973, 1995）で分類し，それぞれの人が果たす役割を示す。

の日本人とも差別化した文化的感受性を資本の一つとして料理店を展開している。

（3）社会関係資本と料理店起業

それでは、在日ベトナム系住民は料理店起業に際してどのような資源をどこから調達しているのだろうか。料理店にかかわる人々を起業者との関係（紐帯が強い／弱い）、人と人、人と情報とをつなぐ働き（ブリッジ機能が高い／低い）で分類すると図5-2のようになる。社会関係資本の概念は、どうしてある人はある人を助けたのか、ということを説明する。しかし、助けたいと思っても（社会関係資本はあっても）実際に力になれないこともある。ブリッジ機能の概念は、どうしてある人はある人を助け得たのか、ということを部分的にではあるが説明できる。

ここでは紙幅の関係から各社会関係のブリッジ機能が重要となる物件情報の獲得、文化的感受性の議論には踏み込まず、もっとも信頼が必要とされる資金の調達、共同経営者という要素に絞って起業者の社会関係資本のあり方をみることにする。

資金／共同経営者

筆者が調査した料理店起業者たちが費やした開業資金は、五〇〇～二〇〇〇万円ほどである。開業資金の調達に際して、まずは自己資金、次に配偶者、家族、そしてベトナム人のごく親しい友人からの協力を得ている。日本人の配偶者とその家族は開業資金の負担、金融機関からの借入時の名義人や保証人になり、特に一世と結婚した日本人は起業の準備段階から店の運営において中心的な役割を果たしている。ベトナム人の友人では、海外難民キャンプや日本定住前の一時滞在施設にいた期間に知り合った人が、定住後年数を経たとしても開業資金の貸与や、共同経営者として共に起業するなど、強い信頼が必要とされるところで協力している。さらに、成長した一・五世が親と共に起業、また開業資金の一部を担うこともある。(8)

ある男性（一世）は同じく日本に定住した親戚の男性と共に料理店を起業する際、定住促進センターで知り合った年長の男性から資金協力を得た。料理店起業は日本在住一五年を経た後である。また、二〇〇四年の時点で二店舗の料理店を経営し、新店舗を開業準備中の女性（二世）は、一九八〇年代半ばに最初の料理店を開いたとき、一時滞在施設で共に過ごした友人同士三人で一人一〇〇万円ずつ出資し共同経営という形で店をはじめた。他に、子育て中の女性三人（一世）が集まって料理店を開業した例もある。この三人は海外難民キャンプに滞在していたときからの友人で、共に日本へ定住し、定住後も近所に住んでいた。料理店起業は来日して五年後のことである。子ども時代に一時滞在施設で共に過ごした友人と起業した人（一・五世）もいる。

【ヒエンの事例】

ヒエン（男性、一・五世）は一九七〇年代後半に一歳で家族と共に難民として日本に来た。まず沖縄に上陸し、その後広島の民間一時滞在施設で過ごした後、大和定住促進センターを経て最終的に一家は静岡県に落ち着いた。沖縄上陸から静岡県定住までヒエン一家と行動を共にした家族があった。ヒエンはその家族の子どもユン（男性、二世）と年齢が近かったこともあり仲がよく何をするにも一緒だった。ユンは中学生のときに家族の仕事の都合で他県へ引っ越したが、ヒエンとユンの家族の付き合いは続いた。ヒエンは専門学校卒業後、日本企業へ就職し仕事内容にも待遇にも満足していたが、少しずつ貯金も増えて新しいことに挑戦したいという気持ちもあった。ヒエンが就職して三、四年が過ぎた頃、ユンと共に自分たちが日本に定住した足跡を沖縄からたどるバイク旅行をしたとき「二人とも酒とか好きだし、二人でベトナム料理を置いたバーとかやってみたいよね」と話したことがあった。それから数年後に二人で起業を決心し、ヒエンは七年務めた企業を退職してユンの住む街へ引っ越し、二人の資金のみで料理店を開業した。

一・五世はまた一世の親を助ける強力な共同経営者である。筆者の調査では一・五世が専従で親と一緒に料理店を経営する、あるいは親の店を受け継いだという例は一八軒中六軒だった（すべて女性）。

一・五世以降は日本語の面で不自由がなく、日本人客向けのサービスの仕方なども心得ており、物件探しから業者とのやりとり、行政手続きなど一世の親世代が戸惑う面を補っている。そして親との協力は「お母さんが（料理店を）やるなら私もやると。自動的にそうなると思ってた」「（企業での仕事を辞めて料理店を母から引き継ぐことに対して）別にまったく抵抗なく。まだ中学生とか高校生のときから暇があるときは私も手伝いに来ていたので、何の抵抗もなく」と、しばしば当然視されている。

一世と一・五世が共同経営している料理店の中には、一・五世が学業を終えたときに起業するなど、子の成長が親世代に起業を決意させる、あるいは親世代が店を託して引退する契機にもなっている。こうして後を継いだ一・五世たちの中には、大学卒、留学して学業を修める等高学歴な人もいる。親世代が自営業で子どもに教育をつけさせて出世させるというエスニック・ビジネスのあり方とは逆に、高学歴者が引き継ぐ構図がみられる。はじめこそ親と一緒に店をはじめることに躊躇を示した人もいるが、一・五世本人たちはおしなべて料理店の仕事に誇りとやりがいを感じている。

一方、店で働く労働者に関しては、共同経営者とは異なり関係の強さはそれほど重視されていない。移民起業者は通常家族や同胞を好んで雇う。家族は時に無給で働き家族のビジネスを支えるからである（Sanders & Nee 1996：233；Zhou 2004：1048）。また同胞は同じ言語、文化を持つため経営者にとって使いやすく、顧客も同胞ならば接客にも都合がよい（Menzies et al. 2003：130）。調査対象者も同胞を雇用している。しかし、ベトナム系住民の料理店の場合、同胞を雇うことが、また同胞に雇われることが双方にとってベストな選択ではないときもある。

【キエットの事例】

キエット（男性、一世）は中古品（廃品）回収業と兼業で料理店を経営している。料理店には、「ベトナムの家庭料理の微妙な味が分かる」日本在住のベトナム人女性を料理人として雇用しているが、開業から約二年のうちに料理人を八人も雇った。当初は妻（一世、ベトナム人）の妹を雇っていたが、すぐに辞めてしまった。「（ベトナム人は）プライドが高い。日本人なら雇われているんだからと我慢するところでも、ベトナム人の場合いろいろ言うと辞めちゃう」という。ベトナム人従業員が辞めてしまうのは給料が低いためでもある。大きな店であれば時給一〇〇〇円くらいは出せるが、キエットの店では出せても時給八五〇円程度である。このような理由からなかなか人が定着しないのだろうという。自分が料理人でないキエットは料理人の確保に苦労している。

ベトナム系住民の料理店は通常規模が小さく、時給を含めた待遇面で決して条件のよい就職口とはいえない。さらにベトナム系住民は通常安定した在留資格を持っているので、公的な就職支援機関を通じて職を探すことも、一般の労働市場で働くことも可能である。来日したばかりで日本語を知らなくても、通常は家族に呼び寄せられての来日であり、先に一般市場で就労していた家族や親類と同じ職場で働くなど、エスニック経済に頼らなくとも生活が成り立つ。失業しても家族がセーフティネットとなる。一般市場においても給料面、待遇面で恵まれているとはいえないが、しかし規模の小さな同胞の店で働くよりはよいのである。

【ホアの事例】

一・五世のホア（女性）は日本人の夫と共に二店舗のベトナム料理店を経営している。ホアと夫は料理人の雇用に共通の方針を持っている。「主人は、キッチンはまったく自分（ホア）の味でいきたいので、ベトナム人は入れないという方針で。（ベトナム人が入ると）違う味になってしまうから。かえってベトナム料理を知らない人の方がいいと。基本から教えるから。（料理の）専門学校卒でなくてもよいくらい。（略）ベトナム料理はベトナム人にしかできないというベトナム人だと、その料理は自分が一番、というふうになってしまって、厨房が分断しちゃうんですよね」という。ホアの料理店の厨房のスタッフは全員日本人である。

キエットとホアの事例はベトナム人料理人雇用の難しさを示している。日本語に不自由しない経営者ならば日本人の方が雇用しやすい場合もある。これは一つにはキエットが説明するように日本における雇用者と被雇用者の関係のあり方によるだろうが、ベトナム料理店という場であることも影響しているだろう。多くの日本人にとってベトナム料理は「学ぶ」ものであり、料理法や味への理解をめぐってベトナム人と対立するような絶対的な軸を持たないのが普通である。

さらに料理人が女性である場合、就労の継続が難しい状況に直面することがある。結婚や妊娠、出産、子育て等のライフコース上の出来事、あるいは転居等が退職につながる。筆者の調査では、母が父の介護のために、姉が結婚を機に共同経営していた店を退いた例、以前姉と一緒に料理店を経営していたが、姉が結婚を機に店を退いたため閉店した例、子育て中の仲間三人で料理店をはじめたが、一人が出産を機に、一人が転居を機に店を退いた例などがある。

第4節　まとめ

インドシナ難民に対する政府の定住プログラムは就職まで含んでいたため、多くの人が製造現場での労働者として就職していった。定住後も同胞からの紹介を通じて転職し、呼び寄せられた人々も当初は家族や親族と同じ職場に就職する。一世の職業が製造業に集中しているのは、このような初職入職時の状況と転職のパターンによるだろう。

中古品関連業に関しては、暇な時間に自転車で家電を集める人から、本格的に輸出を手がける人まで、この間に様々なバリエーションがあり、また参入・撤退の決断が早いため、本人たちにとっても自分が起業しているという意識が曖昧なところがあると考えられる。この業種は初期参入者には大きな利益をもたらした。ごく初期の参入者は人的資本が高く、社会関係資本にも恵まれていた。起業前から比較的条件のよい職業についており、したがって中古品関連業をてこにのし上がる、というストーリーではない。初期参入者は先行利益により得た資本をもとにベトナム、日本の市場状況が変化しても対応していくことができた。ブームに乗って中古品関連業に乗り出した人は一時的に興隆がみられても、過当競争、市場状況の変化などに対応できず、全体的にみればその後の展開にはつながらなかった。ものを集めてきて売る、という中古品関連業は特別な人的資本が必要とされるものではなく、技術の蓄積をともなうものでもなく、次の展開に通じるような類のビジネスではなかったといえるだろう。

料理店起業者は日本での生活が安定した後、定住後数年から十数年を経て起業している。被雇用者として働いていたときより就労時間は長く体力的にもきついが、収入は起業前と同じか、やや低いくらいである。料理店により経済的上昇が可能になるわけではなく、料理店を起業することこそが社会的上昇の結果であり、これまでの努力の結晶と考えた方がよい。しかし「好きなことができるのだったら幸せ」（二世）、「今はこの仕事しか考えられないですね」（一・五世）と天職のようにとらえている人もいる。賃料が高く、厨房整備等初期投資として少なからぬ資本を必要とする日本での料理店経営は、来たばかりの移民が手始めにできるものではない。さらに料理技術をはじめ、ホスト社会の人々を顧客として惹きつけ続けるためには、日々の研究と努力が欠かせない。

以上にみたベトナム系住民のビジネスは、規模も小さいので同胞の就労の受け皿にはならず、同胞もまたエスニック経済に頼らず生きていける。ベトナム系住民の間で中古品関連業がブームになったことはあったが、しかし事業自体が同胞の需要にもとづいたものではなかったので、その意味ではコミュニティに果たした役割も大きいとはいえないだろう。料理店も同様である。

ベトナム系住民の起業に注目することで、特に料理店起業者の事例から、ベトナム系住民の社会関係資本のあり方が垣間見える。川上（二〇〇一：一二三―一四三）が指摘したように、定住初期にはベトナム系住民による相互扶助的な組織が存在した。しかし人々が日本での生活に慣れていくにしたがって、しがらみや規則の強制をともなう組織は衰退していった。ベトナム系住民の場合、出身地の違いや政治的立場、またエスニシティの違いなどもあり、人々がどのようなつながりを築いているのかがみえにくい。起業者は、在日ベトナム系住民全体を俯瞰してみれば、ぽつりぽつりと出現する点に過ぎないだろう。しかし、その点は定住後築いたホスト社会の人々はもちろん、海外難民キャンプや一時滞在施設での経験を共にした人々で織り成されるネットワークに埋め込まれており、定住後十数年を経てもこれらの人々とのつながりがいかに重要であるかを示している。

注

（1）本章では、就労のため一時的に日本に居住している人や留学生等の起業については対象としていない。かつて難民として来日し日本国籍を取得した人等も含めた「（在日）ベトナム系住民」という呼称は、川上（二〇〇一：五四―五八）にならう。インドシナ難民のうち、ラオス、カンボジア難民と区別する際は「ベトナム難民」と記して限定する。

（2）インドシナ難民として定住許可を受けたベトナム難民のうち、日本国籍を得た人は八四五人（二〇一一年三月三一日までの累計、難民事業本部調べ。http://www.rhq.gr.jp/japanese/know/ukeire.htm）。

（3）神戸の起業者については、子どもにあたる一・五世から筆者聞き取り（二〇〇六年）。元留学生起業者も筆者聞き取り（二〇〇六年）。一・五世は移住前に親が居住していた地に生まれ、その後移住した先で育った世代で（ベトナム生まれ、日本育ち）、研究者によって年齢区分に若干のばらつきはあるものの、だいたいにおいて発達段階の児童期にあたる一二歳くらいまでに移住した人を想定している。一・五世は親にあたる一世とも移住先で生まれ育った二世とも異なる成長過程を経るため、言語の保持や文化的状況、価値観、アイデンティティ、出身国への志向等に他の世代とは異なる部分があることが、移民の子どもを対象にした調査から明らかにされている（Rumbaut 2004; Zhou 1997）。

（4）一九九六年に実施された「インドシナ難民定住者の阪神・淡路大震災による被害状況調査」（難民事業本部 一九九六）では、阪神地区で被災したインドシナ難民のうち世帯主（結果的にすべてベトナム難民）一七七名に対して震災前後の職業について聞いている。震災前に「リサイクル業」(中古品関連業)についていた人は二五・九%(一三九名中三六名)だった。震災後、調査が行われた一九九六年一月~二月の時点でも、「リサイクル業」従事者は二四・六%(一二六名中三一名)と、戸田(二〇〇一)が第二の最盛期と呼ぶ震災後も、震災以前とほとんど変わらない値を示している。これは一つには、中古品関連業の就業状態がもともと曖昧なものであることにもよるだろう。専業としていないが時宜を得て短期間だけ中古品関連業にかかわった人は、それを自分の職業とは認識していないこともある。

(5) カラーテレビの日本からベトナムへの輸出台数(新品・中古品含む)は、一九九〇年が約一二万台、九二年が約一五万台のピークを迎えた後、九五年には約六千台に落ち、九七年に約八万台と盛り返した後、九八年、九九年には一気に千台へと落ちている。二輪自動車・原動機付自転車の日本からベトナムへの輸出台数は一九九三年が約一四万台、九六年に約一九万台のピークを迎えた後は減少し二〇〇〇年以降は一万台を割り込んでいる。戸田(二〇〇一)の指摘と重なっているが、この統計自体が新品と中古製品を合わせたものなので、どの程度ベトナム系住民の活動が影響しているか判断できない(財務省貿易統計、http://www.customs.go.jp による。一九八八年から二〇〇七年七月までの国別概況品別表より)。

(6) 本章で用いる人名は、すべて仮名である。

(7) 内閣官房インドシナ難民対策連絡調整会議事務局による調査「我が国に定住したインドシナ難民の生活実態と今後の課題に関する調査」(一九九六年実施)より。ベトナム難民三八九人、カンボジア難民四八人、ラオス難民八一人が回答。

(8) 調査対象者の中には、移民が起業する際に用いられる頼母子講のようなコミュニティ内の金融制度を利用した人はみられなかった。アメリカのベトナム難民の起業においてはベトナム版頼母子講である「フイ(ホイ)」の活用が報告されている（Gold 1992：179–183）。しかし調査対象者の中にはフイを利用した人はおらず、むしろフイに対する不信感を示す人もいた。

文献

Aldrich, H. E. and R. Waldinger, 1990, "Ethnicity and Entrepreneurship," *Annual Review of Sociology*, 16: 111–135.

青木章之介、二〇〇〇、「エスニック・ビジネスとベトナム難民――必要な支援方法について」『日本労働研究機構研究紀要』二〇号：一―一八。

アジア福祉教育財団、一九九九、『財団30年、難民事業本部20年のあゆみ』。

アジア福祉教育財団難民事業本部、一九九六、『インドシナ難民定住者の阪神・淡路大震災による被害状況調査報告書』。

――――、一九九七、『懇親会「ボートピープル到着の頃」――わが国に上陸したベトナム難民の政府による定住受け入れ開始までの民間団体による難民支援について』。

――――、二〇〇六、『難民事業本部案内』。

Carruthers, A., 2004, "Cute Logics of the Multicultural and the Consumption of the Vietnamese Exotic in Japan," *Positions: East Asia Cultures Critique Fall*, 12(2): 401–429.

Evans, M. D. R., 1989, "Immigrant Entrepreneurship: Effects of Ethnic Market Size and Isolated Labor Pool," *American Sociological Review*, 54(6): 950–962.

外務省情報文化局、一九八一、『インドシナ難民問題と日本』。

Gold, S. J., 1992, *Refugee Communities: A Comparative Field Study*, Newbury Park: Sage.

Granovetter, M. S., 1973, "The Strength of Weak Ties," *American Journal of Sociology*, 78(6): 1360–1380.
———, 1995, *Getting a Job: A Study of Contacts and Careers*, 2nd ed., Chicago: University of Chicago Press.
Hirasawa, A., 2011, "Nhà hàng Việt Nam-một hiện tượng về vốn xã hội của người Việt Nam định cư ở Nhật," *Xã hội học*, số 1, 113: 51–65.
梶田孝道・丹野清人・樋口直人、二〇〇五、『顔の見えない定住化——日系ブラジル人と国家・市場・移民ネットワーク』名古屋大学出版会。
加藤純一、一九九四、「エスニック料理ブーム」『食の科学』一九二号：九四—一〇二。
川上郁雄、二〇〇一、『越境する家族——在日ベトナム系住民の生活世界』明石書店。
Menzies, T. V., G. A. Brenner and L. J. Filion, 2003, "Social Capital, Networks and Ethnic Minority Entrepreneurs: Transnational Entrepreneurship and Bootstrap Capitalism," H. Etemad and R. Wright eds., *Globalization and Entrepreneurship: Policy and Strategy Perspectives*, Cheltenham: Edward Elgar.
内閣官房インドシナ難民対策連絡調整会議事務局、一九九六、『インドシナ難民受入れの歩みと展望——難民受入れから二〇年』。
———、一九九七、『インドシナ難民の定住の現状と定住促進に関する今後の課題』。
Rumbaut, R. G., 2004, "Ages, Life Stages, and Generational Cohorts: Decomposing the Immigrant First and Second Generations in the United States," *International Migration Review*, 38(3): 1160–1205.
Sanders, J. M. and V. Nee, 1996: "Immigrant Self-Employment: The Family as Social Capital and the Value of Human Capital," *American Sociological Review*, 61(2): 231–249.
世界経済情報サービス、一九九六、『ＡＲＣレポート　一九九六　ベトナム——経済・貿易の動向と見通し』世界経済情報サービス。

戸田佳子、二〇〇一、『日本のベトナム人コミュニティ――一世の時代、そして今』暁印書館。

吉田集而、一九九六、「エスニック料理論」大塚滋・川端晶子編『二一世紀の調理学1 調理文化学』建帛社。

Zhou, M., 1997, "Growing Up American: The Challenge Confronting Immigrant Children and Children of Immigrants," *Annual Review of Sociology*, 23: 63-95.

———, 2004, "Revisiting Ethnic Entrepreneurship: Convergencies, Controversies, and Conceptual Advancements," *International Migration Review*, 38(3): 1040-1074.

第6章　パキスタン人
——可視的マイノリティの社会的上昇

福田友子

第1節　エスニック・ビジネスへの急速な進出

一九八〇年代後半、空前の人手不足といわれていた日本で、外国人労働者に対する「開国／鎖国」をめぐる論争が起こった。ここで主にイメージされていたのは、パキスタン人[1]やバングラデシュ人といった南アジア系外国人であった。現実には人数が多いとはいえない南アジア人が、なぜ「外国人労働者」の代表としてイメージされたのだろうか。それは、彼らが他の外国人労働者に比べて「可視的マイノリティ[2]」であったからだと考えられる。外見上目立つ南アジア系外国人は、仕事を探すのにも苦労することになったが、このうちパキスタン人はニューカマーのなかでもっとも自営業進出に成功した者となっている。

序章にもあるように、パキスタン人は韓国・朝鮮人に次ぐ役員・業主比率に達している（総務庁統計局一九九九、総務省統計局二〇〇四）。しかも一九九五年の一一・六％から二〇〇〇年には二六・〇％に急増している。四位のインド人が一八％程度、六位の中国人が一二％程度で推移しているのとは対照的であり、短期間のうちに急速にビジネスに進出していったことが分かる。不利な立場にあった「可視的マイノリティ」たるパキスタン人は、なぜこのような成功を収めることができたのだろうか。こうした問いは、単にパキスタン人の特質を明らかにするにとどまらない意義を持つ。彼らの辿った道を振り返れば、他のニューカマーたちが自営業に進出するためのヒントを得られるかもしれない。この章では、こうした問題意識を持ちつつパキスタン人のビジネスを描いていくこととする(3)。

第2節　パキスタン人のエスニック・ビジネス

(1) パキスタン人のエスニック・ビジネスの類型

『在日パキスタン人企業家ダイレクトリー（*Directory of Pakistani Businessmen in Japan*）』は、ホームページ作成や翻訳など、多角的にビジネス展開しているパキスタン人企業家が作成したものである。かつては印刷版とオンライン版があったが、二〇一一年現在オンライン版のみが存在している。閉鎖した企業のデータが含まれる(4)、業種・営業所ごとに登録されるため実数より多く出るといった問題はあるものの、パキスタン人企業家の傾向を網羅的に把握できる。これをもとに、表6-1ではパキスタン人のエスニック・ビジネスの業種を分類し、それぞれの数も併せて掲載した。

同胞を主な顧客としている業種は多く、ハラール食材店（樋口・丹野 二〇〇〇）、メディア、コンピューター、旅行代理店、通信・国際電話（国際テレホンカード販売業）、翻訳が挙げられる。これらの業種は

表6－1　在日パキスタン人によるエスニック・ビジネスの類型

		ビジネスの顧客	
		同胞	それ以外
提供する財・サービスの種類	エスニック財	**＜エスニック市場のコア＞** ハラール食材店（66） メディア（9）	**＜エスニック・ニッチ＞** レストラン（51） 絨毯（17） 宝石（6）
	非エスニック財	**＜言語的障壁にもとづく市場＞** コンピューター（7） 旅行代理店（5） 通信・国際電話（4） 翻訳（2）	**＜移民企業ニッチ＞** 中古車貿易（374） 機械貿易（47） 貿易一般（42） 輸出入代行（4）

出典：*Directory of Pakistani Businessmen in Japan*（http://www.pakistani.jp/directory/），アクセス日2010/11/10。
注）（　）内は，ダイレクトリーに掲載されている事業所数（重複あり）を表す。

基本的にはコミュニティ内部向けであるが、顧客を少しでも拡大するために、他の外国人をも顧客とする可能性を持つ。「ハラール食材」とは、ムスリムが食べることを許されている食品を指し、たとえば肉およびその加工品は決められた方法で屠殺された肉を使用していなければハラールと認められない。また、アルコールと豚肉は禁じられている。そうした宗教的背景がある以上、ハラール食材店はパキスタン人移民に不可欠なビジネスといえよう。このようなハラール食材店であっても、ラテンアメリカや東南アジアなど、他の地域の商品も一緒に並べて売り上げを増やそうとする。メディアであれば、雑誌や新聞を英語で発行したり、日本語ページを設けたりして、少しでも多くの読者を獲得しようとする。同様に提供する財・サービスの種類を「エスニック財」と「非エスニック財」に分けるのも容易ではない。たとえばパキスタン人の場合、通信・国際電話（国際テレホンカード販売業）はパキスタン専用のサービスではなく、元々はアメリカやブラジル向けの商品の流用であることから、「非エスニック財」とした。

同胞と一般市場（同胞以外）の両方の顧客向けの、エスニック・レストランのような業種もある（竹下二〇〇二）。パキスタン人の場合、エスニック・レストランは「パキスタン料理」ではなく「インド料理」という表記を使用することが多い。エスニック・レストランの顧客の一定数は、ホスト社会側の日本人であるため、南アジア系外国人のように同胞が少ない場合でも、自分たちのコミュニティだけに頼らない安定した経営が期待できる。さらにホスト社会向けの販売に重心を移すことによって、売り上げを伸ばすこともできる。

反対に顧客を一般市場（同胞以外）に絞った、出身社会の製品（エスニック財）の輸入販売という業種もある。具体的には、絨毯、宝石、大理石製品といったパキスタン産の奢侈品を日本人向けに輸入販売する場合である。これらはホスト社会をターゲットとしている点で、同胞向けビジネスより販路拡大が望めそうであるが、商品が嗜好品や贅沢品であるせいか、日本のバブル経済崩壊以降は人気の高い業種ではない。

最後に、出身社会や第三国（一般市場）をターゲットとする、日本製品の輸出販売という業種がある。中古車貿易業をはじめ、中古機械、家電、部品の貿易業などがこれに当てはまる。この業種は、同胞向け（エスニック市場）の業種以上にホスト社会側の日本人の目には映りにくいかもしれない。しかしながら、パキスタン人の間では、この業種がもっとも人気があるだけでなく、日本人業者が追随して市場に参入してくるほど注目されている。

パキスタン人によるこれらのビジネスの最大の特徴は、〈移民企業ニッチ〉の比率が高いことに加え、それがトランスナショナルなビジネスという性格を強く持つことにある。ポルテスらは、アメリカのエスニック・ビジネスの二割がトランスナショナルな性格を持つとしているが、これは出身国からの食材輸入といったものも含めた数値である（Portes et al. 2002：295）。そうしたものまで含めた場合、パキスタン人のビジネスがトランスナショナルな比率はほぼ一〇〇％になるだろう。だが、彼らのビジネスがさらに特徴的なのは、単に出身国との取引にとどまらず、第三国との取引を拡大して世界市場に打って出た点にある。その意味でパキスタン人の中古車貿易業は、エスニック・ビジネスの本場たるアメリカと比べても珍しい性質を持つ。

なお、これら顧客の異なる業種を複数同時経営する企業もみられる。たとえばハラール食材店がレストランを併設しているケース、レストランが民芸品を販売しているケース、ハラール食材店やレストランが中古車貿易を兼業しているケースなどである。小規模な多角経営は、エスニック・ビジネスの特徴の一つである。

（2）パキスタン人企業家の業種と地域分布

次に、パキスタン人企業家による業種とその推移をみていこう（表6-2）。二〇〇〇年代初頭から一貫して多いのは中古車貿易業者[5]であり、全体の六割を占めている。二位はハラール食材店で、全体の一割である。三位はレストランで一割弱を占め、近年はチェーン店を各地に出店する形態が目立っている。四位は機械貿易、五位は貿易一般であるが、貿易一般の取扱商品には中古機械や中古車が含まれるケースも多い。

表6-2　パキスタン人企業家の業種別・都道府県別事業所登録数

業種＼都道府県	東京	神奈川	埼玉	千葉	新潟	茨城	群馬	富山	愛知	栃木	その他	全国合計
中古車貿易	62	79	63	35	23	17	16	18	7	6	48	374
ハラール食材	10	8	14	5	1	3	10	1	8	2	4	66
レストラン	29	10	7	0	2	0	0	1	1	0	1	51
機械貿易	9	3	8	6	5	4	3	1	1	3	4	47
貿易一般	17	6	6	5	0	4	0	0	0	1	3	42
絨毯	15	2	0	0	0	0	0	0	0	0	0	17
メディア	1	2	4	1	0	0	0	0	0	1	0	9
コンピューター	2	2	1	2	0	0	0	0	0	0	0	7
宝石	2	0	2	0	0	0	0	0	0	0	2	6
旅行代理店	4	1	0	0	0	0	0	0	0	0	0	5
輸出入代行	1	0	1	0	0	1	0	0	1	0	0	4
通信国際電話	1	1	1	1	0	0	0	0	0	0	0	4
翻訳	1	1	0	0	0	0	0	0	0	0	0	2
合計	154	115	107	55	31	29	29	21	18	13	62	634

出典：*Directory of Pakistani Businessmen in Japan*（http://www.pakistani.jp/directory/）より筆者作成，アクセス日2010/11/10。

注）事業所数のデータは2010年11月10日現在のものであり，2011年7月22日現在は1，2件の増減がみられる。網掛けは特徴的なセルを示したものである。

二〇〇二年以降のデータを比較すると、事業所総数は八年間で四三一件から六三四件へと一貫して増加してきた。だが、実際には二〇〇八年九月以降リーマン・ショックの影響を受けて業者数は減少している可能性が高い。業種ごとの比率をみると、大きな変化はみられないが、中古車貿易の比率はやや増加し、ハラール食材店はやや減少している。二〇〇九年以降にメディアが二件から九件へと急増しているのは興味深い。この背景にあるのはネット新聞の増加である。

次に都道府県別事業所登録数（表6-2）をみると、中古車貿易業者の場合、神奈川（七九件）、埼玉（六三件）、東京（六二件）といった関東圏への集中が確認できる。おおむね在日パキスタン人の人口分布と重なるが、人口が最多の埼玉ではなく、横浜・川崎港のある神奈川が一位である点が特徴的である。また人口が決して多くはない新潟、富山といった日本海沿岸にも事業所数が多い。ハラール食材店の場合、人口の多い埼玉や東京に加え、他業種はあまり集積しない群馬が多い。一方でレストランの場合、東京に一極集中する傾向がみられる（これは絨毯や旅行代理店と共通する特徴である）。これに対してメディアは、人口で最多の埼玉県に集中している。

以上、パキスタン人のエスニック・ビジネスの類型と業種の推移、地域分布をみてきた。ではなぜパキスタン人の場合、自営業者（企業家）が多いのだろうか。次節では序章で検討された人的資本、社会関係資本、機会構造という変数を使って、パキスタン人移民の状況を分析する。

第3節　パキスタン人の人的資本、社会関係資本、機会構造

（1）人的資本

人的資本の要素として第一に挙げられるのは学歴である。モスクに集まるムスリムを対象に質問票調査した早稲田大学の報告書によると（早稲田大学人間科学学術院アジア社会論研究室 二〇〇六：一二）、回収した一四九件のうち、インド亜大陸出身者が四八人（三二・二％）であった。その内訳は、バングラデシュ二四人、パキスタン一七人、スリランカ四人、インド三人である。これらインド亜大陸出身者の最終学歴は、大学・大学院六割（五八・三％）、専門学校・短大二割（一八・八％）、高校一割（一二・五％）、中学

校（四・二％）と小学校（四・二％）合わせて一割、無回答（二・一％）という比率になっている。大学・大学院の割合が高く、学歴の高さが確認できる。しかしながら、モスクに集まるムスリム対象という性格上、比較的宗教熱心な人々が多く、それがサンプルに偏りを持たせている可能性がある上、出身国による違いも読み取ることができない。

一方でパキスタン人に限定した学歴に関する量的データはない。筆者がパキスタン人移民の日本人配偶者二二人に対して行った聞き取り調査では、夫の学歴について高等教育（大学）（八人）と大学予科（八人）が多く、専門学校（三人）、中等教育（中学・高校）（二人）は比較的少なかった（福田 二〇〇九：六〇）。工藤の調査でも、大学もしくは大学予科を中断もしくは修了した時点で来日した人が多いという結果が出ている（工藤 二〇〇八：二八）。

学歴に関する考察は、さらなる研究蓄積を待つ必要があるが、パキスタン人の場合、母国の進学率からみれば相対的に学歴の高い層が来日しているといえるだろう。しかしIT技術者などとは異なり、彼らの学歴が日本の一般労働市場で有利に働くことはない。母国と日本での学歴の評価の違いは、エスニック・ビジネスを起業する背景の一つとなる。

第二に言語能力を挙げておきたい。まずはホスト社会側の言語である日本語能力であるが、これについても統計的データはない。だが、フィールド調査で南アジア系外国人と接した印象として共通するのは、会話能力の高さと、読み書き能力の低さである。このアンバランスな日本語能力は、来日時に日本語学校で就学した経験を持つ一部の元就学生や元留学生を除き、全般的な傾向としてみられる。会話能力の高さの背景には、南アジア系外国人に共通する社会的不安定さがある。ラテンアメリカ系とは対照的に、南アジア系外国人は一九八九年の査証相互免除協定の一時停止、一九九〇年の入管法改定、一九九〇年代の超過滞在者の大量摘発、二〇〇〇年代のムスリム外国人の取締りといった移民排斥を受け、人口規模が小さいまま固定化した。それに伴い、南アジア系外国人はホスト社会に溶け込む努力を強いられ、日本社会との密接な結びつきを強めていった。

就労の場は、北関東や東海地域の大企業の関連工場での大量雇用が特徴的なラテンアメリカ人に比べ、南アジア人は関東圏内の中小の製造業で長期就労する傾向がみられた（筆者のフィールド調査より）。職場で日本人の上司や同僚との間のコミュニケーションが必要不可欠であったため、日本語会話が流暢になった。それは結果的に職場における信頼関係の構築に結びつき、雇用主が外国人従業員に対して自分の養子となるように勧める、といったケースまでみられた。

また私的領域においては、単身男性移民が多かったために、日本人女性と結婚するケースも多く、それが日本語の会話能力の向上を促したと考えられる。エスニック・ビジネスとの関係でいえば、日本人との結婚を契機として、日本人配偶者を巻き込みながら起業する、もしくはサイド・ビジネスとして始めていた個人事業を法人化するといった傾向がある。このとき、不十分な読み書き能力については、日本人配偶者に頼ることができた（福田 二〇〇四）。

次に貿易業界の共通語である英語能力であるが、これについては人によりばらつきがある。母国が旧英領植民地であり社会上昇には今でも英語が必須であるため、母国で高等教育を受けた一部の層はある程度の英語能力を保持している。しかし、その英語能力も日本語能力同様、会話能力に特化していることが多く、読み書き能力は必ずしも高いとはいえない。一方でパンジャービー等の民族語で中等教育を受けた層については、英語より日本語能力の方が高いケースも見受けられる。

以上パキスタン人の場合、会話能力において日本語や英語が流暢な人がみられるが、読み書き能力が相対的に低いため、日本の一般労働市場に進出することは難しかったと考えられる。一方で起業したパキスタン人が、特に中古車や機械の貿易業で台頭した理由は、英語が堪能だったからというわけでもない。

第三に職歴であるが、筆者がパキスタン人移民の日本人配偶者二一人に対して行った聞き取り調査では、夫の来日前の仕事について、被雇用者（八人）と自営業（七人）という「職歴あり」が三分の二を占め、学生（六人）・その他（一人）、つまり「職歴なし」は三分の一以下だった（福田 二〇〇九：二一四、福田 二〇一二：三一九）。自営業者や学生の比率が高いかどうかについては即断できないが、被雇用者の比率は比較的低いと思われる。

一九八〇年代後半に単身で来日した若年男性のなかには、未婚者／既婚者、職歴あり／職歴なしといった多様な背景がみられたが、帰国せずにそのまま日本に滞在し続けたのは、未婚者かつ職歴なしの人々の方が多かったと考えられる（樋口 二〇〇七：二一六）。パキスタン人の人的資本の場合、母国での職歴が日本での自営業の起業に直結した層はそれほど多くないが、来日後に同胞企業で働くなかで自営業者として独立するためのノウハウを獲得している（後述）。

このようにみていくと、人的資本に関して起業を促進する要因は確かにあるものの、それが「成功者」たるほどの自営業進出を可能にしたとはいいがたい。すなわち、エスニック・ビジネスで成功した理由は別のところにあり、他の要因をさらにみていく必要がある。

（2）社会関係資本

外部資源獲得経路としての日本人配偶者

在日パキスタン人は男性の比率が八割と高く、数年前までは九割以上を男性が占めていた。その結果、パキスタン人男性の配偶者の大半は日本人女性であり、しかも一九九五年（七七・四%）から二〇〇〇年（八三・四%）にかけて、比率が増加している（総務庁統計局 一九九九、総務省統計局 二〇〇四）。日本におけるパキスタン人男性のほとんどが日本人女性と結婚し、その結果としてビジネスをやりやすい安定的な在留資格を得ている。

パートナーを得ることには、それに付随する資源獲得というもう一つ重要な問題がある。特に結婚の場合、パートナーとの資源の共有が前提となるので、エスニック・ビジネスにおいて日本人配偶者は重要な意味を持つ。日本人との結婚は、資源動員過程にホスト社会の構成員を引き込む重要な手段である。日本人配偶者の果たす役割は大きく分けて二つある。

第一に、共同経営者、もしくは家族従業員という役割である。起業に際して、日本人配偶者にはまずは法人設立の手続きが求められる。また設立資金と運転資金の共同出資を求められることもある。会社設立後は、経理や事務といった仕事を任されるケースが多いが、場合によっては現場作業を手伝うこともある。日本語能力、事務処理能力を含めて、日本人配偶者の労働力は活用すべき資源となっている。その後経営が軌道に乗れば、仕事を他の従業員に振り分けたり、経理は税理士に任せたり、日本人配偶者の負担を減らしていくことができるが、負担を完全になくすことは難しい。

第二に保証人という役割である。これは日本人配偶者に求められるもっとも重要な役割といってよい。

取引先との契約をはじめ、資金調達、営業許可の取得、不動産取得等において日本人の保証人は不可欠である。銀行から融資を受ける場合も、日本人配偶者が保証人となる。

このように、日本人配偶者は同胞以外を相手にするビジネスに不可欠な、契約・資金調達・事務処理を提供している。その意味で、パキスタン人が他のニューカマーより日本人と結婚する比率が高い（総務庁統計局 一九九九、総務省統計局 二〇〇四）こと自体が、彼らのビジネスを促進する要因だといえる。とはいえ、日本人配偶者の存在は起業に絶対必要というわけでもない。前掲の筆者の調査を再び確認しよう。来日直後と結婚直前の仕事の変化をみると（専門学校生一人を除く）、被雇用者は大幅に減少したが（二一→一三人）、自営業者は増加し（〇→八人）、被雇用者から自営業者への移行がみられた（福田 二〇〇九：二二五）。つまり、日本人と結婚する前からビジネスを始めるものは一定程度存在したわけであり、配偶者がいなければ起業できないわけではない。

社会関係資本としての同胞

こうしてみたとき、パキスタン人企業家にとって日本人配偶者と同程度に重要な社会関係資本は、同胞とのネットワークにある。自営業のノウハウは、来日後の同胞企業における職歴、あるいは同胞からの助力を通じて獲得するケースが多いからである。それでは、具体的にはどのような社会関係資本が利用されるのであろうか。

パキスタン人企業家の場合、社会関係資本となりうる同胞ネットワークは以下の四種類に分けられる（福田 二〇〇七b）。もっとも優先順位が高く信頼が厚いのは、親族ネットワークである。パキスタン人企業家の場合、特に男キョウダイの動員が多く、親族ネットワークの活用は事業展開の基本である。またそれができない場合は、女キョウダイの夫や男イトコ（パキスタンではイトコもキョウダイと呼ばれる）を動員することもある。「キョウダイは喧嘩も多い」という否定的意見もあったが、圧倒的多数が、「信じられるのは家族だけ」という肯定的意見であった。

二番目に優先順位が高いのは、キョウダイ同然の信頼関係が保証される地縁ネットワークである。地縁ネットワークとは、生まれ育った地域で形成された、幼なじみを中心とするネットワークである。同じ民族的背景を持ち、生まれ育った環境も政治的傾向も生活水準も似ている。幼なじみは他の友人ネットワークとは位置づけが決定的に異なる。「親密な友情」が前提となった「信頼」があり、より踏み込んだ協力が可能となる。

以上二つは移民呼び寄せのネットワークでもあり、後続集団にとって来日のきっかけを与えてくれる貴重な社会関係資本である。たとえばパキスタン人のパスポートには職業欄があり、しばしば「Business」とか「Business man」といった記載を目にする（筆者のフィールド調査より）。この場合の「ビジネスマン」は、日本で一般的に使われる「事務系のサラリーマン」ではなく「実業家」という意味である。これは「実業家」と記載した方が「短期商用」ビザが発給されやすい、という来日を容易にするための戦略の一部である。日本に同胞を呼び寄せるための知恵であるが、それはビザをとるための方便とばかりはいえない。後から来る移民にとっては、将来的な独立の夢が来日動機となり、「企業家精神」を醸成させるきっかけとなる。日本で工場労働者として働いていたとしても、自己規定は「実業家」であり、いつかは自分も独立開業しようと考えている。

三番目に優先順位が高いのは、日本で知り合った友人ネットワークであり、工場労働者時代の友人も将来的には資源動員の経路となりうる。友人と知り合う場はさまざまだが、近隣に居住、友人の紹介、宗教活動への参加、地域の日本語教室への参加、同胞向けイベントへの参加、クリケット等スポーツやレクリエーション活動への参加などが事例として挙げられる。当初は「同じ境遇の同胞」として日本で知り合ったとしても、双方がビジネスを始めれば、その後はビジネス上の付き合いが増す。知り合った頃のような「親密な友情」は必要なくなっても、友人として「信頼」できる人々である。

四番目に優先順位が高いのは、より日常的な協力関係を築ける地元の同胞同業者ネットワークである。同胞として連帯もするが、同時にライバルとしての緊張感を孕んだ関係でもある。事業が拡大するにつれて、ビジネスを通じて知り合った同胞企業家との協力関係が、重要度を増していく。同胞企業家とは、他の外国人企業家よりも一歩踏み込んだ信頼関係を構築・維持できる。たとえば互いに金銭の貸借をするし、互いに保証人になることもある。ただしパキスタン人企業家の場合、同胞とはいっても日本にはパンジャービーやムハージルなど複数の民族がおり一様でない。そこには、親族・地縁ネットワークや工場労働者時代の友人ネットワークにみられる同じエスニシティ優先の属性原理とは異なるルールが存在する。特に同胞が少ない地域では、地元での日常的な接触経験が、エスニシティは異なるが同じパキスタン人同士という信頼を高める効果を持つ。このネットワークの人々は、ビジネスを通じて知り合うが、地元での日常的な接触を通じて徐々に友人になる。彼らとの間には「親密な友情」は必要なく、かえって「親密」ではない方がよいこともある。とはいえ、「信頼できる取引相手」というビジネス上の関係のみではなく、「信頼できる友人」であることが重要である。友人だからこそ、困ったときには物心両面で助け合うし、生活や将来設計に関する情報など、ビジネス以外の情報も交換し合う。

以上、パキスタン人の場合、出身社会では比較的高学歴な層が来日しているが、日本の一般労働市場で通用する人的資本は有していなかった。しかしながら、日本人配偶者を経路として外部資源を獲得し、地縁・血縁、友人、同業者ネットワークのような同胞の社会関係資本を駆使することができた。また詳細にはふれなかったが、古くは同郷団体、宗教団体、近年は商工会議所が設立され、社会関係資本を獲得する場が増えている（福田 二〇〇七a、二〇〇九）。情報網の構築や経済分野での組織化が進めば、パキスタン人企業家のネットワークも今後ますます発展する可能性がある。

（3）機会構造

次に機会構造について考えてみよう。パキスタン人の場合、人口規模の小ささが特徴の一つであるが、それはつまりパキスタン人の「エスニック市場」の小ささを示している。ハラール食材という底堅い需要はあるものの、同胞を顧客とする「エスニック市場」向けビジネスにとっては致命的な条件である。よってパキスタン人移民は「一般市場」へと参入せざるをえない。その場合、日本人にも受け入れられやすいインド・レストランと中古車貿易業という二つの業種について、機会構造が開かれていたように思われる。だが、結果的には中古車貿易業がパキスタン人にとっての最大の機会となった。

中古車貿易業は、ホスト社会側から「見捨てられた市場」で、規模の経済が働かず、需要の変動が大きく大企業には扱えない業種、つまりニッチ産業だったといえる（Waldinger et al. 1990: 25–26）。また中古車貿易業界において、ビジネスが妨害にあったり役所や警察が介入したりといったことは一部の例外を除いてほとんどなく、どちらかといえば新規顧客層として市場側から歓迎された。それも中古車貿易業者にとってプラスの要素だった。さらに、出身国に中古品を輸出するビジネスならば、第5章でみたようにベトナム人も手がけている。パキスタン人の場合、出身国にとどまらず世界市場への輸出を開拓できたがゆえに、新規参入者を吸収するだけの市場の拡大があった。

だが、こうした機会構造は彼らに対して自動的に開かれていたわけではなく、さまざまな条件のもとで市場が開拓されていったと考えた方がよい。次節では中古車貿易業の発展を事例として、その業種がなぜ〈移民企業ニッチ〉となったのかを考察する。

第4節　中古車貿易業の発展

(1) 中古車貿易業の市場規模

前述の通り、パキスタン人企業家の場合、ハラール食材店やレストランといったエスニック・ビジネスの代表的業種を抑え、中古車貿易業が代表的業種となっている。それではなぜ、中古車貿易業が代表的業種となったのだろうか。

二〇〇三年の中古車国内市場は七兆円（九六%）、中古車輸出市場は三〇〇〇億円（四%）であり、中古車輸出業者の五割以上がパキスタン人である（『朝日新聞』二〇〇四年四月五日夕刊）。また中古車輸出業者は全国で八〇〇業者、そのうちパキスタン人が三五〇業者、バングラデシュ人が一〇〇業者、スリランカ人が一〇〇業者との推計が出ている（*The Japan Times*, June 3, 2004）。このパキスタン人業者の数や比率を推計したのは、「日本中古車輸出業協同組合」という業界団体である。二〇〇六年一二月の同組合への聞き取り調査[6]では、パキスタン人業者数の推計値は五〇〇〜六〇〇社へと上方修正されていた。

ある中古車オークション業者によると[7]、二〇〇七年九月時点で中古車輸出市場規模は徐々に拡大していたという。このオークションは輸出専門ではないが、それでも輸出業者の落札比率はピーク時で三割に達していた。輸出業者のうち、大口仕入れをするのは日本人業者であるが、小口仕入れをするのは外国人業者である。小口仕入れであっても業者数自体が多いため、パキスタン人企業家は来場者も多くてビジネスも活発な印象がある。また外国人企業家は、オークションに直接来場せずに、ネット経由の入札が多いのも特徴で、会場を選ばず必要な車すべてを入札するビジネス・スタイルがみられたという。

(2) 中古車貿易業の黎明期——一九七〇年代

日本で中古車貿易業を始めた人物の一人として有名なのは、パキスタン人であるタスリーム氏である[8]。タスリーム氏は、一九七三年に研修生として来日した。日本の特殊鋼技術を学ぶため、パキスタン政府の後援を受け、日本の企業数社を回って一年間の研修を受けた。彼の父親はパキスタンで綿製品の貿易をしていた実業家であったため、日本滞在中に父親の会社を日本側の企業に売り込む手伝いもした。そして一九七四年にパキスタンへ戻る際に、父の友人が「帰りに日本から車を一台持ち帰れば儲かるよ」とアドバイスしてくれたのが、中古車貿易のきっかけだった。最初は車種もまったく分からず、とりあえず新車三台を持ち帰ったが、結果的に一台のみしか利益が出なかった。その後四カ月ほどかけて、パキスタン側に日本で習得した研修内容（特殊鋼技術）を伝え終えると、一九七五年に再度日本に戻ってビジネスを開始することにした。タスリーム氏は日本を選んだ理由を「本当はアメリカに行きたかったが、日本語が分かるので日本の方が安心してビジネスができると考えた」という。来日後は住む場所を見つけるのも一苦労だった。最初は安く宿泊できる研修センターに滞在しながら、マンションを探した。入居手続きは大変だったが、日本語ができたので、日本人が物件探しに協力してくれて、その人の助けを借りてようやく入居できた。

一九七五年には資本金五〇〇万円を用意して株式会社を設立した。当時、パキスタン人の個人企業家は二、三人いたが、法人を設立したのはタスリーム氏が初めてだったという。ビジネスの業種は綿製品の輸入と中古車の輸出だったが、これらが予想以上にうまくいき、弱冠二四歳のタスリーム氏が興したタスリーム社は、設立二年目で売上高二億円に達した。事務所もビルのワンフロアを借り切るようになった。

一九七〇年代当時、中古車貿易には「リコンディション」と呼ばれる輸出向けの修理や整備が必要だったので、北海道から鹿児島まで全国各地に支店をつくり、従業員は一〇〇人に増えた。パキスタンだけでなく、スリランカ、バングラデシュ、アフリカにも輸出していたが、中古車輸出は本当に難しかったという。法人登記が必要とされた上、輸出検査に一台あたり一二〜一三万円もかかったからである。とはいえ一台で一五〇〇ドル（約四五万円＝当時）の粗利が出る時代だった。一九七七年には三〇〜七〇万円の価格の中古車を、オークションがなかったためディーラーから仕入れていた。

一九七八年は、七〇年代の中古車輸出の最盛期で、月に四五〇台をパキスタン向けに輸出した。当時は、各国のパキスタン大使館でパスポートに判を押すだけで輸出できた「ギフト・スキーム」制度の時代で、ドバイ、サウジアラビア、イギリスなど各地で中古車貿易用書類を作成していた。ところが、中古車を過剰に輸入して中古部品が過度に出回るようになったとして、一九七九年初頭にはパキスタン政府が中古車輸入を中止した。しかし実際は、スズキの現地工場の進出計画が始動した時期であったため、新車産業を保護するべく日パ両政府が決めた規制強化だった。一九七九年三月には、「ギフト・スキーム」から「別送品スキーム」制度へと変更された。「別送品スキーム」制度では、本人がパキスタンに入国する際に通関手続きとしてパスポートに判を押す手続きが必要になった。その結果、車一台につき同胞一人の入国手続きが必要とされ、取引上のコストが増えたため、中古車輸出台数が激減した。

(3) 中古車貿易業へのニューカマーの参入——一九八〇～九〇年代半ばまで

一九七九年以降、中古車貿易が低迷していた時期には綿製品の輸入が軌道に乗っていたため、タスリーム氏のビジネスにはさほど問題がなかったが、一九八七年頃まで新規のパキスタン人中古車貿易業者はほとんど登場しなかった。タスリーム社も同胞に国内仕入れを依頼して手数料を渡していた程度だった。一九八五年時点では、パキスタン人にとって主流のビジネスだったのは絨毯の輸入販売だったが、タスリーム社は絨毯には参入しなかった。

そうした状況が変化したのは一九八八年だった。タスリーム社は、ニュージーランドとオーストラリア市場への進出という、中古車貿易での新たな海外展開に取り組んだ。さらに一九八九年には南米のチリ、ペルー向け輸出を始めた。この時期に南米向けに参入した背景には、チリ政府とペルー政府の法改正がある。当時、チリ政府は「中古車が必要なのでハンドルが左右逆でも輸入してよい」という政府方針を出し、ペルー政府もそれに追随した。タスリーム社の南米参入はパキスタン人業者で二社目だった。一九九〇年には資本金を二〇〇〇万円に増資するほど会社は大きくなっていた。

同じ時期、タスリーム氏はビジネスの比重を減らし、同郷団体での同胞支援に力を注ぎ始めた。一九八二年頃から来日するパキスタン人が徐々に増え始め、一九八七年にタスリーム氏が同郷団体の活動にかかわるようになる頃には、超過滞在の相談も増えていた。国際結婚の相談も多く、以降五〇〇〇人の結婚に携わってきたという。さらにバブル経済の崩壊後には仕事を探す人も増えたので、中古車の仕事を紹介して自ら発注し、収入を確保できるようにサポートした。住む場所のない人には事務所を宿泊場所として提供したこともある。

このような初期参入業者のサポートを受けつつ、一九八〇年代後半以降、ニューカマーのパキスタン人が次々と中古車貿易業に参入した。たとえばハシム氏は、一九八八年に来日した、いわゆる「一九八八年組」で、出稼ぎ労働者から企業家に転じ、トランスナショナルに事業展開した典型である[9]。パキスタンでは父親の自動車修理工場を手伝っていたが、父親の勧めにより、友人を頼って来日した。その後、日本人の経営する自動車修理会社で働くかたわら、サイド・ビジネスとして中古車輸出業に携わっていたが、一九九二年に日本人女性と結婚し、それを機に本格的に中古車貿易ビジネスに参入する。

パキスタン人の中古車貿易業者にとって決定的な打撃となったのは、一九九三年と一九九四年のパキスタン政府による中古車輸入規制強化である（福田 二〇〇六）。一九九二年にトヨタ自動車の現地工場建設が決まると、パキスタン政府はまたしても国内の自動車産業を保護するため、一九九三年に中古車輸入を一部規制した。さらに一九九四年一月には、突然規制を大幅強化して関税を引き上げたため、このときから実質的に中古車輸入が困難になった。パキスタン向けに専念していたパキスタン人企業家は、別の販路を開拓せざるをえなくなったのである。

とはいえパキスタン政府の規制強化は、客観的にみれば「災い転じて福となす」とも捉えうるビジネスの転換点となった。パキスタン人企業家は、もはや出身国の市場に頼ることができず、世界各地で販路を開拓せざるをえない状況に追い込まれた。それが、友人・知人といった同胞を世界中の中古車市場へと移住させ、それぞれに貿易や生活の拠点を設置し、トランスナショナルなネットワークを構築することになったのである。ハシム社も、パキスタン政府の規制強化のあおりを受け、一九九五年にアラブ首長国連邦、一九九六年にチリへ事業を展開し、親族を各拠点に配置した。

一方でタスリーム氏の印象では、一九九五年以降中古車貿易業者が急増したという。そのなかには、タスリーム社から独立した会社や、さらにそこから独立したような会社も多く含まれていた。実はこの時期に新規業者が増加した背景には、日本側の政策変更がある。一九九五年五月に「輸出貿易管理令」が改定され、中古車の輸出前検査と通産省承認が不要になったのである。この規制緩和は、パキスタン人企業家にとっての参入障壁を一気に取り払うものであった。さらに一九九五年には、「通関業法基本通達」も改訂され、旅具通関の要件が緩和された。旅具通関とは、寄港中の船員が携行品（手荷物）として日本製品を持ち帰ることのできる制度である。この携行品の枠が「五万円以下」から「三台・三〇万円」に拡大されたことを受け、日本各地の港湾周辺ではロシア人船員向けの中古車貿易が一気に活気づき、特に日本海沿岸の貿易港周辺には多くのパキスタン人業者が集積し始めた。

(4) 後続集団の参入と中古車貿易業界の激動——一九九〇年代後半以降

このようなニューカマーの先行集団の成功をみて、一九九〇年代後半以降は、ニューカマーの後続集団の市場参入がさらに続いた。たとえばカラチ社は、一九九三年に来日して工場で働いていたアンワル氏が、日本人女性と結婚後、二〇〇〇年に起業した会社である。[10] カラチ社の場合、出身国であるパキスタンへの中古車輸出がすでに規制されていたため、設立当初から世界各地に住む友人・知人に向けて輸出し始めた。具体的には、アラブ首長国連邦、ケニア、ニュージーランドが主要な輸出先であった。またそれらの友人・知人が、チリ、ペルー、ニカラグアに拠点を設けたため、中南米への小口の輸出も増えた。さらに二〇〇二年にはロシア向け、二〇〇五年には再開したパキスタン向けに参入した。設立当初の年商は三〇〇〇万円程度であったが、設立六年目には二億円程度まで伸びた。年商数十億円の大規模業者、年商数千万円の小規模業者、年商数百万円の零細業者の混在するパキスタン人企業家のなかで、中規模の会社にまで成長した。[11]

ところが二〇〇八年末のリーマン・ショック以降、中古車貿易業界は一気に下り坂となる。まずは二〇〇九年一月、最大の中古車輸入国であったロシアが国内自動車産業の保護と経済危機を理由に中古車輸入規制を大幅強化したため、日本海沿岸を中心とする大口の中古車輸出の流れがピタリと止まった(藤崎 二〇一〇)。次に、急激な円高傾向が追い打ちをかけた。さらに、パキスタン人企業家が世界各地で開拓してきた中古車市場の需要もまた、世界同時不況によって一斉に縮小した。取引の縮小したドバイの中古車市場からは、多数の業者が撤退し、パキスタンや日本に戻る業者や、市場開拓のため南アフリカやケニアなどアフリカ大陸に渡る業者も現れた(福田・浅妻 二〇一一:一九五—一九七)。

カラチ社の場合、二〇一〇年の年商は設立当初と同じ三〇〇〇万円程度にまで落ち込んだ。主な要因は運転資金の回収が滞ったことにある。国内の他のパキスタン人企業家もさまざまな対応を迫られている。一部は解体業界、つまり自動車中古部品貿易業へと参入した。また従業員や事業所を減らして、事業をスリム化するケースもある。さらに輸出台数が減った分、国内取引を増やす対応もみられる。

特にロシア市場への依存度が高かった日本海沿岸では、さまざまな事業形態の変化が確認されている。(12) たとえば支店を開設していた業者の多くは、店舗をたたんで各地の本店へと戻っていった。家族形成、不動産の取得、子どもの就学等、さまざまな理由で日本海沿岸に残った業者もいるが、店舗をたたみ自宅兼事務所で事業を維持するといったケースがみられる。かつて日本海側で特徴的だったパキスタン人業者の集積傾向はほぼ解消され、太平洋側で一般的な「ホスト社会側から見えにくい」業態へと変化している。

とはいえこの厳しい状況下においても、中古車貿易業界から完全撤退するパキスタン人企業家はそれほど多くない。これまでも世界各地で貿易規制と格闘してきた経験を持つ彼らは、今回の大不況に直面しても再挑戦を諦めておらず、今は我慢の時と考え次の商機に備えている。それは、困ったときに活用できる同胞ネットワークが世界中に張り巡らされており、それを駆使することによって、リスクを最小限に食い止めることができたからだと思われる。

第5節　まとめ

パキスタン人の場合、まずは一般労働市場で地位向上が望めなかった上（雇用の制限）、ホスト社会において目立ったこともあり（可視的マイノリティ）、ビジネスへ向かわざるをえない社会的制約があった。また単身男性移民が多かったため、日本人女性との結婚が進み、ビジネスを始めやすい環境が整った（在留資格）。さらにビジネスへ参入しようという意識が同胞内で共有されていた（企業家精神）。加えて、日本人の配偶者や友人・知人といった同胞とのつながりなどビジネスに参入しやすい条件を満たしていた（社会関係資本）。

非正規滞在者が多かったパキスタン人が正規の在留資格を取るには、日本人と結婚することが大前提であった。同胞同士の社会関係が強いことに加えて、日本人との結婚により日本社会と密接な関係を築くこともできたのである。そうして構築した関係を基礎として、自らのエスニック資源、ネットワーク資源に加えて、ホスト社会側の外部資源を動員する条件が整った。さらに、パキスタンは中東地域に多くの出稼ぎを輩出する国でもあるため、同胞のネットワークはドバイという中東貿易の拠点まで広がっている。

日本人業者に比べて資金力や仕入れ面で圧倒的に不利な立場にあるパキスタン人が、中古車貿易業界で成功したのは、同胞ネットワークを利用してトランスナショナルな販売網を築き上げ、取引上のリスクを低減できたことにある。ニッチ市場たる中古車貿易業で、中小の日本企業がそこまでの販売網を築くことは難しい。それに対してパキスタン人の中古車貿易業は、国境を跨いで移動する親族・友人からなる複合的なネットワークが基盤となっている。トランスナショナルに張り巡らされた複数の移民ネットワーク（社会関係資本）を、それぞれの特性を生かしてバランスよく活用するビジネス・スタイルこそ、日本企業には真似できないパキスタン人企業家の強みといえよう。ビジネスのために軽々と移住していく企業家たち、そして移民企業家によって形成されるトランスナショナルなネットワークとその活用――これこそが、中古車貿易業がパキスタン人企業家のニッチとなった最大の要因といってよい。

他方で、中古車貿易業がパキスタン人企業家のニッチとなった背景には別の要因もある。それは日本とパキスタンをはじめとする各国法制度の存在である（機会構造）。パキスタン人企業家は、パキスタンの「ギフト・スキーム」制度を利用して中古車貿易を始めた。またその制度を最大限に利用するために、ドバイやサウジアラビアの同胞まで巻き込むトランスナショナルなネットワークを構築した。さらに日本の「輸出貿易管理令」の規制緩和や旅具通関の要件緩和を受けて、後続集団が続々と参入したのも法制度の影響である。加えて日本とパキスタンの道路交通法が、同じ右ハンドルを採用していることも、法制度の影響の一つといえよう。

このように、中古車貿易業がパキスタン人企業家のニッチとなった背景には、市場の形成史が大きく影響している。日本、パキスタンそれぞれの法制度の変遷が、中古車貿易市場の土台を作り上げた。その土台を活用したのが、一九八〇年代後半に日本に出稼ぎに来たニューカマーのパキスタン人であったといえる。ある者は日本人との家族形成を経て日本でのビジネスを確立し、またある者は帰国した後、日本で培ったネットワークを活用して、世界各地の中古車市場へ参入した。こうした法制度は、あるときには機会となり、あるときには貿易の妨げとなったが、全体としては新たな機会構造が開くことでビジネスは発展したといえる。それに加えて、日本では自動車の製品サイクルが速く、すぐに中古車の価値が下がることも、質の高い中古車が入手できる機会構造となった。

ただし、このような経済的な機会構造は、リーマン・ショック以降の世界同時不況を受けて、新たな局面を迎えつつある。貿易というビジネスの宿命ともいえる為替相場に翻弄されるリスクも無視できない。たとえばリーマン・ショック以後の中古車貿易業は、その後の急激な円高の流れによって大きな影響を受けた。とはいえこの厳しい状況下においても、中古車貿易業界から撤退するパキスタン人企業家は少ない。エスニック・ビジネス特有の弾力性が、未曾有の経済危機をやり過ごす知恵となっている。二〇〇七、八年の最盛期を記憶している企業家たちは、次なる挑戦の機会を見据えて、さまざまな対応策を講じつつ雌伏の時を過ごしている。

注

(1) 一九四七年にイギリスから独立したパキスタン・イスラーム共和国の出身者を指す。一九七一年に東パキスタンがバングラデシュとしてさらに分離独立したため、この地域の出身者はバングラデシュ人と呼ぶこととする。日本とパキスタンの間では戦後すぐに綿花の取引関係が始まった。一九六〇年代初頭に工業機械や自動車関連製品の貿易が始まり、一九六一年に両国が査証相互免除協定を結ぶと、パキスタン人の来日も徐々に増えた。一方で一九八〇年代後半には、パキスタン人の若年男性を中心とした日本出稼ぎブームが起こり、一九八八年にはそのピークを迎えたが、一九八九年に査証相互免除協定が停止されると、出稼ぎブームは終息する。

（2）「可視的マイノリティ」については、たとえば田村（一九九七：一五八）を参照。なお田村（一九九七）は、カナダの文脈において「可視的マイノリティ」を「コーカソイドではない有色の人々」と定義しているが、その定義を日本にそのまま適用することはできない。日本における可視的マイノリティとは、「日本に居住する外国人の内、外見上から外国人（外国出身者）であることが判別できる人々」を指す。在日外国人の大多数を占める東アジア人（中国人、韓国・朝鮮人等）や、外見上から判別できない日系人等の人々は除かれるが、肌の色や顔立ち等の外見から外国人であることが判別できる人々（欧米人、東アジア人以外のアジア人、アフリカ人等）はすべて含まれる。

可視的マイノリティのなかでも、一九八〇年代後半の日本において、南アジア系外国人が特に目立った理由としては、①一九八〇年代後半の数年間に「出稼ぎブーム」を受けて人口が急増し、メディアでも大きく取り上げられたこと、②単身男性が多く、特定のアパートや工場の寮などに集住したため、近隣住民から「怖い」「異様」といった反応が出たこと、③「外国人ならでは」の特定のサービス業（たとえば貿易、通訳、飲食業など）ではなく、製造業、建設業といった比較的目につきやすい職場での就労が多かったことから、「外国人が日本人の仕事を奪おうとしている」という危機感を生じさせたこと、などが考えられる（福田 二〇一二：六七）。

（3）本章の記述は、特にことわりのない限り筆者の調査による。筆者は一九九八年七月以降、パキスタン人中古車貿易業者二社で参与観察を続けてきた。また二〇〇二年一〇月以降、パキスタン人の社会活動に関する国内調査を継続している。二〇〇五年夏にはアラブ首長国連邦、パキスタン、二〇一〇年春には前述の二カ国に加えてケニアで中古車貿易業者の調査を行った。調査の一部は、国際交流基金知的交流フェローシップ、科学研究費、日本港湾協会による研究助成による。調査にあたって協力していただいた方々に深く感謝したい。なお本章で取り上げるパキスタン人の個人名や企業名は、すべて仮名である。

（4）当該ホームページ作成者によれば、閉鎖企業が自らデータ削除を申し出ない限り、そのままデータを残している。別のルートから閉鎖の情報を受けたとしても、競争相手のデータを故意に削除させようとするケースと見分けがつかないため、安易にデータ更新ができないという（二〇一一年三月六日、当該ホームページ作成者への聞き取り）。なおオンライン版のデータは随時更新されているため、遡って過去のデータを入手することはできない。本章で使用した過去のデータはすべて、筆者がそれぞれの時点でデータをダウンロードしておいたものを使用した。

（5）本章では「中古車貿易業」という用語を、中古車の輸出入にかかわる業務全体（中継貿易を含む）を指すものとして使用する。これに対し「中古車輸出業」という用語は、日本からの中古車輸出業務に限定される場合に使用する。

（6）二〇〇六年一二月二五日、日本中古車輸出業協同組合専務理事の木村俊郎氏に対する聞き取り。

（7）二〇〇七年九月四日、中古車オークションの海外部門担当者への聞き取り。

（8）二〇一〇年一月一八日、タスリーム氏への聞き取り。

（9）二〇〇五年九月一二日、ハシム氏の日本人配偶者への聞き取り。「一九八八年組」とは、日本出稼ぎブームのピークであった一九八八年に来日したパキスタン人を指す用語である。

（10）二〇〇〇年七月〜二〇一〇年三月までカラチ社における参与観察、および二〇一一年五月二八日、アンワル氏への聞き取り。

（11）最大手の日本人業者の場合、最盛期の年商は四〇〇億円といわれており、日本人業者はパキスタン人業者を圧倒する資金力を持つことが分かる（二〇一〇年八月九日、大手日本人業者への聞き取り）。

（12）二〇一〇年八月の富山調査（浅妻編 二〇一一：二二八―二三〇）、および二〇一一年六月の富山・新潟調査より。

文献

浅妻裕編、二〇一一、『廃車フローの国際化とリサイクルネットワークの形成に関する経済地理学的研究』二〇〇八—二〇一〇年度科学研究費補助金基盤研究（C）・二〇一〇年北海学園大学学術助成（共同研究）報告書、北海学園大学。

藤崎香奈、二〇一〇、「在日外国人と地方都市——中古車ビジネスを通しての定住を探る」『都市問題』一〇一巻一二号：九二—一〇八。

福田友子、二〇〇四、「国際結婚とエスニック・ビジネスに見るジェンダー関係——滞日パキスタン人男性と日本人女性を事例として」伊藤るり編『現代日本社会における国際移民とジェンダー関係の再編に関する研究——女性移住者のエンパワーメントと新しい主体形成の検討にむけて』二〇〇一—二〇〇三年度科学研究費補助金基盤研究（C）（一）研究成果報告書、お茶の水女子大学：一五五—一八一。

——、二〇〇六、「滞日パキスタン人のエスニック・ビジネス——中古車輸出業とトランスナショナルな親族配置」桜井厚編『コミュニティ形成におけるメディア経験と語り』二〇〇四—二〇〇六年度千葉大学大学院社会文化科学研究科研究プロジェクト成果報告書第一三五集：一一七—一二九。

——、二〇〇七a、「移民による宗教団体の形成——滞日パキスタン人ムスリムを事例として」『日本都市社会学会年報』二五号：六三—七八。

——、二〇〇七b、「トランスナショナルな企業家たち——パキスタン人の中古車輸出業」樋口直人・稲葉奈々子・丹野清人・福田友子・岡井宏文『国境を越える——滞日ムスリム移民の社会学』青弓社：一四二—一七七。

——、二〇〇九、「パキスタン人移民の社会的世界」東京都立大学大学院社会科学研究科二〇〇八年度博士論文。

——・浅妻裕、二〇一一、「日本を起点とする中古車再輸出システムに関する実態調査」『開発論集』八七号：一六三―一九八。

――、二〇一二、『トランスナショナルなパキスタン人移民の社会的世界――移住労働者から移民企業家へ』福村出版。

樋口直人、二〇〇七、「滞日経験のバランスシート――帰国の経緯とその後の状況」樋口直人・稲葉奈々子・丹野清人・福田友子・岡井宏文『国境を越える――滞日ムスリム移民の社会学』青弓社：二一一―二四三。

――・丹野清人、二〇〇〇、「食文化の越境とハラール食品産業の形成――在日ムスリム移民を事例として」『徳島大学社会科学研究』一三号：九九―一三一。

工藤正子、二〇〇八、『越境の人類学――在日パキスタン人ムスリム移民の妻たち』東京大学出版会。

Portes, A., L. E. Guarnizo and W. J. Haller, 2002, "Transnational Entrepreneurs: An Alternative Form of Immigrant Economic Adaptation," *American Sociological Review*, 67(2)：278–298.

総務庁統計局、一九九九、『平成七年国勢調査報告　第九巻　外国人に関する特別集計結果』。

総務省統計局、二〇〇四、『平成一二年国勢調査報告　第八巻　外国人に関する特別集計結果』。

竹下修子、二〇〇二、「国際結婚とエスニックビジネスの展開――エスニックレストランの事例分析から」『金城学院大学論集　社会科学編』四五号：一二九―一五〇。

田村知子、一九九七、「アジア系移民の台頭と多文化主義の変容――多文化社会カナダで続く統合への挑戦」小倉充夫編『国際移動論――移民・移動の国際社会学』三嶺書房：一五七―一七九。

Waldinger, R., H. Aldrich and R. Ward, 1990, *Ethnic Entrepreneurs: Immigrant Business in Industrial Societies*, Newbury Park：Sage.

早稲田大学人間科学学術院アジア社会論研究室、二〇〇六、『在日ムスリム調査――関東大都市圏調査第一次報告書』。

終章　鶴見で起業する
――京浜工業地帯の南米系電気工事業者たち

樋口直人

第1節　起業する街としての鶴見

東京駅を午後五時に出発し、京浜東北線の下り電車に揺られていくと、夕焼けで赤く染まった多摩川鉄橋を通過する。渡り終えるともう神奈川県で、川崎を過ぎるとすぐに京浜工業地帯の中核たる横浜市鶴見区に入る。鶴見駅をおりて海側に向かい、よどんだ水をたたえる鶴見川を渡ると、大きな通り沿いに「古宇利島」「EL　BOSQUE」など沖縄や南米の料理店や食材店が立ち並ぶ。日本にいながらにしてブラジル、ペルー、ボリビア料理を味わえる鶴見は「多文化のまち」として知られ、関連する文献も多い（e.g. 広田 二〇〇三、沼尾編 一九九六）。だが、夕方六時頃に鶴見を歩いてみると、「多文化」には収まらない発見がある。南米風の牛串が焼かれる店先からは香ばしい匂いが広がり、仕事現場から戻ってきた作業着姿の南米の青年たちが買って帰る。沖縄県からの移住者や南米からの移民が多い鶴見の多文化には経済的な基盤があり、青年たちが働く電気工事業こそが鶴見の南米系コミュニティを作り上げてきたのである。鶴見に住む南米系の男性のほとんどは電気工事業で働いており、自動車・電機・弁当製造という「三大業種」（大曲他、二〇一二）が基盤となる他の南米系コミュニティとは異なる特質を持つ。

第3章でみたように、日本で暮らす南米人は「日系人」としての在留資格、家族滞在であることが多いという有利な条件にもかかわらず、ビジネスに進出した者は少ない。南米で自営業者が多かった彼らが、日本で自営業に進出できないことは皮肉だが、本章では横浜市鶴見区の南米系電気工事業者という例外ともいえる事例に着目する。電気工事業に着目することで、鶴見というまちをより深く理解できるし、沖縄や南米につらなる社会的ネットワークが浮かび上がるからである。また、電気工事業は同胞相手の食料品店やレストランのような、すぐに市場が飽和してしまう業種でのビジネスとは異なる。同胞相手のビジネスに従事できる者の数は限られているが、電気工事業は多くの移民を呼び込んで「鶴見で起業する」物語を作り出す。これは序章でいう〈移民企業ニッチ〉にあたるが、ニッチたる南米系電気工事業はいかにして発展したのか。南米とのつながりは、それにどのような影響を及ぼしているのか。五つの電気工事業者の経験からこれらの問いに答えていくことが、本章の課題となる。[1]

第2節　鶴見区における南米系電気工事業者の進出

(1) 機会構造・人的資本・社会関係資本——分析視点

ある研究によれば、一九九〇年のニューヨークでは建設業者の四六%が移民第一世代であった。建設業は、移民がビジネスを営みやすい職種の一つといわれる（Waldinger 1996: 268）。建設業は、資本や技術という面で参入障壁が高くないし、重層的下請構造といわれる企業間関係のなかで参入の機会も多いからである。では、下請構造の一部たる電気工事業の起業はどのような要素に規定されるのか、序章の枠組みを応用する形で提示していこう。

まず機会構造についていえば、電気工事業を含む建設業の多くはさしたる設備投資も必要としないため、資本という点では起業が難しくない。それが、「中堅一社が倒産しても三社に分解して再生してしまう産業組織」（筆宝 一九九二：五五）を生み出す。これは、不況時に元請が倒産しても、それが市場の空白をもたらして起業の機会にもなることを意味する。さらに、南米から鶴見への流入がピークとなった一九九〇年前後には、日本の好景気により起業の絶好機だったという条件も重なる。好況期には好況期の、不況期には不況期なりの起業の機会はあるわけで、それが次節でみるような参入を可能としている。

次に人的資本についてみると、電気工事業と電気工事士という資格には密接な関連がある。これは、工業高校の電気科などで必要単位を取れば学科試験が免除される点で、ゼネコンの正社員のような大卒技術者の持つ資格とは異なる[2]。が、単なる講習参加ではなく試験にもとづいて交付される資格である点で、西欧の職業資格に相当する価値を持つ（木村 一九九七：一五七）。試験が課されることから日本語の読み書きが必須となり、移民にとって資格取得は容易なことではない。ただし、電気工事士資格は起業の必要条件ではない。自らは経営者に徹して有資格者を雇用する、あるいは下請構造の末端で労働者の送り出しに特化すれば起業は可能である。

最後に社会関係資本は、本章の文脈でいえば構造的空隙（structural holes）の問題として捉えるのが適当である。構造的空隙とは、「競走場におけるプレイヤー間の非連結性、非同等性」（Burt 1992=2006: iii）と定義されるが、簡単にいえば二つのネットワークの間にあいた穴を指す。本章の事例でいえば、「鶴見の電気工事業者が持つ求人ネットワーク」と「南米のコロニア・オキナワ出身者のネットワーク」は相互に結びついておらず、両者の間には大きな穴があった。それを埋めれば、一方は人手不足を解消し他方は安定した現金収入を得ることができ、両者を媒介する起業家は人材斡旋の利益を手にする。そうして生まれたのが初期の南米系電気工事業者であり、彼らは技能を持たずともブローカーとして人手不足を解消することで起業が可能となった。ところが、コロニア・オキナワ出身者が鶴見で働くのが普通のことになると、二つのネットワークが結びついてしまい、両者を媒介するうまみはなくなっていく（cf. Burt 2002: 175）。

構造的空隙を埋める比較優位がなくなった段階で、南米系電気工事業者はどのように生き残っていくのか。以下では、聞き取りした起業家のうち幾人かの経験を、上記三つの変数を用いて分析していくが、その前になぜ鶴見に南米から人が集まったのか、みていくこととしよう。

（2）コロニア・オキナワから鶴見へ——南米系電気工事業者の背景

京浜工業地帯の中核に位置する鶴見は、もともと沖縄県出身者が多く住む地域であり、沖鶴会館という県人の施設もある。この地に流入した南米系移民の多くが沖縄にルーツを持つが、単に広く南米から移民が集まったわけではない。ボリビアのコロニア・オキナワ居住経験者という、一〇〇〇戸足らずか

図終-1　コロニア・オキナワをめぐる人の流れ

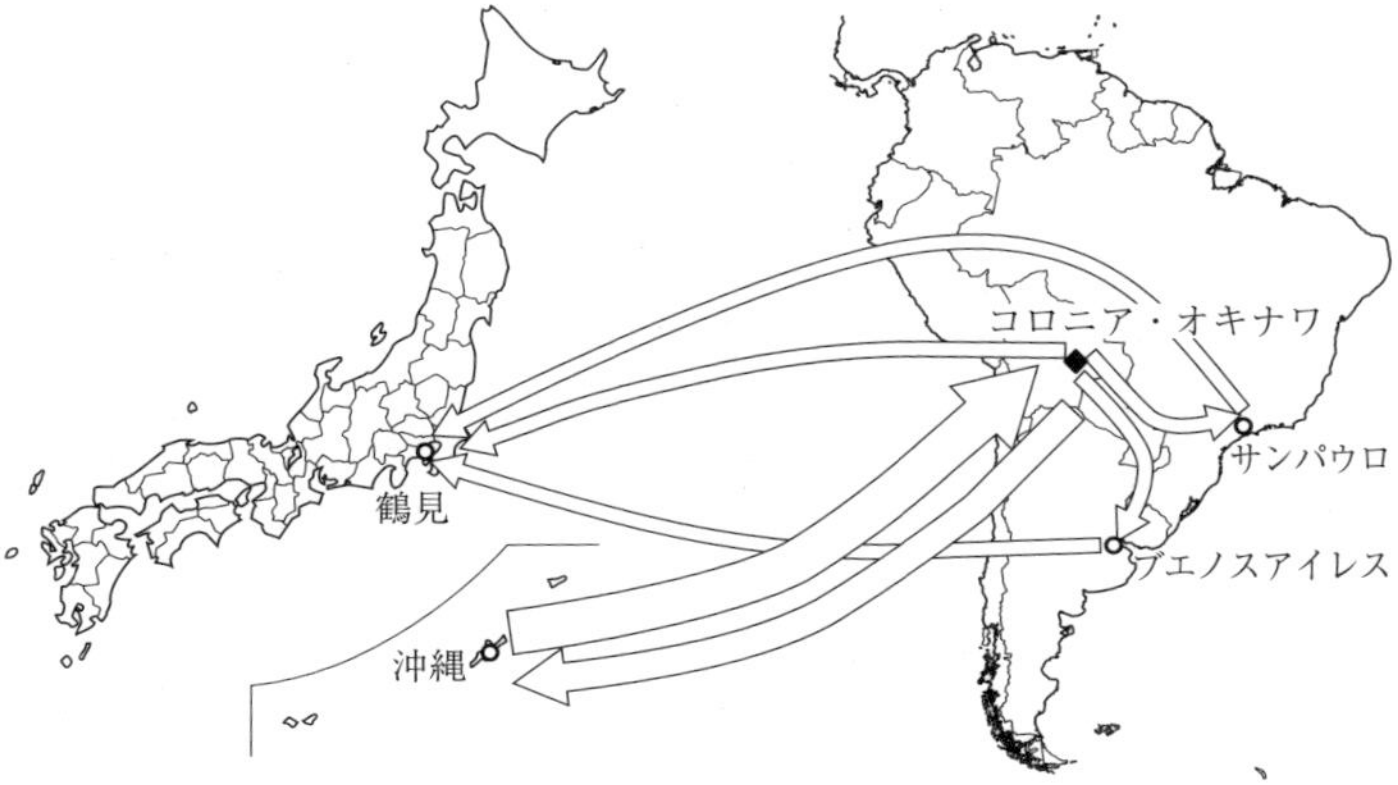

らなるネットワークが、鶴見への集住を促した。鶴見は、「リトル南米」でも「リトルボリビア」でもなく、「リトル・コロニア・オキナワ」なのであり、南米から日本への移民では珍しく地縁ネットワークが形成した集住地である。

オキナワ移住地とも呼ばれるコロニア・オキナワには、一九五〇～六〇年代にかけて約三〇〇〇人が琉球政府の計画移民として入植した。数十ヘクタールの原生林をあてがわれて開拓し、食生活は沖縄よりよかったというものの、旱魃や洪水、疫病に苦しめられる日々が続いた。主要作物も、米→綿花→大豆・雑穀と変えていかざるを得ず、国際相場の変動にも翻弄されてきた。現在はボリビア第二の都市であるサンタクルスから舗装道路が通い、立派な四駆の自動車が開放的なコロニアを行き交うが、当時は雨期になると交通が実質的に遮断されていたという（コロニア・オキナワ入植四十周年記念誌編纂委員会、一九九五）。

「展望のない僻地にいても仕方ない」と多くの移民がコロニアを去り、一九九〇年代半ばの時点で残ったのは三〇〇〇人のうち二三%でしかない（コロニア・オキナワ入植四十周年記念誌編纂委員会 一九九五：一一九）。沖縄に引き揚げた者もいたが、多くは他の南米諸国に転住している（図終-1）。これは財産を売り払っての移民であったため、沖縄に戻っても展望が立たなかったことが大きいだろう。このように、一九六〇年代を中心にコロニア・オキナワからの流出は激しかったが、コロニアで苦楽を共にした者同士の仲間意識は強かった。

もともと琉球政府が公募した事業であるため、コロニア・オキナワに渡ったのはネットワークを介した連鎖移民ではない。沖縄各地から見知らぬ者同士が集まるなかで、移民船での交流やコロニアで新たに作られた絆が強靭だったのだといえる。蘭信三（一九九四）は、ある「満州移民」の開拓団が日本に引き揚げてからも絆を保ち、日本でも同じ開拓村に集団で入植した例を報告しているが、それに近い状況が生じたのである。

コロニア・オキナワからは、約一〇〇〇名がサンパウロへ、約六〇〇名がブエノスアイレスへと転住した（辻本 二〇〇〇：五二）。ブラジルでは、サンパウロ市東部のヴィラ・カロン地区にいた沖縄県人を頼ってボリビア転住組が集まり、縫製工場や小売業に進出していった（森 一九九八）。アルゼンチンではヴィラ・カロンのような集住地こそないものの、ボリビアでのつながりは起業に必要な頼母子講《たのもし》の基盤になり、日本へのデカセギのネットワークにもなっている。ダグラス・マッシーは、メキシコの特定の村の出身者がアメリカの特定の地区に集住し、メキシコとアメリカで親子コミュニティが築かれたという（Massey et al. 1987）。本章の場合もコロニア・オキナワが「親」となり、ブラジルとアルゼンチン、後には鶴見にリトル・コロニア・オキナワを生み出した。実際、この三カ所で「ボリビア親睦会」という名前の組織が設立され、コロニア四〇周年記念に際して募金活動やバーベキュー大会といった行事が開催されている。

現在コロニアに残る者の多くは、広大な農地・牧場の経営者であり、特に大豆栽培で成功したため日本で働く経済的な必然性はあまりない（Suzuki 2007）。しかし、一九八〇年代前半のボリビアは、インフレに苦しみ、一九七〇年代にピークを迎えた綿花作りもうまくいかなかったため、この頃からデカセギが始まっていた。そうしたデカセギ者の一人が、鶴見にあるS電設という沖縄県人の電気工事業者と親戚関係にあり、コロニアの若者をS電設に紹介したのが、コロニア・オキナワ出身者と鶴見の電気工事業のなれそめである。

それから数年後、バブル経済に乗る形でコロニア・オキナワ出身者が鶴見で働くようになり、独立して自ら電気工事業を営むようになった。その後、南米各地から鶴見に集まるようになったが、ネットワークの中核はコロニア・オキナワ関係者であり、従業員のいない自営業たる一人親方も含めれば約五〇人といわれる電気工事業経営者の半数以上を占めている。企業として看板を掲げているところに限れば、ほとんどがコロニア・オキナワ関係者である。コロニア・オキナワ関係者が進出して二〇年――一世が引退して二世が継いだ企業も多く、新規参入する二世と初期に参入した一世は企業家としての性格が異なる。それでも維持されてきた鶴見の電気工事業という〈移民企業ニッチ〉は、いかにして形成されてきたのか、次節でみていこう。

第3節　ネットワーク企業家からマイスターへ

電気工事業は、ライフラインの敷設に伴うケーブル敷設のような力仕事から、ビルや住宅の配線、プラントや船舶の整備に至るまで求められる技能は幅広い。しかも、下請関係は重層的で複雑であり、本章に登場する業者を位置づけると図終-2のようになる。図の左側は地下ケーブル敷設のような大型事業の場合で、南米系業者は末端下請の四次か五次に位置づけられる。この場合、機械化できない部分での力仕事が主になるため、土工の派遣を日額いくらで請け負うことになる。右側は、大型ではないビル建設での下請パターンであり、南米系の業者は二次か三次で一定の技能を要求される。

鶴見の南米系電気工事業者で興味深いのは、時期によって起業の条件も仕事内容も異なる点である。起業の条件については前節で挙げた三つの変数が違った形で作用しているし、仕事内容も一世＝図の左側、二世＝図の右側という違いがある。大きくいえば、初期のうちは左側の仕事が多かったのに対して、次項でみるように右側の比重が次第に大きくなってきたことになる。

（1）構造的空隙の活用——ネットワーク企業家が結ぶ南米と鶴見の労働市場

前節でふれたS電設は、一九九五年に倒産するまで鶴見最大の電気工事業者として、数百名の南米系労働者を雇用していた。S電設に南米からの労働者が入ったのは一九八五年で、一九八七年当時では二〇名程度の従業員しかいない小さな会社だった。S電設が急成長したのは南米系労働者という「福の

図終-2　重層的下請構造における南米系業者の位置づけ

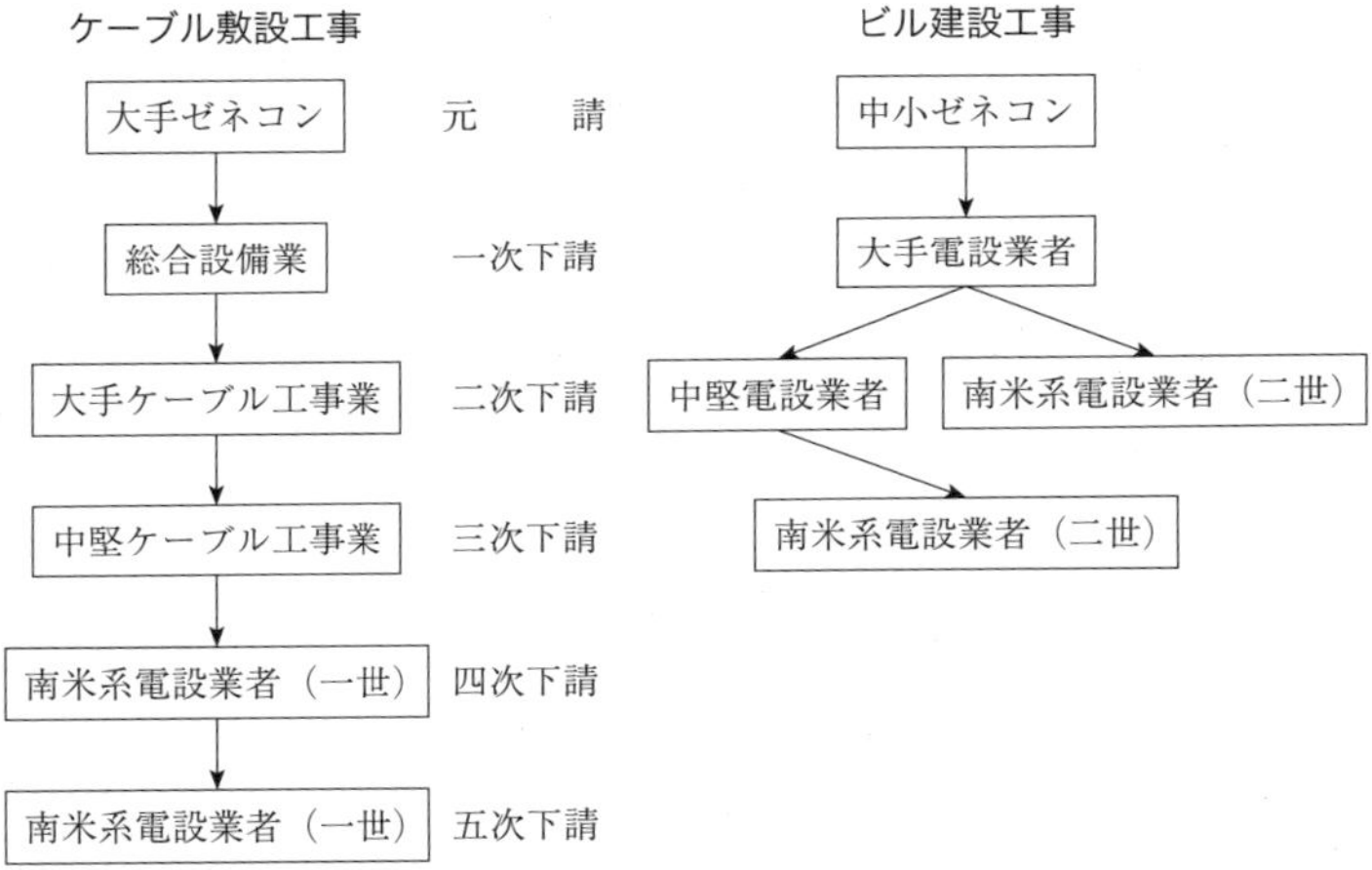

神」がいたからで、人手不足の時期を南米からの人材募集で補うことができた。その結果、一九八九年には三〇〇名、最盛期の一九九四年には五〇〇名近くを抱えるまで拡大している。

この時期には、人が足りない鶴見の建設労働市場と、ハイパー・インフレーションに苦しむ南米の日系人社会の間に構造的空隙があった。両者がつながらないため、需要と供給が合致しなかったのである。その隙間を最初に埋めたのがコロニア・オキナワ出身者だったが、人数が限られているため空隙はほとんど満たされずに残っていた。S電設はそうした空隙を埋めて成長したが、そこで働いていた南米系従業員もノウハウを覚えて独立していった(3)。

絶対的な人手不足だったこの時期、日系一世の移民は構造的空隙を架橋する点で他にない有利な立場にあり、ネットワーク企業家として台頭していった（cf. Burt 2002: 157）。バブル経済下で求められたのは現場を仕切る技能・経験ではなく、従業員の確保、最低限の資本と経営のノウハウ、日本語での交渉能力だったからである。一世のほとんどは、来日前に自営業に従事しており、ノウハウという点では問題ない。資本にしても、後述のように親族に借りる例はあるものの、電気工事業はさしたる資本装備を必要とせず、「機敏さ」と「野心」があれば独立は難しくなかった。

そのなかの一人だったA電設のA社長は、牧場経営を夢見てコロニア・オキナワに移民した。そこに一五年いてからサンパウロのヴィラ・カロンに転住し、近隣のサン・マテウス地区で縫製工場を営んでいた。だが、一九八〇年代の南米は債務危機とハイパー・インフレーションが起こった「失われた一〇年」と呼ばれる時期であり、頼母子講のメンバーの何割かは強盗に入られたことがあるくらい治安が悪かった。都市に住むならブラジルも日本も同じ、とA氏はブラジルでの生活に見切りをつけて一九八七年に鶴見に渡っている。

このときには、コロニア・オキナワからヴィラ・カロンへと転住した同じ境遇の友人がS電設で働いていたため、そこに身を寄せた。最初の頃は工事現場で働いていたが、社長に認められて事務員となり、南米まで人材募集に行くようになった。S電設の急成長はA氏にとっての機会でもあり、S社長はA氏に協力会社としての独立話を持ちかけている。S電設にとっても、自前で労働者をすべて抱え込むよりは、下請を作ったほうが労働力需要の変動に対応しやすい。A氏は、会社設立後の数カ月は金銭の出入りを「家計簿」で管理していたほどで、電気工事業を営むノウハウも開業資金もなかった。が、S電設から労働者を一五人くらい移籍させてもらい、S社長に資金援助を受けながらのれん分けしてもらったという。

それから二〇年、A電設では一九九四年に一二〇人まで従業員が増加し、それから減少してずっと七〇人台を保っている。A氏は、来日直後を除けば工事現場に自ら出ることはなく、現在に至るまで関連する資格・免許を取得していない。その意味で、日本と南米日系社会の間にあった構造的空隙を埋めるネットワーク以外、A氏の強みはなかったともいえる。だが、バブル崩壊後に同業者が倒産するなかで、鶴見では大きな部類に入る電気工事業を維持できているのは、起業時の幸運によるものではない。

A電設は、ほとんどの仕事が最末端の四次か五次下請であり、手間請に特化しているものの、社内講習で資格習得を奨励するなど人材育成には力を入れていた。A電設の南米系労働者は四分の一程度まで減少し、取引相手も南米関係はほとんどない一方、電気工事士の資格を持つ者の比率は四割に達している。南米系移民のネットワークという社会関係資本に依存せず、日本人経営者と変わらない経営形態に転ずることにより長続きしてきたといえるだろう。建設業界では、元請が倒産して不渡り手形をつかまされるのは日常茶飯事だが、A氏の場合はそれが三〇〇〇万円程度で済んでいる(4)。そうした運にも恵まれたが、彼自身は徐々に南米系業者としての性格を薄めていった。南米系業者との取り引きもほとんどなく、ゴルフや頼母子講のような付き合いにほぼ限られる。そうした当人の南米離れもあるため、日本での地道な経営を志向したといえるだろう。

(2) 機会構造の活用——倒産が生み出すチャンス

起業にもっとも適したバブル絶頂期には、日系二世の多くは若く日本語が得意でない者も多かったため、電気工事業で働いても従業員にとどまっていた。それが変化したのは、バブル崩壊後にS電設など鶴見での大手企業が倒産した一九九〇年代半ばである。S電設の倒産の原因は、不景気の影響というよりは経営者の浪費にあったといわれるが、いずれにせよそこで働く従業員に損失と機会をもたらした。従業員のなかには、後述するように数百万円の賃金不払いを蒙る者もいたが、倒産後に独立する者もいたからである。筆宝（一九九二：五五—五六）がいうように、建設業は多額の資本を必要としないだけに、中堅一社の倒産はいくつもの小企業を生み出す。

どういうことか。この時期に独立したのは、南米生まれ南米育ちの二世であった。こうした二世たちは、五年以上の現場経験を積んでおり、日本語の読み書きでハンディキャップがあっても仕事のノウハウと人間関係はあった。一世の場合、独立志向があった者はバブル期に起業しており、その後の参入はほとんどなかった。逆に二世たちにとっては、バブル期に独立するのは難しかった。そしてバブル崩壊後の企業の倒産は、収入減や賃金不払いとなって彼らを直撃した。しかし、勤務する電気工事会社の倒産は元請と自分たち労働者との間に構造的空隙を生み出すから、そこをうまく埋めることで自らが社長になるチャンスでもある。

コロニア・オキナワ生まれの二世であるB電設のB社長は、一九八五年に一九歳で来日した。このときには、コロニアの知人がS電設の社長と知り合いだったので紹介してもらい、S電設が倒産するまでずっと働いていた。倒産以前から現場の棟梁として働いており、一緒に独立しないかと誘われることもあったというが、うまくいかなかったときのリスクを考えて断っている。ところが、一九九五年にS電設が倒産して仕事がなくなったため、一緒に働いていた弟と一人親方として独立しようと準備していた。B氏は、学校に行きたくなくて来日したくらい勉強嫌いだったが、現場の仕切りは上手だったため、職を失った同僚にも頼られて一五名くらいの従業員で起業している。S電設の倒産により、B氏は円満に同僚を雇用して独立し、S電設時代の元請から仕事をもらって起業できた。

B氏は、来日時期が一世よりさらに早くバブル期には一定の経験を積んでいたことから、早期の起業が不可能だったとはいえない。しかし、その頃は二〇代半ばと若く自営業の経験もなかった。さらに、ボリビアで日本語の漢字を小学校六年生程度までは習ったが複雑な事務処理はできなかったことが、ためらう要因だったと考えられる。その後、B電設は技能者の集団として三次下請の仕事をずっと引き受けてきた。従業員は全員が南米出身者であるが、二〇一〇年時点では半分弱が第二種電気工事士の資格を、数名が第一種電気工事士の資格を持つようになった。二〇〇〇年代になると、現場での規制が厳しくなって資格がないとできない作業が多くなったため、B社長も二度不合格の後は「恥ずかしいので」と猛勉強し、三度目の受験で第二種電気工事士の資格を取得した。

B電設より遅れて二〇〇二年にC電設を創業したアルゼンチン生まれの二世の兄弟は、B電設の社長とは異なり来日時に日本語がまったくできなかった。両親共にコロニア・オキナワから転住した一世だったため、弟は父親と共につてを頼って一九八八年にS電設で働くようになり、兄も一九八九年に合流している。その後、他社で働くこともあったが基本的にS電設で働き続けており、倒産時には二人で七〇〇万円くらいの賃金不払いを蒙った。S電設の倒産後、二人は元請たる日本人経営のT電設で働いていたが、そこも二〇〇二年に倒産したため、T電設の元請から独立を勧められて起業している。二人は、S電設の倒産時にはT電設からの手間請で働いていたため、そのままT電設で雇われることとなり、S電設の倒産は独立の機会とはならなかった。このときは賃金不払いにより生活も不安定で、兄は妻子をアルゼンチンに帰さざるを得ない状況だったため、起業が難しかったともいえる。

だが、T電設関係の仕事をしている間はずっと横浜港に寄港する船の電気系統を整備していたため、仕事は安定していたし技能も蓄積できた。そのため、T電設の元請に対して一人親方として独立させてくれるよう働きかけていたが、T電設との信義を守るためとして認められなかったという。T電設が倒産したときには、またしても半年分（兄弟で八〇〇万円）の賃金をもらい損ねたが、代わりに倒産が起業の機会となったのである。当時の兄弟は、半年間収入がなかったため貯金がなく、自前で開業資金を捻出できなかった。そのため、起業に必要な三〇〇万円を借金して集め、七、八人の従業員を雇ってワゴン車を購入して体裁を整えた。

仕事はうまくいって繁忙期には二〇名くらいを雇用し、C兄弟も毎日現場に通っていた。経営者としての取り分に加えて、自分たちの工賃も入るため、アルゼンチンに一人毎月二〇〇〇ドルずつ送金し税金を払っても、一〇〇万円ずつの手取りが残ったという。こんなに儲かるものかと思ったと兄は述懐し、働く分だけ遊ぼうと寸暇を惜しんで日本全国を旅行する一方で、仕送りのほかに毎月五〇万円を貯蓄に回し、二〇〇五年にはアルゼンチンに帰国した。妻子と離婚して日本に一人残った弟は、電気工事業では飽き足らず、LEDやソーラーパネル、国際電話カードの販売といった形で他の事業に利益を投資している。二人は合計で一五〇〇万円の賃金をもらい損ねており、多くの労働者はそうした建設業界の不安定さに翻弄されてきたといえるだろう。だが、二度目の倒産は二人に対して起業の機会をもたらしたわけで、それを生かせたときの利益の大きさは兄の述懐が示す通りである。

（3）人的資本の活用――専門工事業者としての生き残り

これまでみたように、ネットワーク企業家として構造的空隙を埋める役割を果たすか、倒産などで局所的に生じた構造的空隙を生かさない限り、独立するのは容易ではない。独立を果たしたとしても、A氏のような手間請専門の経営者として続いた者はほとんどいなかった。経営環境が厳しくなるなかで生き残るには、専門工事業者として生き残る技能を身につけることが必須になりつつある。

バブル期にネットワーク企業家として参入し、その後の厳しくなった経営環境を異なる形で生き残った例としてD電設がある。創業時の社長だったD氏は、一〇代で家族と共にコロニア・オキナワに渡ったが、数年でボリビアに見切りをつけてアルゼンチンに転住した。アルゼンチンではクリーニング店に始まり縫製工場経営などを経て小さなスーパーを兄と二人で経営していたが、インフレのあおりで六万ドルの損失を出したため、一九八九年にデカセギに出た。最初は友人のところで居候しながら自分で派遣会社を探して三カ月だけ自動車工場で働いたが、デカセギ仲間にS電設で働かないかと誘われ、すぐに転職している。そこで一カ月働いてみて、これなら自分もすぐに会社をやっていけると思い、コロニア・オキナワから来ていた妻の弟と一緒に電気工事業を設立した。開業には五〇〇万円かかったが、日本に留学してサラリーマンとして働いていた弟に借りたほか、友人にも借金して集めている。

D氏の甥によれば、一家の男きょうだいのなかでD氏が一番商才があって経済的に家族を牽引する存在だったという。自分の負債を（六万ドルの半額である）三万ドル抱え、それを返済するためにデカセギに出た数カ月後に、新たに借金して起業に踏み切ることができたのは、そうした商才の賜物であるといえる。結果的には機を見るに敏だったわけだが、この時期には起業がたやすかったからともいえる。加えて、この兄弟はアルゼンチンの沖縄県人の間では顔役で、ボリビアにいた義弟の分も合わせて知己が多かったことも成功の原因となっている。

D電設の売り上げは月二五〇〇～三〇〇〇万円まで伸び、借金も一年で返済して仕事には困らなかった。ある大学の工事の際は、昼夜を徹して働いたため従業員の月給は九〇万円にも達したという。従業員は多いときで四〇人弱を雇用し、D氏も最後まで現場に出て働いていたが、脳溢血で倒れてアルゼンチンに戻っている。D電設自体は義弟が引き継いでおり、義弟は勉強して電気工事士の資格も取って今なお自ら現場に立つ。九〇年代に電気工事士の資格を取得した義弟は、他の一世とは異なり技能があるからこそ生き残れると胸を張る。一世の経営者は、すでに六〇歳を過ぎていることが多く、現場に出る者はほとんどいない。それに対して義弟は、一歳でコロニア・オキナワへ移住したため一世としては年齢が若く、長期的にみて資格が必要だったという背景がある。D電設は、構造的空隙を埋めるネットワーク企業として始まり、義弟の代になってから少人数の技能者集団となって今に至るまで生き延びているといえる。

一九九一年に設立されたE電設も、代替わりに伴いD電設と類似した変身を遂げている。コロニア・オキナワから鶴見へのデカセギが始まったのは、ボリビア経済が破綻し農業もうまくいかなかった八〇年代だが、E社長はコロニアの状況も安定していた一九九七年に来日した。彼は、高校を卒業して歯学部に入るつもりだったが、その前に日本を見聞するため一年の予定で来日し、義兄が経営するE電設で働いている。ところが、働くうちに電気工事が面白くなってボリビアでの大学進学をやめ、二〇〇〇年には夜間の専門学校に通って電気工事士の資格を取るべく勉強した。ボリビアでは小学校四年までの漢字しか習わなかったが、一回で第二種電気工事士試験に合格し、その後は講習に通ったり独学で第一種電気工事士など必要な資格をその都度取得している。二〇〇一年には義兄が牧場経営を始めるべくブラジルに戻ったため、若くしてE電設を引き継いだ。

E電設の特徴は、二〇〇九年現在で八名と人数は少ないものの、二次か三次の下請と下請構造のなかで比較的上位にあること、リスクもあるが利幅も大きい請負工事に特化していることである（高梨編 一九七八：第二章）。前出のネットワーク企業家の場合、利幅は小さいが一日単位でも手間請さえできればマージンを確保できる。請負の場合、「〇〇ビルの電気工事一式」など大きな単位で仕事を受注し、人数が足りなければ四次、五次の下請から応援を頼む。そこで見積もりを誤れば赤字が出るし、うまくやれば五〇〇〇万円で受注した仕事の粗利が二〇〇〇万円になることもある。また、一つの仕事が終わった後に次の仕事を受注できなければ、売り上げ減に直結する。そうしたリスクを引き受け、請負工事ごとに必要な工程や労働力を計算して受注し、実際に施工管理できて初めて経営が成り立つ。

E氏は二〇代前半で電気工事業を引き継いだが、南米系では珍しく学校に通って資格を取得した向学心、施工技能に対する関心によりE電設を経営してきた。会社自体は義兄から譲渡されたものだが、代替わりで会社が倒産する例は調査時にもよく耳にした。バブル期に参入した一世は引退の時期を迎えているが、親族が後を継いで成功するのはE氏同様に技能を磨いた場合が多い。

第4節　トランスナショナルな投資へ？——南米への投資と家族という受け皿

(1) 日本への拠点変更

本書でみてきた企業家の一部は、日本を拠点としつつもベトナムや中東にまたがるトランスナショナルなビジネスを実践している。他方で、第4章でみたように日本ではなくフィリピンでの投資に力を入れる例もある。ビジネスで得た資金の投資先は、企業家の経済的・心理的な志向性やエスニック・ビジネスの経済効果をみるに際してのポイントとなる。

そのなかで、完全に南米離れしているのはA氏である。彼は、鶴見で家を購入したのに加えて、郷里の沖縄に別荘を建てるだけの余裕もあるが、南米にはまったく投資していない。すべて引き払ったサンパウロに投資する理由は、確かに乏しい。しかし、A氏の兄はコロニア・オキナワに残って意欲的に営農していた。兄は一九九九年に亡くなったが、その兄を通じてコロニアに投資する可能性はあった。だが、一五年いても全然儲からなかったから、とブラジルはもちろんボリビアにも見切りをつけて兄の葬儀のとき以外は遊びに行くこともなかった。コロニアからアルゼンチンを経て鶴見で就労し、A氏と同じ頃に独立した親しい友人が、日本で賃貸住宅に住みながら親族を通じてコロニアの牧場に投資しているのとは対照的である。

一番若いE氏の場合、両親と農業を継いだ兄はコロニア・オキナワに住んでいる。妻はアルゼンチン育ちだがコロニア生まれであり、ボリビアとのつながりは今でもある。しかし彼は、牧場をやりたいという父親に多少の仕送りをする程度で、家も日本で購入し南米に対して投資していない。彼は、少なくとも子どもが高校を卒業するまでは日本にいるといい、それからボリビアに戻ったとしても農業ではなく建設会社を始めたいという。もともと歯科医志望で農業志向がなかったこと、親の土地を長男が継いだので営農するなら新たに土地を購入する必要があることが、南米志向を弱めていると考えられる。「農家の次男坊三男坊」が外に出て行くという過去の日本人の南米移民の古典的なパターンが、南米から日本へのデカセギでも繰り返されているともいえよう。

（2）南米への投資

A氏やE氏は、家族が南米にいる企業家のなかでは例外で、鶴見の南米系企業家では南米に投資している人のほうが多い。B氏は七人きょうだいの長男で、四人が日本に三人がボリビアに住んでいる。B氏は鶴見でマンションを購入したが、これは頭金なしで買えるからであり、貯蓄はコロニア・オキナワでの農地購入に充てているという。農場を管理しているのは当初は三男であったが、次男が子どもの教育のためボリビアに戻るのと入れ替わりで、三男は来日している。つまり次男三男の区別なく農場は共同経営になっており、長男たるB氏は日本からの投資という形で貢献しているといってよい。

このように、決まった跡取りではなくきょうだいが共同で営農規模を拡大していく家もある。実際、コロニアの日系団体の会長である具志堅（一九九八：二〇三）は、一九九〇年代の時点で一五〇ヘクタールでの新規営農に約三〇〇〇万円が必要としている。二〇一〇年時点ではそれが四〇〇〇～五〇〇〇万円まで上がっており、半分を借り入れで賄ったとしても独立は容易ではない。B氏の場合、聞き取り時点では二〇万円×一八口の頼母子講に加入しており、自らが落札したときには三六〇万円をそっくりボリビアに送っているという。数百ヘクタールの大規模経営が当たり前のコロニアにあって、日本での稼ぎだけで独立するのは難しいが、定期的に送金することで着実に農地を拡大することはできる。

それに対して生活拠点がブエノスアイレスにあるC兄弟やD氏は、投資するならば不動産が現実的な選択肢となる。C兄弟は日本に永住することも考えて、両親を呼び寄せようとしたが、ゆったりしたアルゼンチンの生活のほうがいいと断られた。そのため、日本でマンションを買うのも諦めて兄は帰国し、弟は賃貸マンションで生活している。二人とも複数のアパートをブエノスアイレスで購入しており、まずは安全な投資として故郷での不動産購入を行った。ただし弟の場合、「本業」の電気工事業に加えて、アルゼンチンに電気部品を輸出する仕事も手がけていた。これは失敗に終わるが、日本の病院にＬＥＤ照明を卸す事業は採算が取れるようになり、最終的には南米での販売を計画している。

Ｄ氏も事業がうまくいっていた九〇年代前半に家族を呼び寄せようとしたが、家族が嫌がったため帰国を前提とした行動に切り替えた。脳溢血で倒れてアルゼンチンに戻ってから四二万ドルをかけて家を改築し、一階を賃貸に出して収入を確保しつつ二階三階で一一人が生活できるようにしている。

他の例も含めて考えると、全体として南米への投資志向を生み出す最大の要因は、南米にいる家族である。その意味で、家族は企業家たちを南米につなぎとめる定錨のようなものだが、コロニアのように大規模営農という投資価値のある家業がある場合にのみ、生産目的の投資がなされる。アルゼンチンへの投資は不動産購入にほぼ限定されており、生産的な投資とはいえない。これはアルゼンチンでの家業がクリーニング店などの零細自営業であり、投資価値がないことによる。鶴見で蓄積した資本はどこで何に使われるのか――これはエスニック・ビジネスの波及効果をめぐる問いでもあるが、南米に家族がいなければ日本での不動産購入に向けられる。南米に家族がいても、その家族のあり方によって不動産と農業投資に分岐していく。

第5節　鶴見で起業する条件の変化、そして…

鶴見の南米系電気工事業は、まずもってS電設での就労を通じて発展した。S電設も含めた鶴見の沖縄系電設業者は、もともと沖縄の職業安定所を通じて人を雇用しており、鶴見の「地域労働市場」は首都圏よりも沖縄と直接つながっていたといえる。S電設は、コロニア・オキナワに親戚がいたという偶然から、沖縄を飛び越えて南米各地のコロニア・オキナワにつながる地域労働市場を開拓した（cf. Sassen 1995）。これにより、労働力の確保という点で優位性を発揮したS電設は、鶴見最大の電設業者になったものの、乱脈経営により倒産の憂き目をみた。だが、S電設は発展時にも倒産時にも従業員に対して独立の機会を開くこととなった。

S電設から独立した者が学んだのは、手間請のノウハウから電気工事の技能までさまざまだが、エスニック・エンクレイブで働く労働者と同様に職業訓練の機会となったことは間違いない（Bailey & Waldinger 1991）。電気工事士という資格自体は取得が困難なものではないが、資格と実務経験を合わせれば下請構造の上位の仕事を受注することも可能である。試験が難しくないことも、読み書きに不自由する二世にはかえって適合していた。日本の他地域で南米系の大多数が従事する工場の派遣労働が、職業訓練機能を持たないことと比較すれば、その優位性は明らかだろう。

ただし、デカセギ初期のうちに来日した一世が手間請を始めるのは、工場への請負・派遣でも一世の企業家が多いのと同様、構造的空隙を埋めるに際して優位性があることによる。請負・派遣業者の従業員から独立する者も、電気工事業と同様にみられる。こうした業態でのエスニック・ビジネス進出は、南米系コミュニティの一部を成功者にするものの、それは他の多数の同胞を「商品」として安く売ることと裏腹の関係にある。皆がパトロンになれるわけではない以上、後続の者を自営業へといざなう役割はほとんど果たしえない。初期の頃に設立された電気工事業は、〈移民企業ニッチ〉の形成という点ではこうした限界を持つ。

その点で、二世が起業する時期になって電気工事の技能という人的資本がビジネスの基礎になったのは、ニッチ形成の可能性を広げたといえる。A社を含め現在の鶴見で七〇名以上の従業員を擁する三社は、すべて一世が社長で手間請型の業態をとる。それに対して二世の電気工事業は、多いところで三〇〜四〇人程度の規模であり、社長も電気工事士の資格を持つところが多い。こうなると、熟練形成が独立への道を開くという意味で、同胞の労働力を売る以外のニッチ形成が可能となる。

そうした上昇経路が開かれるようになれば、これまで高い評価を受けてこなかった一人親方の位置づけも変化するだろう。一人親方のほとんどは二世の若年層であり、通常は労働者として働くが、請負工事を受注して他社から労働者を融通してもらうこともある。彼らは、加藤（一九九一：二五六―二六〇）の図式では建設下層労働者に位置づけられ、自営業者への上昇も難しいとされる。だが、鶴見の南米系電気工事業の頂点に位置する自営業者のなかでも、元請に気に入られて一人親方から起業した者もいる。

このような、労働者→一人親方→自営業者という階梯を上る仕組みが機能し続ければ、鶴見は今後とも南米系移民にとって稀有な「起業する街」であり続けるだろう。

そしてこうした企業家たちが蓄積した資本の投資先は、当人の意向と家族関係に規定されている。南米から距離を取るA氏の場合、コロニアに兄がいても南米には関心を示さなかった。だが、ほとんどの者は日本よりも家族がいる南米での投資を考える。投資対象も家族関係によって規定され、アルゼンチンでは不動産投資で消えてしまうのに対して、ボリビアでは営農資金となる。送金による経済発展という観点からすると、生産投資である営農資金にまわしたほうが望ましい。その意味で、コロニア・オキナワという拠点は単にネットワークの起源となるにとどまらず、鶴見で得た資金の有望な受け皿にもなっているのである。

注

(1) 本章の記述は、特に断りがない限り一九九八年から二〇一一年まで筆者が行った調査にもとづいている。一九九八年にはサンパウロで、一九九九年にはコロニア・オキナワで、二〇〇五～〇九年にはアルゼンチンで調査を行った。中心となるのは鶴見での就労に関する調査で、南米から渡日し鶴見での就労・起業経験を持つ四六名に対する聞き取り、および頼母子講の月例会やバーベキューに参加して得たデータを用いる(樋口 二〇一〇)。

(2) そうした趣旨から、建設業の研究では「技術」と「技能」という用語が使い分けられており、本章でもそれにならって電気工事に必要なスキルを「技能」と位置づける。

(3) 実際、S電設での就労を経て独立した南米系電気工事業者は、一〇名は下らないと思われる。それにもかかわらずS電設が急成長できたことは、この時期の需要の多さを物語っている。

（4） 聞き取りした他の業者では、回収できない手形の総計が一億円にのぼることも珍しくなかった。建設業では、従業員に対しては当該月の賃金を現金で支払うが、元請からの工賃は現金でなく手形決済になるため常に一定のタイムラグを伴う。その間に不渡りが出て、下請への工賃や賃金の支払いができなくなると、連鎖倒産する可能性が高い。

文献

蘭信三、一九九四、『「満州移民」の歴史社会学』行路社。

Bailey, T. and R. Waldinger, 1991, "Primary, Secondary, and Enclave Labor Markets: A Training Systems Approach," *American Sociological Review*, 56(4): 432-445.

Burt, R. S., 1992, *Structural Holes: The Social Structure of Competition*, Cambridge, Mass.: Harvard University Press.（＝二〇〇六、安田雪訳『競争の社会的構造——構造的空隙の理論』新曜社。）

——, 2002, "The Social Capital of Structural Holes," M. F. Guillén, R. Collins and P. England eds., *The New Economic Sociology: Developments in an Emerging Field*, New York: Russell Sage Foundation.

具志堅興貞、一九九八、『沖縄移住地——ボリビアの大地とともに』沖縄タイムス社。

樋口直人、二〇一〇、「都市エスニシティ研究の再構築に向けて——都市社会学者は何を見ないできたのか」『年報社会学論集』二三号：一五三—一六四。

筆宝康之、一九九二、『日本建設労働論——歴史・現実と外国人労働者』御茶の水書房。

広田康生、二〇〇三、『エスニシティと都市　新版』有信堂高文社。

加藤佑治、一九九一、『現代日本における不安定就業労働者　増補改訂版』御茶の水書房。

木村保茂、一九九七、『現代日本の建設労働問題』学文社。

コロニア・オキナワ入植四十周年記念誌編纂委員会、一九九五、『うるまからの出発――コロニア・オキナワ入植四十周年記念誌』。

Massey, D. S., R. Alarcon, J. Durand and H. Gonzáellez, 1987, *Return to Aztlan: The Social Process of International Migration from Western Mexico*, Berkeley: University of California Press.

森幸一、一九九八、「戦後における沖縄系移民のエスニック職業としてのクストゥーラ（縫製業）――ミドルマン・マイノリティーへの道」『人文研』一号。

沼尾実編、一九九六、『多文化共生をめざす地域づくり――横浜、鶴見、潮田からの報告』明石書店。

大曲由起子・高谷幸・鍛治致・稲葉奈々子・樋口直人、二〇一一、「在日外国人の仕事――二〇〇〇年国勢調査データの分析から」『茨城大学地域総合研究所年報』四四号：二七―四二。

Sassen, S., 1995, "Immigration and Local Labor Markets," A. Portes ed., *The Economic Sociology of Immigration: Essays on Networks, Ethnicity, and Entrepreneurship*, New York: Russell Sage Foundation.

島田由香里、二〇〇〇、「横浜市鶴見区における日系人の就業構造とエスニック・ネットワークの展開」『経済地理学年報』四六巻三号：二六六―二八〇。

Suzuki, T., 2007, "Blue Collar Patrones: Transnational Okinawan-Bolivians in Bolivia and Japan," A. Asgharzadeh, E. Lawson, K. U. Oka and A. Wahab eds., *Diasporic Ruptures: Globality, Migrancy, and Expressions of Identity*, Volume I, Rotterdam: Sense Publishers.

高梨昌編、一九七八、『建設産業の労使関係』東洋経済新報社。

辻本昌弘、二〇〇〇、「移民の経済的適応戦略と一般交換による協力行動――ブエノスアイレスにおける日系人の経済的講集団」『社会心理学研究』一六巻一号：五〇―六三。
Waldinger, R., 1996, *Still the Promised City ?: African-Americans and New Immigrants in Postindustrial New York*, Cambridge, Mass.: Harvard University Press.

（付記）本章は村田学術振興財団の助成による成果であり、稲葉奈々子、丹野清人の両氏との共同調査にもとづいている。

あとがき

エスニック・ビジネスをテーマとした本を作りたい。——こうした願望を抱くようになって随分経つが、それがようやく陽の目を見ることとなった。筆者がそれと意識してエスニック・ビジネスと接点を持ったのは、一九九二年にカトリック教会に集うフィリピン人の調査をした際に、教会の門前にある露店でフィリピン惣菜を食べたのが最初だったと思う。それから大学院に入り、論文は忘れても食い気を失ったことはない筆者は、きわめて不純な動機からエスニック・ビジネス研究に着手することとなった。研究費がつくと、子どもがはしゃぎながら祭りの夜店を覗くかのごとく、ブラジル料理店やハラール食品店を嬉々として調査したものである。自宅でナンを焼いて卸しているパキスタンの人を訪問した時は、手製の菜の花のカレーをご馳走になり、筆者にとって春の食卓を飾る欠かせないレパートリーともなった。

このような筆者の研究は、バブル経済の爛熟した消費文化の残滓を追う性格が強いが、本書の各章が示すようにエスニック・ビジネスの世界はもっと奥が深い。北米を中心とするエスニック・ビジネス研究をみると、特に一九九〇年前後をピークとして無数の調査がなされ、集団・時代・国ごとの特質が明らかにされていった。短期間のうちに調査が蓄積され、すさまじい競合により仮説を彫琢する北米の移民研究のすごさを、右も左もわからない大学院生時代に感じていたものだった。論点がほぼ出尽くしたところで北米のエスニック・ビジネス研究は下火になったが、「自営業への進出」と「そのための要件」という論点は移民研究全体の遺産になっている。

エスニック・ビジネス研究は社会学者が主に手がけつつも、地理学、経済学、人類学といった隣接領域でも進められてきた。本書の執筆に際しても、社会学者を中心としつつも地理学者二名、経済学者一名が加わっている。たとえば地理学的アプローチの強みは、第二章で小林倫子が示したように、都区内のオフィスを品定めする企業家の空間分布を規定する要因を浮かび上がらせることができる点にある。集団（社会学）、空間（地理学）、産業（経済学）という分析の力点の違いを読み取っていただくことにより、学際的な研究が後に続くことを期待したい。

本書は世界的な研究動向を意識した日本初のエスニック・ビジネス単行書であり、この中に収められた分析は日本のエスニック・ビジネスの世界を探求する扉を開いたが、まだ入り口に立ったにすぎない。それでもなお本を作りたいと思い、実際に作れると感じたのは、第一章の執筆者である韓載香の『在日企業」の産業経済史』が刊行されたことによる。それまで、世界的なエスニック・ビジネス研究を踏まえたうえで在日コリアンについて論じられる人がいないがゆえに、筆者の願望は夢想でしかなかった。彼女の本を一読して「こんないい本が出たのか、これでようやくエスニック・ビジネスの本を作れる」と思い、急いで企画書を書いて執筆者にお願いすることとなった（実際、この韓の著書は高く評価され二つの賞を受賞している）。

第二章以下の執筆者は、筆者が以前から相識の人たちで、それぞれのコミュニティに深く分け入るフィールドワーカーが揃っている。第三章を執筆した片岡博美は、浜松市国際交流協会に勤務しながら市内のエスニック・ビジネスをくまなくまわった実践家でもある。間章や第四章からは、アンジェロ・イシや高畑幸が自らエスニック・メディアの送り手だった経験を読み取ってほしい。第五章を担当した平澤文美は、在日ベトナム人のビジネス調査から出発して二年間のベトナム留学を果たし、その経験は本書の執筆にも反映されている。さらに第六章の福田友子は、長年にわたり中古車輸出業界の参与観察を続けたがゆえに、リーマン・ショック後の直近の状況までカバーすることができた。

本書の主人公は、まずもって各章での調査に協力してくれた企業家たちであり、この場を借りて御礼申し上げる。エスニック・ビジネスの担い手たちは、不利な条件を克服するべく苦闘し成功した人たちであり、人生に対する積極性やフットワークの軽さなどに圧倒されることも多い。第四章で原めぐみが紹介するフィリピン人の英語講師養成などは、ビジネスを通してネガティブなステレオタイプから脱却することすら企図されている。そうした人たちの足跡を伝えられるよう、各章では特定業種の事例研究を入れる方針をとったが、そこから企業家たちの姿を思い浮かべていただければこれに勝る喜びはない。

二〇一二年八月　著者を代表して

樋口直人

ま 行

ら 行

な 行

は 行

さ 行

た 行

索　引

あ 行

か 行

高畑　幸（たかはた　さち）

静岡県立大学国際関係学部准教授。

1969 年生まれ。大阪市立大学大学院社会学研究科博士課程修了。

研究分野は，都市社会学，エスニシティ論，在日フィリピン人研究。

主著：『もっと知ろう!! わたしたちの隣人――ニューカマー外国人と日本社会』（共著）世界思想社，2010 年。「在日フィリピン人介護者――一足先にやって来た「外国人介護労働者」」『現代思想』37 巻 2 号，2009 年。

原　めぐみ（はら　めぐみ）

大阪大学大学院人間科学研究科博士後期課程在学。

1986 年生まれ。大阪大学大学院人間科学研究科博士前期課程修了。

研究分野は，フィリピン社会研究，移民研究，多文化共生社会論。

主著：「越境する若者たち，望郷する若者たち――新日系フィリピン人の生活史からの考察」『グローバル人間学紀要』4 号，2011 年。

平澤文美（ひらさわ　あやみ）

一橋大学大学院社会学研究科博士後期課程在学。

1975 年生まれ。一橋大学大学院社会学研究科修士課程修了。

研究分野は，国際社会学，移民研究。

主著："Nhà hàng Việt Nam：một hiện tượng về vốn xã hội của người Việt Nam định cư ở Nhật"（「表現型としての料理店――在日ベトナム人の社会関係資本」), *Xã hội học*, số 1(113), 2011. "Nhà hàng Việt Nam：một hiện tượng về vốn văn hóa của người Việt Nam định cư ở Nhật"（「表現型としての料理店――在日ベトナム人の文化資本」), *Xã hội học*, số 2(114), 2011.

福田友子（ふくだ　ともこ）

千葉大学大学院人文社会科学研究科助教。

1973 年生まれ。東京都立大学大学院社会学研究科博士課程修了。

研究分野は，国際社会学，移民研究。

主著：『トランスナショナルなパキスタン人移民の社会的世界』福村出版，2012 年。『千葉における多文化共生のまちづくり』（共著）エイデル研究所，2012 年。『東京大都市圏の空間形成とコミュニティ』（共著）古今書院，2009 年。『国境を越える――滞日ムスリム移民の社会学』（共著）青弓社，2007 年。

執筆者紹介（執筆順／＊は編者）

樋口直人（ひぐち　なおと）*
奥付の「編者紹介」参照。

韓　載香（はん　じぇひゃん）

北海道大学大学院経済学研究科准教授。

1971年生まれ。東京大学大学院経済学研究科博士課程修了。

研究分野は，日本経済史，日本経営史，産業史。

主著：『「在日企業」の産業経済史――その社会的基盤とダイナミズム』名古屋大学出版会，2010年。

小林倫子（こばやし　ともこ）
1977年生まれ。東京大学大学院総合文化研究科博士課程修了。
研究分野は，社会経済地理学。
主著：「中国人企業家によるソフトウェア事業の展開」松原宏編『立地調整の経済地理学』原書房，2009年。
"Foreign Talent and Innovation: China and India in the Japanese Software Industry" (joint work with A. P. D'Costa), G. Parayil and A. P. D'Costa eds., *The New Asian Innovation Dynamics: China and India in Perspective*, Palgrave Macmillan, 2009.

片岡博美（かたおか　ひろみ）

近畿大学経済学部准教授。

1968年生まれ。名古屋大学大学院環境学研究科博士課程修了。

研究分野は，都市地理学，経済地理学。

主著：『現代都市地域の構造再編』（共著）原書房，2007年。『エスニック・ワールド――世界と日本のエスニック社会』（共著）明石書店，2008年。

アンジェロ・イシ（いし　あんじぇろ）
武蔵大学社会学部教授。
1967年生まれ。東京大学大学院総合文化研究科博士課程修了。
研究分野は，移民研究，メディア論。
主著：『ブラジルを知るための56章』明石書店，2010年。

編者紹介

樋口直人（ひぐち　なおと）

徳島大学総合科学部准教授。

1969年生まれ。一橋大学大学院社会学研究科博士課程中退。

研究分野は，社会学，移民研究。

主著：『再帰的近代の政治社会学——吉野川可動堰問題と民主主義の実験』（共編）ミネルヴァ書房，2008年。『国境を越える——滞日ムスリム移民の社会学』（共著）青弓社，2007年。『顔の見えない定住化——日系ブラジル人と国家・市場・移民ネットワーク』（共著）名古屋大学出版会，2005年。『社会運動という公共空間——理論と方法のフロンティア』（共編）成文堂，2004年。『社会運動の社会学』（共編）有斐閣，2004年など。

日本のエスニック・ビジネス

2012年11月5日　第1刷発行　　定価はカバーに表示しています

編　者　樋　口　直　人
発行者　髙　島　照　子

世界思想社
京都市左京区岩倉南桑原町56　〒606-0031
電話　075(721)6506
振替　01000-6-2908
http://sekaishisosha.co.jp/

（印刷・製本　太洋社）

ISBN978-4-7907-1553-5